允華文創

# 楊牧的涉事，疑神及其他

重讀《年輪》、《疑神》、《失去的樂土》
趨近戰後臺灣文學的花果飄零
也趨近楊牧的虛構敘事與神秘詩學

張期達 —— 著

# 自 序

　　本書是我在博士論文的基礎上，增補修訂完成的。增補的部分，主要依據我近年幾篇論文，包含〈楊牧與周作人〉、〈楊牧散文的「虛構敘事」與「斷簡新編」〉、〈楊牧的五四精神與散文技藝〉。修訂的部分，在章節架構做了調整，章節標題做了簡化，部分章節文字從頭修潤。

　　本書在目前楊牧研究中具有一定的獨特性，觸及學界比較少處理的研究面向。本書的研究面向可以分為四點。第一，關於楊牧的生平研究，本書通過詩文互證，脈絡地討論楊牧與胡楚卿、覃子豪、徐復觀、聶華苓、陳世驤、陳少聰的相關性，另及楊牧在臺灣文壇的影響。第二，關於楊牧的散文研究，本書重讀楊牧《年輪》、《疑神》兩部散文集，通過「虛構敘事」、「斷簡新編」標舉楊牧散文的新格局，另及楊牧與周作人的相關性。第三，關於楊牧的詩歌研究，本書通過楊牧詩的主題象徵群，凸顯楊牧的神秘詩學。第四，關於楊牧的編輯研究，本書通過楊牧編選五四文學及楊牧舊作新編的《失去的樂土》，討論楊牧編輯與創作的相關性。這四個研究面向，對於推進楊牧研究是具有相當意義與價值的。然而敝帚自珍，論證不成熟與謬誤的地方，也請方家不吝批評指正。

　　本書的撰寫過程受益於中央大學康來新老師的細心指導，與中央大學李瑞騰老師、臺灣大學劉正忠老師、東華大學賴芳伶老師、曾珍珍老師的口試意見。部分內容發表過程，受益於東華大學吳冠宏老師、賴芳伶老師、張寶云老師的講評意見。本書的出版，得到廈門大學嘉庚學院科研啟動基金的資助，題目為「臺灣詩人楊牧的『五四精神』」，以及

閩南師範大學陳建安老師、元華文創主編李欣芳女士的協助。家人更是我堅實的後盾：父親張忠民、母親施寶鳳、弟弟張期翔，我的妻子李明倫、兩個小寶貝：張宸寧、張李和靖。謹在此一併致謝。

　　特別感謝的是廈門大學蘇新春老師。學者的成長與發展，有賴一個健全穩定的學術環境。感謝蘇老師一路上對我的提攜與照顧，我才能在廈門大學嘉庚學院盡教師的本分，敢於做學者的夢。

　　2015 年東華大學舉辦「楊牧研究國際研討會」，我帶著研究楊牧《疑神》的一篇論文到場發表。茶敘時間，楊牧老師走出會場，我上前準備自我介紹，盈盈師母一側小聲提醒是研究《疑神》的學生。楊牧老師看著我，笑說：「你是對的。」雖然我沒問論文對在哪裡？但得到原作者的肯定，在我這樣一個學術晚輩自然是倍受鼓舞的。我將始終懷抱著這分雀躍。

張期達

謹誌於廈門灣南岸

2023.5.4

# 目 次

# 緒　論

## 一、研究動機

　　楊牧是臺灣文學中的一位豪傑。[1]楊牧勤勉創作，為現代文學添增厚重一頁，表徵一位臺灣文學菁英在 20 世紀後半葉所能取得的優異成績。瘂弦指出楊牧是「臺灣本土受了『國語』教育成長起來的詩人」，「能用最漂亮的中文寫作，他是『國語』一代的代表。」[2]而楊牧的代表性是多方面的。楊牧是臺灣脫離日本殖民後回歸漢語教育的第一屆學童，是在冷戰結構下赴美留學並見證柏克萊學運、保釣運動的第一批留學生，也是積極從中西文化汲取養分，孜矻開擘現代文學新格局的戰後第一代學院詩人。楊牧雖然長期於美國任教，但重要作品的發表與出版都在臺灣，與戰後臺灣文學的發展息息相關。是以，兩岸學界對楊牧的關注與日俱增，一支以楊牧為研究主題的學術隊伍──「楊牧學」亦逐漸成形。楊牧在現代文學史的典型意義可說愈發得到重視。

　　首先，楊牧一生與戰後中國海外知識分子命運緊密縮合。這樣的一種「縱的繼承」，詮釋空間非常迷人。[3]例如，楊牧作為臺灣回歸漢語

---

[1] 楊牧（1940-2020），本名王靖獻，32 歲前筆名葉珊，臺灣花蓮人。美國加州大學柏克萊比較文學博士，華盛頓大學等校榮譽教授。出版有詩、散文、戲劇、評論、翻譯、編纂等 60 餘種。

[2] 瘂弦口述，辛上邪記錄整理，《瘂弦回憶錄》，南京：江蘇鳳凰文藝出版社，2019，頁240。

[3] 這裡借用紀弦「縱的繼承」一語，影射五〇年代楊牧初入詩壇的氛圍。而楊牧文學學貫中西，力求兼美，實然超越「縱的繼承」與「橫的移植」這組對立概念。

教育的第一屆學童，受到「花果飄零」的一代中國知識分子的高度影響。楊牧花蓮中學的語文老師是籍貫湖南的小說家胡楚卿，讀東海大學前就與《藍星》覃子豪、《創世紀》洛夫等外省籍詩人相來往；楊牧的大學老師是新儒家徐復觀，留學時則與曾任《自由中國》編輯的聶華苓親善；楊牧在柏克萊大學攻讀博士的指導教授，是北大才子陳世驤；楊牧論中國的文藝復興基本延續胡適的立場。簡單地說，研究楊牧，有個巨大的中國歷史語境是繞不開的。要把握這個歷史語境，可以考慮楊牧的師承關係與文學交友圈，想像楊牧如何繼承中國傳統文學並回應五四新文學以降發展；可以考慮 1960 年代臺灣知識分子乃至 1970 年代留美的中國海外知識分子處境，想像楊牧如何在故鄉儲備力量，又如何在異鄉踟躕與追尋，並與劉大任、郭松棻等朋輩做出不同選擇。通過這些思緒的追索，對楊牧的詮釋應該更為細膩，對於楊牧創作裡憂患意識、五四精神與抒情傳統等質地的表現也更為敏感。

　　再者，楊牧是活躍而入世的。楊牧對於文學相關的公共事務懷有熱忱，從事的文學活動相當多元，包含詩、散文、學術、翻譯、專欄、編輯、出版、教學、辦學、評審等面向。這些文學活動的交互作用，展現楊牧多角經營的文學格局。例如楊牧寫於 1990 年的筆記體散文《疑神》，創作時間與楊牧《一首詩的完成》、《完整的寓言》、《方向歸零》、《唐詩選集》、《隱喻與實現》等書相接近。比對後即可發現《一首詩的完成》最末篇〈詩與真實〉儼如《疑神》的前奏；《完整的寓言》組詩〈寓言二：黃雀〉使用的典故機籟與時空感懷在《疑神》有迴響；《方向歸零》的〈你決心懷疑〉（篇末標註為 1990.2.28）與《疑神》第二集（發表時間為 1990.3）在主題與諷喻有聯繫；《唐詩選集》的編務工作轉進為《疑神》的創作靈感；《隱喻與實現》裡的〈詩關涉與翻譯問題〉與《疑神》第四集援引莎士比亞《暴風雨》相同詩句，各有發揮。凡此事例，說明楊牧文學創作與文學活動互為表裡。如

能考慮懷德海「機體」或者羅蘭巴特「文」的概念，並將楊牧的社會影響納入研究視野，自能增進對楊牧文學志業的總體把握。

最後，楊牧的文學風格值得進一步探討。楊牧的美學追求與終極關懷，部分表現在楊牧所處的時代共性，部分表現在楊牧的創作個性。一方面，楊牧關心現實，反抗權威，表現與徐復觀類似的知識分子形象與終極關懷。楊牧《完整的寓言》後記稱，不能或忘的是「政治和牽涉鬼神的種種活動」。另方面，楊牧創作個性又與周作人接近，對現實的牢騷與批評，往往通過托物起興的筆法來超脫，較少直截描述。楊牧《星圖》開篇稱「請容許我指涉末節」，即楊牧創作個性的一種典型表現。要把握楊牧的時代共性與創作個性，對於楊牧創作題材與背景的適度考察有其必要。由於楊牧成長於臺灣威權統治時期，政治力對文學的箝制是無法忽視的。楊牧《飛過火山》跋說「我於題材的選擇是十分小心的」，應不止於美學的考量。例如，楊牧前述筆記體散文《疑神》，審美趣味主要在托物起興的筆法與用事用典的巧思相結合。但楊牧《疑神》的趣味還依賴一個內在邏輯，即創作題材與創作背景的反差。這自然也是楊牧的創作個性。楊牧《疑神》表面寫日常瑣事與讀書隨想，實則通過美國軍中牧師買動章側寫波斯灣戰爭，通過臺灣陝西村尋根側寫兩岸關係，通過大象林旺心路歷程側寫班揚《天路歷程》的反思等。換句話說，楊牧《疑神》通過小敘事閃擊大敘事，來寄寓個人的現實觀照與形上思考。楊牧這個美學特點並不限於《疑神》。因此，楊牧的文學風格，通過新批評式的閱讀儘管能得到基本理解，如能顧及楊牧時代共性與創作個性，將能深化對楊牧美學追求與終極關懷的理解。

本書的研究動機，即在描繪與分析楊牧的師承關係與文學交友圈、文學活動與影響、美學追求與終極關懷。

## 二、文獻探討

　　臺灣文學館 2010 年起分四年三批，陸續出版 50 冊【臺灣現當代作家研究資料彙編】。這 50 位作家依生年排序，從賴和至楊牧，迤邐為臺灣文學史的斑爛星圖。[4] 其中，《楊牧》一卷收錄的相關評論資料共有 987 篇，可見楊牧的典律化過程與研究動能。[5]《楊牧》卷的編者須文蔚在〈楊牧評論與研究綜述〉一文裡，對楊牧的評論資料進行概括，整理為四部分：「楊牧生平研究、楊牧詩中浪漫主義精神研究、楊牧詩中抒情傳統展現與變革研究以及楊牧散文研究」。須文蔚進一步評價，目前楊牧研究比較集中在闡釋浪漫詩人特質但生平研究不足，抒情傳統

---

[4]　臺灣文學館於 2004 年至 2009 年間，編列【臺灣現當代作家評論資料目錄】並建置資料庫，以裨益臺灣文學的研究發展。【臺灣現當代作家研究資料彙編】，即為其接續計畫，從前列 310 位作家中精選 50 位，每人彙編一冊研究資料，內容有作家圖文集、小傳、作品目錄及提要、文學年表、研究綜述，並選刊該作家最具代表性的評論文章（平均 12-14 萬字），及研究目錄。封德屏〈編序〉，收於須文蔚編選，《楊牧》，臺南：臺灣文學館，2013，頁 6-12。

[5]　楊牧的典律化過程，自 2000 年楊牧獲頒第四屆「國家文藝獎」後，有幾個重要指標：一是 2010 年政治大學舉辦「楊牧 70 大壽國際學術研討會」，論文集出版為陳芳明主編，《練習曲的演奏與變奏：詩人楊牧》，臺北：聯經出版事業公司，2012。二是 2013 年臺灣文學館出版【臺灣現當代作家研究資料彙編】中，由須文蔚主編的《楊牧》。三是「楊牧數位主題館」2014 年 10 月中興大學人社中心建置完成，中興大學臺文所邱貴芬主持。參與此網站建置的中興大學人社中心數位團隊包括中心主任邱貴芬、資管系陳育毅教授、數位助理王筱渝、吳明倫與蔡宜霖；資料的蒐集、篩選、整理、撰述和授權則由作家謝旺霖主掌其事。參考網址 http://yang-mu.blogspot.com/。查詢時間 2022.5.1。東華大學 2015 年舉辦的「楊牧研究國際學術研討會」，則可視為將楊牧放入「世界文學」裡思考的企圖。另，這個典律化過程，文學媒體也扮演重要角色。1999 年文建會委任《聯合報》評選「臺灣文學經典三十」，楊牧《傳說》與《搜索者》二書入選。2000 年 10 月《聯合文學》有楊牧特輯；2003 年 1 月《中外文學》有「離和：楊牧專輯」；2014 趨勢基金會主辦，國家圖書館合辦，洪範書店協辦，「向楊牧致敬」系列活動，包含展演、研討會、紀錄片、網頁建置等。列名媒體協力有：聯合文學、印刻文學生活誌、聯合報副刊、TAZZE。而 2013 年楊牧獲頒美國紐曼華語文學獎（Newman Prize for Chinese Literature）、2016 年獲頒瑞典蟬獎（Cikada Prize），這些外國獎項對楊牧的典律化起的效益，也是可期待的。

研究限於古典溯源，散文研究稍欠理論觀照。須文蔚指出後續研究方向，可以多元觀點切入楊牧美學，聚焦楊牧於翻譯與創作的互文，以楊牧為例看中國文學抒情傳統對現代華文文學的影響，從編輯與出版論楊牧的社會影響力等。[6]本書試從三方面回應須文蔚的觀察與提示，並摘述相關文獻進行討論。

　　第一，本書通過楊牧師承關係與文學交友圈的描繪與分析，補充楊牧的生平研究。學界已經論及徐復觀與陳世驤對楊牧的影響，例如陳義芝、郝譽翔等學者的論述。陳義芝〈住在一千個世界上〉剖析楊牧的知識淵源，以詩文與生平資料證明楊牧闡發徐復觀揭示的憂患意識，亦體現了陳世驤定義的抒情傳統。陳義芝更將楊牧學術專著《陸機文賦校釋》引進研究視野，導出精彩的詮釋：楊牧以注《文賦》緬懷徐復觀與陳世驤，會心陸機，後續更觸發創作《一首詩的完成》。[7]郝譽翔〈抒情傳統的審思與再造〉則從楊牧自傳體散文《奇萊後書》入手，論證楊牧如何在抒情傳統與西方詩學、主觀介入與客觀疏離之間取得平衡。郝譽翔亦扼要耙梳陳世驤「抒情傳統」的論述與迴響，突顯楊牧在呼應師說同時，創造性賦予「詩言志」兩層新意。[8]值得注意的是，沿著徐復觀與陳世驤這兩條線索，可發現楊牧從兩位老師繼承的除了學術衣缽，還有文人風骨。但楊牧文人風骨的表現值得玩味。例如，在楊牧對陸機《文賦》的詮釋裡，楊牧為何讚揚「陸機是吳中軍人世家最值得驕傲的

---

[6]　須文蔚，〈楊牧評論與研究綜述〉，收於須文蔚編選，《楊牧》，臺南：臺灣文學館，2013，頁 89-108。引文出自頁 90。

[7]　陳義芝，〈住在一千個世界上──楊牧詩與中國古典〉，收於陳芳明主編，《練習曲的演奏與變奏：詩人楊牧》，臺北：聯經出版事業公司，2012，頁 297-335。

[8]　郝譽翔，〈抒情傳統的審思與再造──論楊牧《奇萊後書》〉，收於陳芳明主編，《練習曲的演奏與變奏：詩人楊牧》，臺北：聯經出版事業公司，2012，頁 101-123。「詩言志」的兩層新意：言「個人意志」、言「他人之志」。

飄零子弟」，為何格外重視陸機在亡國後的文學堅持與作為？[9]本書認為楊牧對「遺民」的精神感懷，通過楊牧師承關係與文學交友圈的觀察能得到一定解釋。

　　第二，本書通過楊牧文學活動與影響的描繪與分析，拓展對楊牧文學格局的理解。學界已經論及楊牧創作、學術、翻譯、專欄等面向的互動，例如許又方、曾珍珍、賴芳伶等學者的論述。許又方〈讀楊牧《鐘與鼓》及其《詩經》研究〉一文，指出楊牧治學的審慎與嚴謹，援引西方套語理論開創國學新視野，仍照顧到中國文學基礎，開拓比較文學的學科領域並範示之。許又方亦說明楊牧從治學體悟出的詩歌原質，與其創作關係密切，更斷言要領會楊牧的文學，無法割離其學術研究。[10]曾珍珍〈譯者楊牧〉一文討論楊牧的兩部譯作《葉慈詩選》與《暴風雨》，分別從譯作選目的歷史脈絡、譯文的修辭策略、譯詩音樂性的再現與轉化三面向，揭示楊牧鼎立創作、翻譯、治學的跨文化屬性。曾珍珍緊扣楊牧作為譯者的主體性，突顯楊牧在翻譯時反映出的文化關懷、認同，以及創作者身份對翻譯過程的積極影響。[11]賴芳伶〈介入社會與超越流俗的人文理念〉一文，觀照楊牧三本報章體散文集《柏克萊精神》、《交流道》、《飛過火山》，論證楊牧廣義的介入詩學，正與專欄散文符節合拍，交互為用，指出文學現實功能與超越價值，實相辯證。賴芳伶參酌臺灣歷史社會脈絡，剴切一文藝復興人胸襟，翔實呈現

---

[9] 楊牧，《陸機文賦校釋》，臺北：洪範書店，1985，頁 vi。

[10] 許又方，〈讀楊牧《鐘與鼓》及其《詩經》研究〉，收於陳芳明主編，《練習曲的演奏與變奏：詩人楊牧》，臺北：聯經出版事業公司，2012，頁 245-279。楊牧作為學院詩人的範型，陳義芝的訪問可參。陳義芝訪問，曾琮琇記錄，〈詩藝與學識的問題——有人問楊牧，關於「學院詩人」〉，《聯合文學》第 299 期，2009.9，頁 94-101。

[11] 曾珍珍，〈譯者楊牧〉，收於陳芳明主編，《練習曲的演奏與變奏：詩人楊牧》，臺北：聯經出版事業公司，2012，頁 125-162。

楊牧的現實關懷、知識履踐。[12]而通過上述文獻，可見學界已認識到楊牧文學活動彼此照應，是以每每發顯楊牧在不同文本間的相關性。

奚密則從文學現象的高度，論及楊牧的文學活動與社會影響。奚密〈楊牧──臺灣現代詩的 Game-Changer〉一文提出一個理論架構，核心概念為 Game-Changer，即「改變遊戲規則的人」，藉此論證楊牧的開創意義。奚密在這篇文章裡表現一個結構與主體、場域與文本並重的詮釋立場。奚密在鳥瞰戰後臺灣文學的場域運作同時，觀測楊牧如何在現代主義的美學風潮下，透過多樣具體的文學實踐，建構兼容浪漫主義與古典色彩的主體性，範示一種新的文學「習尚」（habitus）並產生深遠影響。進而，奚密指出楊牧作為學院派詩人，影響在 1970 年代中期達到高峰，佐證事例包含楊牧的詩文發表，雜誌叢書編輯，為報紙副刊寫專欄，薦選新秀，與葉步榮創辦洪範書店，參與比較文學學科建制，以及臺大客座期間與戰後世代詩人如羅智成、楊澤、廖咸浩等友善。[13]奚密引領學界注意楊牧文學的開闊與進步意義，深具參考價值。

楊牧文學像是多頭馬車，同步齊驅。楊牧的影響力在 1980 年代持續擴大。儘管 1978-1980 年間楊牧在密集出版四本詩集後，詩集問世的速度趨緩。[14]楊牧同期的散文創作量明顯增長，1980 年代有《搜索

---

[12] 賴芳伶，〈介入社會與超越流俗的人文理念〉，《新詩典範的追求──以陳黎、路寒袖、楊牧為中心》，臺北：大安出版社，2002，頁 301-331。這篇文章是學界首次綜論楊牧的專欄寫作。

[13] 奚密，〈楊牧──臺灣現代詩的 Game-Changer〉，收於陳芳明主編，《練習曲的演奏與變奏：詩人楊牧》，臺北：聯經出版事業公司，2012，頁 1-42。奚密對 Game-Changer 的定義是：第一，作為文學史的推動者，Game-Changer 是一位作家，或是一個作家群，透過作品和其他文學實踐（諸如結社、編輯、出版、朗誦、座談、論戰等），建立新的文學習尚與價值，進而改變了文學場域的生態。第二，Game-Changer 常常出現在文學史的轉捩點，當舊的典範日益衰微，而新的典範方興未艾之際。Game-Changer 從邊緣出發，透過作品和其他文學實踐，突破舊的思維及書寫模式，在文壇上建立優越的地位，對當代和後代的發展造成深遠的影響。

[14] 楊牧 1980 年出版《禁忌的遊戲》、《海岸七疊》兩本詩集後，1985 年才出版《有

者》、《交流道》、《山風海雨》、《飛過火山》、《一首詩的完成》六種。[15]這些作品拓展了楊牧文學的受眾。有意思的是，楊牧編輯的成績也在 1980 年代取得可觀突破。1980 年代楊牧一鼓作氣編選《中國近代散文選》（2 冊）、《豐子愷文選》（4 冊）、《周作人文選》（2 冊）、《許地山小說選》、《許地山散文選》、《徐志摩詩選》，又與鄭樹森合編《現代中國詩選》（2 冊），共計 13 冊由詩而文的近現代詩文經典選輯。[16]由此可見楊牧的氣魄與識見，且有意與當時社會進行更多元交流。[17]不過，學界目前對楊牧編者身份的討論較少，楊牧如何從編輯工作中，資糧創作？楊牧在編輯時是否有政治、倫理與美學考量？楊牧多角經營的創作策略該如何描繪評價？本書嘗試討論這些問題，以推進對楊牧文學格局的理解。

　　第三，通過對於楊牧美學追求與終極關懷的描繪與分析，勾勒楊牧文學風格的「現代性」。如同須文蔚指出楊牧研究比較集中在浪漫詩人特質的探討，學界在通過「浪漫主義」解讀楊牧文學，已經取得豐富成果。其中，顧蕙倩《臺灣現代詩的浪漫特質》的論述具有系統與發明。

---

人》，下本詩集《完整的寓言》則 1991 年出版，前後分別隔 5 年、6 年。38 歲前，楊牧約 3.6 年出版一本詩集；40 歲之後，楊牧約 4.6 年出版一本詩集。

[15] 楊牧散文 1970 年代有《年輪》、《柏克萊精神》兩種，1960 年代則《葉珊散文集》。以上未計楊牧學術性論文。

[16] 寬鬆點說，1977 年開始蒐編，1993 年才出版的《唐詩選集》，亦不妨考慮進去。李瑞騰是比較早關注楊牧編者身份的學者，曾以「楊牧編輯史略」為題於東華大學演講，後記其事於《人間福報》。李瑞騰強調：「創作、教學、研究等，都是從自身內在涵養出發的生命之表現，楊牧的表現都可圈可點，各有其影響的面向；但我們看一個人的價值，應有其他的面向，尤其是公共事務，要全方位看楊牧，不能忽略他在學術行政與編輯事務上的貢獻。」李瑞騰更指出，楊牧如何編與重編自己作品集，也值得注意。李瑞騰，〈我到東華講楊牧的編事〉，《人間福報》，2015.3.25。

[17] 楊牧說：「我們相信一個優秀輝煌的文學，一定是多樣多義的文學，內容與形式不受外力的拘束，自由發揮，乃能殊途同歸」，「我們相信文學的歷史傳承，相信真正的藝術必須超越地域和政治的侷限。」楊牧編，《中國近代散文選》，臺北：洪範書店，1981，頁 7-8。

顧蕙倩先是追溯浪漫主義的西方傳統與流變，嘗試與中國傳統文學對位，再以楊牧論浪漫主義的四個層次為綱領，選楊牧、楊澤、夏宇、葉紅四家，勾勒臺灣現代詩對浪漫主義的吸收、想像及再造。顧蕙倩將楊牧定位為「知識分子的浪漫革命」，以對軸「追尋浪漫主義的個人主體性」，合為臺灣現代詩浪漫特質的兩種表現。顧蕙倩認為，楊牧因為承襲中國傳統「士君子」的浪漫精神，有迥異西方傳統的呈現：楊牧不積極涉入現實權威，不藉話語論述宰制媒體，卻甘於獻身虛構／象徵的文字世界，以書寫抗拒、超越現實。[18]然而，楊牧兼具浪漫精神與現代精神。楊牧詩的抒情語調、戲劇獨白體、用事與互文，楊牧散文的虛構敘事、拼貼實驗、解構筆法等美學特徵，以至楊牧「疑神」的立場，亦可視作對「現代主義」的回應。

　　黃麗明《搜尋的日光：楊牧的跨文化詩學》，不限於浪漫主義或現代主義，而是通過多元觀點析論楊牧的美學關懷。黃麗明的論述定錨比較文學的寬闊視野，導入大量文化知識，多能顧慮詩文的時空肌理，使文本詮釋相當靈活。黃麗明分五章論楊牧「對話式抒情」、「互文性」、「時間的多重世界」、「歷史的另類敘述」、「跨文化詩學」，理序漸次開展，終於揭示在世界文學脈絡下討論楊牧的可能。黃麗明不輕易以某某主義來框架審美過程，論證始終圍繞詩人關懷「何所趨」，能發見楊牧文學的生命感。例如對楊牧詩〈寓言二：黃雀〉的詮釋，黃麗明先論詩的典故出處，包含曹植詩〈野田黃雀行〉，一則關於黃雀受困復而獲救的寓言；雪萊詩〈窩基曼迪亞士〉，一則關於帝王雄偉雕像傾頹荒漠的寓言。次論楊牧的用事，如不言黃雀謝恩，改稱黃雀是「復

---

[18]　顧蕙倩，《臺灣現代詩的浪漫特質》修訂一版，臺北：秀威，2012。楊牧論浪漫主義的四個層次，包含：對新古典主義的反動、對質樸文明而非古代文明的擁抱、山海浪迹的抒情精神、向權威挑戰，反抗苛政和暴力的精神。楊牧，〈右外野的浪漫主義者〉，《葉珊散文集》，臺北：洪範書店，1977，頁6-8。

讐的」，暗示對中國道德規範的懷疑；襲取雪萊雙重敘述的技巧，與浪漫式反諷。最末對照創作背景，推斷楊牧這首詩寄寓著當代關懷：1989年世界結構受到搖撼，人類文明經歷天安門事件、柏林圍牆倒塌、蘇聯解體等歷史事件後，解放性變遷的意義卻不明朗；楊牧調用兩種文化模型，置於巴赫汀式的語意關連，創造一種對國際事務的批判立場。[19]

通過顧蕙倩與黃麗明的研究，可見脈絡地論楊牧美學關懷是研究趨勢。這點旁證楊牧文學的文本分析已經獲得一定程度開展，學界興趣轉向文化分析，或如顧蕙倩拉長美學縱深，或如黃麗明輻輳關懷視域。但楊牧的文本分析仍有可為，尤其是論證楊牧文學「現代性」的一面。本書希望藉此平衡楊牧浪漫詩人特質的研究傾向，也適度補充對於楊牧散文的理論觀照。

附帶一提的是，著墨作家的社會性存在，強調作家的社會參與以迄重構作家與社會的動態關係，是楊牧研究中一個仍然充滿張力的研究進路。石計生寫於 1983 年的〈布爾喬亞詩學論楊牧〉即曝顯這課題的內在衝突。石計生認為楊牧缺乏普羅意識，脫離現實，基本矛盾在無法擺脫階級屬性的馴化性格，反而是在文化霸權下接受資本主義的異化與豢養。[20]石計生的質疑，可謂1970年代唐文標事件的理論迴響，攪和著臺灣現代主義運動的流韻，鄉土主義運動的呼喚，以及新世代詩人的焦慮與緊張，對於臺灣文學「左盲」的不滿，文學與社會該當如何對位等問題。石計生這篇文章在楊牧研究雖處於邊緣位置，鮮見其他學者參引並對話。但很多論文都堪稱為此辯護。前引賴芳伶、奚密文皆力證楊牧積

[19] 黃麗明著，詹閔旭、施俊州譯，《搜尋的日光：楊牧的跨文化詩學》，臺北：洪範書店，2015。至於本文使用何所來、何所趨的概念，來自詮釋學，包含前見、前有、前理解、詮釋循環與存有的自我籌劃等概念，可參洪漢鼎，《當代哲學詮釋學導論》，臺北：五南圖書出版公司，2008。

[20] 石計生，〈布爾喬亞詩學論楊牧〉，《藝術與社會閱讀：閱讀班雅明的美學啟迪》，臺北：左岸，2003，頁 87-96。

極介入社會的一面；顧蕙倩則採折衷觀點。[21]

　　綜上，本書期望通過須文蔚〈楊牧評論與研究綜述〉的觀察與提示，在既有楊牧研究基礎上，對「楊牧學」能有所針對性的推展。

## 三、命題架構

　　本書命題「楊牧的涉事，疑神及其他」，目的在開顯楊牧形下實踐（涉事）與形上思索（疑神），及可能衍生的各種課題，諸如師承、關懷、風格、活動及迴響等，並根據文本進行不同程度的論證與詮釋。本書期待讀者同意楊牧在多方面具有典型意義與研究價值，進而肯認楊牧若即若離，將信將疑的美學姿態雖然保守，但也有積極面；楊牧文學的抽象疏離，不與具體介入相悖。

　　本書的章節架構，除緒論、結論，分為四章。第一章「楊牧的師承關係與文學交友圈」，從楊牧師承切入，重點描繪楊牧與戰後臺灣外省族群、留美華人圈、臺灣戰後第二代青年詩人們的交往。本章例證，主要選自楊牧的《水之湄》、《花季》、《燈船》、《傳說》四本詩集及《葉珊散文集》，旁及楊牧給青年詩人的 12 篇序文。第一節「臺灣求學時期（1946-1963）與外省族群」，討論楊牧與胡楚卿、覃子豪、徐

---

[21] 吳潛誠，《島嶼巡航：黑倪和台灣作家的介入詩學》，臺北：立緒，1999。吳潛誠從楊牧的地誌書寫來肯定楊牧的「介入詩學」。張芬齡、陳黎也曾討論楊牧的現實關照。張芬齡、陳黎，〈楊牧詩藝備忘錄〉，收於林明德編，《台灣現代詩經緯》，臺北：聯合文學，2001，頁 260-263。另，李秀容與謝旺霖的研究有參考價值。李秀容從指涉政治社會事件、牽繫鄉土家園、對原住民的關懷論楊牧「直接的介入」；從異國事件、歷史論楊牧「迂迴的介入」。李秀容，《楊牧詩的介入與疏離》，臺南：臺南大學國文系碩論，2009，頁 37-94。謝旺霖突顯楊牧的臺灣性，猶排解他人對楊牧是否關心臺灣社會現實的疑慮。謝旺霖，《論楊牧的「浪漫」與「臺灣性」》，新竹：清華大學臺文所碩論，2009，頁 93-148。

復觀等文學前輩的因緣，提供一條詮釋楊牧詩悲涼感的進路。第二節
「美國留學時期（1964-1971）與留美華人圈」，聚焦聶華苓、陳世
驤、陳少聰這三位在楊牧文學生命曾經留下深刻痕跡的師友，提供幾個
理解楊牧時代共性與創作個性的線索。[22]留美經驗對楊牧意識形態造成
明顯影響，自由主義的衝擊不僅拉扯著楊牧的文化保守主義立場，也催
化楊牧無政府主義的信念。楊牧 1983 年回臺客座開課「英詩的抒情傳
統」，即稱柏克萊「使我睜開眼睛」。[23]第三節「返臺講學時期
（1975-1976）與『楊派』的誕生」，描述楊牧依其累積的文化資本與
象徵資本，在臺灣文學場域具有強勢話語權；楊牧與朱橋、瘂弦、高信
疆等報人的交往，與《聯合文學》、《中外文學》等文學雜誌的長期關
係即可佐證。[24]進而，通過楊牧寫給後進詩人的序文，側寫楊牧的文學

---

[22] 陳少聰是楊牧前妻。陳少聰對神學、電影、文學藝術的愛好及留學經歷，與楊牧多所疊
合，兩者的交互影響對於楊牧生平研究有重要性。例如陳少聰也是留學愛荷華大學，後
更在柏克萊大學擔任助理研究員，與楊牧同樣見證美國反越戰、學潮、嬉皮等文化衝
擊。可參陳少聰，〈有一道河從中間流過──愛荷華憶往〉，《有一道河從中間流
過》，臺北：九歌，2006，頁 193-200。陳少聰，《永遠的外鄉人》，臺北：印刻文學
生活雜誌出版有限公司，2010，頁 242-248。

[23] 楊牧1983年客座臺大外文系，開設博士班課程「比較詩」、碩士班「十四行詩研究」、
大學部「英詩的抒情傳統」。李瑞，〈楊牧詳析新詩源流〉，《中國時報》，
1983.9.6，8 版。楊牧談及柏克萊四年的學生生活，對他影響極深：「柏克萊使我睜開眼
睛，更迫切地觀察社會體認社會。」楊牧，《柏克萊精神》，臺北：洪範書店，1977，
頁 88。

[24] 楊牧對此應也充分認識，在行使影響力顯得格外謹慎，積極也消極。

論積極，楊牧詩文絕多數發表於報章雜誌，例如〈盈盈草木疏〉、〈喇嘛轉世〉等重要
詩作，《疑神》各篇皆於《聯合報》副刊發表；《一首詩的完成》則見載《聯合文學》
與《中國時報》。楊牧長期擔任時報文學獎、聯合報文學獎評審（新詩、敘事詩或散文
類）；許多戰後世代詩人或皆因此，自覺或不自覺地接受過楊牧的獎掖，提攜。兩大報
文學獎評審情況與討論，可參張俐璇：《兩大報文學獎與臺灣文學生態之形構》，臺
南：南市圖，2010。該書附錄載有兩報文學獎歷年簡史。

論消極，楊牧雖對臺灣政治環境、社會變遷有強烈關心，卻不採取柏楊、李敖直筆攻訐
的路徑，而傾向在既存文學體制下圖謀變革的機會。楊牧少數直接碰觸政治敏感，挑戰
體制底限的詩，例如 1980 年的〈悲歌為林義雄而作〉一詩，原擬臺灣發表，但「報社
版都排好了，可是登不出來」，楊牧便將詩稿投向香港《八方文藝叢刊》發表。參蔡逸

理念，對戰後世代的理解與期待，並舉實例如陳育虹、楊澤、羅智成、奎澤石頭等，說明戰後世代如何面對楊牧的「抒情傳統」。[25]

第二章「楊牧的散文實驗與浮士德精神」，主要根據楊牧的《葉珊散文集》、《年輪》、《疑神》，揭示楊牧在現代散文的實踐與貢獻，同時也呈現楊牧文學的精神面貌。第一節「《年輪》與周作人」，以楊牧與周作人的相關為線索，討論楊牧《年輪》裡的修辭策略，感興與用典等技巧。第二節「《疑神》的浮士德精神」，從精讀楊牧《疑神》出發，嘗試全面解碼。雖然學界對《疑神》的討論比較少，楊牧這本筆記體散文，以其繁複編碼，迂迴的指意活動，充分展現一位知識分子勇於挑戰權威的浮士德精神，可謂傑作。第三節「楊牧散文的『虛構敘事』」，則梳理楊牧《葉珊散文集》、《年輪》、《疑神》的發展脈絡，論證楊牧通過不同文體的虛構來進行敘事，展現開創現代散文新格局的雄心。

第三章「楊牧的神秘詩學與終極關懷」，討論楊牧文學關懷的主體性、對象性與終極性，主要例證選自《海岸七疊》、《禁忌的遊戲》、《時光命題》、《涉事》、《一首詩的完成》。第一節「詩的神秘經驗」，描繪楊牧的宗教經驗與詩的功能。楊牧的宗教經驗不僅為詩提供題材，這些經驗在符號化後，儼如楊牧觀想生命的寓所，也像個神龕，

---

君記錄整理，〈搜索者夢的方向——楊牧 vs.陳芳明對談〉，《聯合文學》第 192 期，2000.10，頁 192；陳智德，〈暗晦的理念——再讀「有人問我公理和正義的問題」〉，《作家》總第 47 期，2006 年 5 月。附帶說明的是，〈悲歌為林義雄而作〉一詩未收進楊牧 1980 年代出版的詩集，而是遲至 1993 年才於《聯合文學》發表，並於 1995 年收於《楊牧詩集Ⅱ》，列《有人》輯內。2014 年楊牧出版具總回顧意味的《楊牧詩選 1956-2013》則未收錄這首詩。

[25] 楊牧序戰後世代詩人詩集，本書所見為 12 篇。依序文時間順序，包含寫給楊澤、羅智成、陳義芝、林燿德、奎澤石頭、許悔之、劉益州、楊佳嫻、楊瀅靜、楊平、陳育虹、廖啟余等詩人，除末四位尚未收為文集，餘者散見楊牧《文學知識》、《文學的源流》、《隱喻與實現》、《人文踪跡》。

為消逝的主客體提供守望。第二節「楊牧詩的美學特徵」，從語法結構、語意運動與語境調度三方面，討論楊牧詩的基本特色。第三節「《海岸七疊》與《禁忌的遊戲》的主題辯證」，藉由楊牧詩的主題分析，撥遮楊牧多變的題材與美學表現中，一個相類似且相始終的關懷主體。第四節「《時光命題》與《涉事》的象徵演繹」，則指出楊牧詩中的蛇與鷹、劍與旗幟具象徵意涵，對解釋楊牧關懷主體有關鍵意義，不妨與「奇萊」合觀。第五節《一首詩的完成》，在把握楊牧的主題與象徵群後，借助田立克「終極關懷」的概念，辨識楊牧詩的超越性。進而，通過《一首詩的完成》的詩學論述，突出楊牧煥發神聖性的文學本體論：在差異紛擾的世相中，人能夠憑著詩的嚮導獲得安頓。

　　第四章「楊牧的文藝復興與五四精神」，討論楊牧編輯與學術的表現，編輯與創作的相互影響，以及楊牧對於中國文藝復興的理想。本章主要例證為《豐子愷文選》、《許地山小說選》、《許地山散文選》與《失去的樂土》。第一節「『編者楊牧』與洪範書店」，描繪楊牧的編輯經驗與理念，並就楊牧出版品的封面繪圖與設計者做延伸討論。第二、三節為個案申論，說明楊牧編選這兩位五四文人的可能意義，也表現楊牧對五四文學典型的獨特眼光。楊牧比較少著墨五四文學裡民族情感與現實批判一面，更傾向於文學的超越性，是以讚揚豐子愷的「赤子之心」與「民胞物與」，稱頌許地山是「宣揚愛與信的教士」，「提倡勇氣和智慧的改革份子」。[26]這個邏輯也體現在楊牧對徐志摩、周作人的評價上。第四節「召喚五四文學」，討論自由主義與浪漫主義對楊牧文學生命的影響，為楊牧編選五四文學的內在動機提供一些線索。第五節「《失去的樂土》」，逐篇逐字比對楊牧如何將三十年的學術研究

---

[26] 楊牧，〈豐子愷禮讚〉，《失去的樂土》，臺北：洪範書店，2002，頁 277。楊牧，〈三讀許地山〉，《隱喻與實現》，臺北：洪範書店，2001，頁 108。

《傳統的與現代的》、《文學知識》、《文學的源流》修編為《失去的樂土》，從中闡釋楊牧文學立場的變與不變。

最後，本書雖無專論楊牧《奇萊前書》、《奇萊後書》，但這兩部自傳體散文是本文論證過程的重要基礎，收有相當豐富的生平資料與文學意見。例如討論楊牧的師承關係，即須徵引奇萊前後書記載的胡楚卿、覃子豪、徐復觀事為佐證。第二章論楊牧的浮士德精神，《奇萊前書》的〈一些假的和真的禁忌〉、〈詩的端倪〉、〈愛美與反抗〉、〈你決心懷疑〉，《奇萊後書》如〈複合式開啟〉、〈神父〉等篇都是很具參考價值的文獻。[27]

楊牧在《長短歌行》跋裡，懷想希臘諸神停下爭執，坐看凡人因為模仿諸神衍生一齣齣悲劇，而掌管詩與文字的小覷，赫密士則依偎一株海棠，近乎透明地被遺忘在奧林匹斯山一隅。至於《長短歌行》跋最末：「億載萬年以下，我們想像，當群峰高處的大神息怒時，西息弗斯自當被寬恕，停止苦役，如我大膽預言，然而我們什麼時候才可能獲釋？」[28]不難發現，赫密士與西息弗斯都是楊牧自我指涉，且帶點班雅明論〈新天使〉的悲觀色彩，因為遺忘與苦役皆不可避免。[29]有趣的

---

[27] 楊牧《奇萊前書》為《山風海雨》、《方向歸零》、《昔我往矣》三書合輯，但隱去創作時間的註記，其理或同《楊牧詩選》，「隱去輯目與完稿年份，減低具體或主觀色彩，重現詩的歸屬於思維感受取捨之間。」楊牧，《楊牧詩選 1956-2013》，臺北：洪範書店，2014，封面內頁文字。下文為摘引方便，多引楊牧：《奇萊前書》，臺北：洪範書店，2003，文字若有出入或須強調寫作時間者，則註以原著。另，奇萊前後書的專論，可參賴芳伶，〈楊牧「奇萊」意象的隱喻和實現──以《奇萊前書》《奇萊後書》為例〉，《文學詮釋新視野》，臺北：里仁，2014，頁 445-497。

[28] 楊牧，《長短歌行》，臺北：洪範書店，2013，頁 134-139。赫密士（Hermes），即掌管詩與文字，傳遞或說翻譯諸神訊息（如福音或旨意）的信使；足有雙翼，被視為「快速之神」。

[29] 班雅明（Benjamin, 1892-1940）藉克利（Klee, 1879-1940）的畫作〈新天使〉（Angelus Novus, 1920），反諷地駁斥了人類的歷史進步論：以「進步」為名的風暴，使天使背對著未來飛去；無法收整翅膀，以包裹傷口和復活死者，只能瞪眼看腳下，一個不停不變的大災難。班雅明著，林志明譯，《說故事的人》，臺北：臺灣攝影工作室，1998，頁

是，楊牧曾就這個問題做過回應：「我希望獲釋嗎？希望停止苦役嗎？恐怕未必。能這樣遭受神譴，在我看來，也是一種榮耀。」[30]

　　楊牧是臺灣文學中的一位豪傑，對於文學懷抱一分接近宗教徒的虔敬。現代詩人的精神堡壘艾略特，曾指出詩可以替代宗教。[31]班雅明說：「英雄是現代主義的真正主題。」[32]楊牧則說：「真正的樂土不一定非在嚴格的宗教體系裡追求不可，文學自有一種可即的樂土。」[33]

135。

[30] 曾珍珍，〈英雄回家──冬日在東華訪談楊牧〉，電子期刊《人社東華》第 1 期，2014.3。

[31] T.S. Eliot, "*After Strange God: A Primer of Modern Heresy*", London: Faber & Faber Ltd. 1934. p.44-45.該書輯艾略特（Eliot, 1888-1965）1933 年於維吉尼亞大學演講內容而成。書中舉葉慈（Yeats, 1865-1939）為例，指稱 16 歲的葉慈如何受阿諾德（Arnold, 1822-1888）學說影響，認識到詩能夠替代宗教，甚至虛構一個宗教。"Thus, in Yeats at the age of sixteen (or at least, as in retrospect he seems to himself to have been at sixteen) is operative the doccrine of Arnold, that Poetry can replace Religion, and also the tendency fo fabricate an indivdiual religion."阿諾德也是楊牧極景仰的學者，其《文化與無政府》（*Culture and Anarchy*）對楊牧影響值得注意。李奭學訪問楊牧心目中的理想學者，或說誰對他的影響最大？楊牧答阿諾德、艾略特、葉慈、梁啟超、胡適；而徐復觀與陳世驤，楊牧認為應避嫌，故不多說。李奭學，〈楊牧六問〉，《中外文學》第 31 卷 8 期，2003.1，頁 102。由阿諾德而葉慈，而艾略特，此一脈西方文學的傳承，猶研究楊牧的另個進路。

[32] 班雅明著，張旭東、魏文生譯，《發達資本主義時代的抒情詩人：論波特萊爾》，臺北：臉譜文化出版社，2010，頁 149。

[33] 楊牧，《失去的樂土》，臺北：洪範書店，2002，頁 11。

# 第一章　楊牧的師承關係與文學交友圈

## 一、臺灣求學時期（1946-1963）與外省族群

### （一）胡楚卿

　　　　說我流浪的往事，哎！

　　　　我從霧中歸來……

　　　　沒有晚雲悻悻然的離去，沒有叮嚀；

　　　　說星星湧現的日子，

　　　　霧更深，更重。[1]

　　楊牧的第一首詩〈歸來〉（1956），宣告詩為歸宿。[2]

---

[1] 楊牧，〈歸來〉，《楊牧詩集I》，臺北：洪範書店，1978，頁 3。楊牧〈歸來〉全詩二節，引文為第一節，第二節為「記取噴泉剎那的撒落，而且泛起笑意／不會有萎謝的戀情，不會有愁。／說我殘缺的星移，哎！／我從霧中歸來……」。為減省註腳，本書所討論詩例，僅標年份而不列出處，單獨引用時，出處悉本於《楊牧詩集》三冊及《長短歌行》。但視討論須要，則加註原詩集出處。至於詩集序跋文字，皆引自原詩集。

[2] 1979 年《聯合報》載「端午專輯：我的第一首詩」，邀當代 18 位詩人聯展。楊牧即以〈歸來〉應邀，並附短文，略述創作緣起。而楊牧言〈歸來〉因緣文字，概見於 1978 年《楊牧詩集I》序文；稍有不同者，唯該短文補充：更肯定詩是「一種喜悅的提升」（略去原序「似乎」），明言「歸來」，乃是回到「詩的國度，不曾離開」（原序為「未曾離開過詩」）。《聯合報》，1979.5.31，12 版。由此，足見楊牧〈歸來〉頗有其創作歷程的象徵地位。楊牧在〈昨日以前的星光〉一文，即引〈歸來〉埋葬「孩提甜而淒清的記憶。」楊牧，《葉珊散文集》，臺北：洪範書店，1977，頁 24-25。楊牧與青年詩人的信之一，〈形式與內容〉，則引此詩為一種形式的反動。楊牧，《一首詩的完成》，臺北：洪範書店，1989，頁 133-134。然而《楊牧詩選》不錄此詩，非但此詩，第一本詩集《水之湄》皆不錄，改以《花季》的〈水仙花〉為首。推其原因，一者在美

　　但楊牧從何處歸來？〈歸來〉創作於楊牧 16 歲，葉珊時期。楊牧〈歸來〉裡的詩中人藉「晚雲悻悻然的離去」、「星星湧現」、「殘缺的星移」，將「流浪」描摹為一種遁入黑夜與濃霧的經驗。詩中人接著回憶起噴泉與戀情象徵的美好，鬱悶稍得寬解，愁緒卻轉瞬襲來：「說我殘缺的星移，哎！／我從霧中歸來……」。這種浪跡天涯的悲涼感，如何走進一位花蓮土生土長的少年筆下？[3]

　　楊牧是戰後臺灣受國語教育的第一屆學子，16 歲前未曾離開花蓮。[4]楊牧在花蓮中學受業胡楚卿，畢業後赴臺北與覃子豪、洛夫等詩

---

　　學風格上，〈水仙花〉對楊牧更具指標意義；而〈歸來〉的語言操作，譬如驚嘆號與刪節號等標點頻繁使用，楊牧寧可遺忘。二者心境上，〈歸來〉說愁意圖太顯，不若水仙迂迴，既與希臘神話連結，又呈現了一位年輕藝術家，自甘且自溺於美的自畫像，象徵性更強，故為楊牧樂取。

[3]　洛夫談到現代詩張力，曾以楊牧為例，「當時，總是一排鐘聲／童年似的傳來」。向陽進一步指出，這固然點出楊牧擅矛盾語的特質，卻無法突顯其語言特有的曖昧性與蒼茫感。向陽，〈「傳說」楊牧的詩〉，收於須文蔚編選，《楊牧》，臺南：臺灣文學館，2013，頁 126-127。向陽以符號多義性解釋楊牧語言的曖昧性，但蒼茫感的解釋，向陽以為「那股宿命的、悲涼的、堅毅的、沒有反顧餘地的精神，具體地從《傳說》這本詩集開始」。本書以為這種宿命與悲涼，其實大可前溯，《水之湄》與《花季》也都表現得相當具體。就算保守點說，以為早期宿命悲涼，多過堅毅無反顧，然《花季》裡的〈星河渡〉，其精神如何不顯堅毅無反顧？可參下節討論。

[4]　楊牧，〈年表〉，《楊牧自選集》，臺北：黎明文化公司，1975，頁 1-5。這份年表，載記相當豐富的細節，譬如楊牧的語言狀況（6 歲始習國語。前僅僅識閩南話及日本語，稍解阿眉族語）；啟蒙讀物（11歲接觸通俗小說《血滴子》及《臥虎藏龍》，12歲讀《西遊記》、《水滸傳》於算術課）；歷屆的國文老師（初中國文老師桐城方廷槐、高中國文北平郭立誠、湖南胡楚卿、廣東林錦志、海南王彥等先生）。而前述資料有三點稍可留意：一、國語非楊牧母語，楊牧的語言狀況，自與國民黨政府在臺推行的語言政策脫不了關係；楊牧詩文中甚少看見臺語的痕跡，公開場合也未曾聽聞以臺語溝通，這或隱喻著楊牧那一代臺灣省籍學子的文化認同課題。二、楊牧自幼喜武俠、神怪、俠義小說，或與日後喜以劍喻詩，以神鬼入詩，不無關係。三、楊牧記載歷屆國文老師皆祖籍加名姓，而從其地理分佈言，不難想像一股南腔北調，流離失所的時代氛圍，緣此走進楊牧生命。語言的問題，賴芳伶曾有討論。賴芳伶，〈楊牧「奇萊」意象的隱喻和實現——以《奇萊前書》《奇萊後書》為例〉，《文學詮釋新視野》，臺北：里仁書局，2014，頁 462-474。賴芳伶於這篇文章討論中，突顯了《奇萊》二書以日文獻詞給母親（此の書を母に捧ぐ）的意涵：不單是血緣上的母子，也是對原初土地、文化與情感的繫念，或還可視為「臺灣」的隱喻（頁 474）。

人來往，19 歲入東海大學受業徐復觀，23 歲服役為《幼獅文藝》主編朱橋鼓舞散文創作，24 歲與陳少聰聯袂美國愛荷華大學攻讀碩士，與聶華苓、白先勇、王文興等作家來往，26 歲入柏克萊大學攻讀博士，受業陳世驤。凡此，可見楊牧生平與臺灣外省族群及花果飄零的一代中國知識分子有密切關係，也為理解楊牧詩中的悲涼感提供線索。關於楊牧「縱的繼承」，胡楚卿是個值得注意的切入點。[5]

　　胡楚卿，1923 年生於中國湖南，中日戰爭時任戰地記者，寫小說，也寫詩。胡楚卿 1948 年來臺，詩多發表於《野風》雜誌，1991 年卒於臺灣高雄。胡楚卿是楊牧高二的國文老師，課堂間喜言孔子，嚴肅，表情多冷漠甚且鄙夷；私底下對於登堂入室的學生如楊牧，卻嬉笑怒罵，活潑靈動。楊牧早在課前便認識這位前輩作家，常去拜訪，聽胡楚卿說湘西趕屍或湘西作家沈從文，或拿新作請益。[6]根據楊牧自述，一次拜訪胡楚卿的經驗，教他識得人生的悲涼無奈。楊牧描述自己進門後，察覺一股剛爭執過的緊繃氣氛：「老師一頭年輕的亂髮，和師母緊鎖的眉頭」，使楊牧硬生生吞下原預備好的話題：

---

　　另，王彥對楊牧的影響，這裡雖不及深入，略記一筆。《水之湄》命名，即因王彥在國文課心血來潮，板書《詩經》秦風蒹葭，並用廣東國語講解，將楊牧帶進詩經。楊牧，〈後記〉，《傳統的與現代的》，臺北：洪範書店，1979，頁 233。

5　楊牧在回顧 50、60 年代橫縱問題時說：「當茲另一個時代即將開始的時候，我要建議我們徹底把『橫的移植』忘記，把『縱的繼承』拾起；停止製作貌合神離的中國現代詩，積極創造一種現代的中國詩。」楊牧，〈現代的中國詩〉，《文學知識》，臺北：洪範書店，1979，頁 7。

6　楊牧，〈胡老師〉，《奇萊前書》，臺北：洪範書店，2003，頁 345-374。楊牧提到讀沈從文的禁書，有《八駿圖》、《邊城》、《龍朱》、《虎雛》、《湘行散記》，多是小說。另，胡楚卿有〈我記得的葉珊〉，《幼獅文藝》32 卷 8 期，1970.8。這篇文章憶楊牧讀大學時，每回花蓮必先到他家，喝酒，吃湖南臘肉，切磋文藝；留學後則或寄書供參，或寫信報安。至於胡楚卿的身世憶往與《野風》因緣，可參楚卿，〈投資整個人生的事業〉，《文訊》19 期，1985.8，頁 146-154。師範，〈胡楚卿：把永恆換一瞬〉，《紫檀與象牙：當代文人風範》，臺北：秀威資訊科技股份有限公司，2010，頁 51-57。

一篇關於望遠鏡的小說，保證老師感興趣，但在這冰凍的空氣中，我實在沒辦法像平常那樣大放厥辭。我只是覺得悲哀，非常悲哀，原來開懷大笑是假象，憂愁才是人生長久，厚實的真 [⋯⋯]在戰爭和飢饉之外，至少暫時是在戰爭的烽火和飢饉流亡的陰影之外，憂愁是徘徊縈繞不去的[⋯⋯]我無法只好告辭。出了小門，超越籃球場和爬滿喇叭花的鐵絲網，我看到海水深藍，無所不在的海藍，適在晴朗的天空下對我浩瀚微笑。這一刻我感到雙倍重疊的悲哀，不禁就那樣目視遼遠，不知所措地搖搖頭。[7]

　　憂愁為厚實的真，開懷大笑為假，這樣的認識首先導引楊牧感觸人生實難，故而惶惶避退。楊牧告辭後竟見海天開闊，恬然輝映世間悲劇渺小，瞬而使楊牧萌生超拔的意志，或許也帶領他體悟天人之際，無礙與有礙之間，一種詩的張力。[8]楊牧前述文字完成於 1995 年 12 月，蘊含一種後設眼光，是以能夠暢言成熟、果斷與超越等遠非一般中學生能掌握的概念。不過，楊牧這段敘述也袒露胡楚卿的悲鬱帶來的衝擊，即便 40 年猶不能忘。[9]這自然可能成為楊牧詩的創作動機。楊牧〈歸來〉裡一段流浪的往事，是否即影射胡楚卿經歷過的戰爭和飢饉？楊牧是否設身處地「臨摹」胡楚卿的流離，才引出〈歸來〉的喟嘆？本書以為，

---

[7]　楊牧，《奇萊前書》，臺北：洪範書店，2003，頁 352-353。

[8]　楊牧接著寫到：「從那以後就知道搖頭了，在怎樣辛苦鬱結不得脫出，長久之後，忽然好像想通了的時候，搖搖頭，不但蒼涼，無奈，也表現一種成熟和果斷的氣度，對自己，彷彿是說：留連毋忘，但你必須超越那一切。」楊牧，《奇萊前書》，臺北：洪範書店，2003，頁 353-354。

[9]　楊牧，《昔我往矣》，頁 110。楊牧的《奇萊》二書雖被視為自傳性散文，似為解識其生平研究提供有力佐證。但自傳即有後設性，而「後設」導致自傳作為史料的證據力降低，藝術性提升；故本書在使用這類資料，盡可能取其客觀性，而懸置其後設的主觀性。譬如此段引文，搖頭彷彿是說「留連毋忘」云云，更趨近一「理想我」（ideal self），而非「現實我」（real self）的主觀表述。

如此對號入座不必然成立，但是掌握這點——即楊牧於外省族群如胡楚卿等人難言的憂愁鬱苦，抱有極大的悲憫與同情，遂藉詩以抒其情敘其事——對詮釋楊牧詩的想像，的確有些效度與信度。[10]畢竟楊牧也曾經坦言：

> 古代。外國。我以這些換取他的風沙和烽火，那種離鄉背井的寂寞感覺，經驗，来到我們剛從大戰復原不久的小城村野。我僅能設身處地為他和別的與他一樣「避秦」千里於天涯海角的老師們揣摩心情，為此感覺不可言宣的惻然，悲憫。[……]有一天我也將經歷那一切，彷彿就像那褪去軍服換上學者裝束的人，以同樣無窮的敏感旅行回到崚山莽林的湘西[……]即使那不是屬於我的可以撫觸真確的現實，即使它對我堅持空虛[……]我以我的想像為你作證。[11]

楊牧試圖通過詩的想像，「換取」胡楚卿的風沙、烽火與鄉愁，詩遂成為一種證言，證明避秦千里的過往並非虛妄。準此，楊牧對戰後臺

---

[10] 〈歸來〉的不同詮釋，可參何雅雯《創作實踐與主體追尋的融攝——楊牧詩文研究》（臺北：臺大中文系碩論，2001），頁 15-17。何雅雯認為〈歸來〉以「流浪的往事」寄喻創作途中的掙扎徬徨，呈現詩人初次掌握「詩的面貌和質地」，雖題「歸來」，實為「出發」；此外，〈歸來〉、〈冬至〉（1957）、〈港的苦悶〉（1957）皆寫水手的旅程，乃一主體對「異己」的描述。此外，族群矛盾在楊牧不是沒有痕跡。顯例如楚戈拜訪楊牧、楊牧姨媽對楊牧的期待，皆清楚反映楊牧經驗過的族群矛盾。事見楊牧，《奇萊後書》，頁 20-21、30-31。這種矛盾，進一步造成倫理學的擺盪，如楊牧說：「我一直到上了高中，還無法分辨當太平洋戰爭的時候，對在台灣躲警報的人來說，到底誰是『好人』？誰是『壞人』？班上外省籍同學，他們在四川躲警報時，投彈的日本人毫無疑問是『壞人』，但是對當時的台灣人而言，是要認同自稱保護台灣的日本人？還是認同前來轟炸自己家園的美國人？」郭麗娟，〈禁忌與猜疑　楊牧寫來唏噓〉，《新台灣新聞週刊》577 期，2007.4.17。

[11] 楊牧，《奇萊前書》，臺北：洪範書店，2003，頁 373-374。

灣外省族群的流離身世不僅有基礎認識，還表現相當的同情與認同。楊
牧想當戰地記者[12]，或感染鄉愁[13]，嚮往一種顛沛煙硝的旅途，也就不
那麼令人意外。是以，楊牧〈歸來〉裡的詩中人容有兩層指涉：「我」
是胡楚卿，也是楊牧。現實中胡楚卿難以盡言的避秦之苦，楊牧休戚與
共，遂轉為詩中的嘆息。但那終究不屬於楊牧可撫觸的現實，便化喻為
「霧」，指涉胡楚卿的愁雲，一段楊牧無法盡知的往事。「我從霧中歸
來」一句，既表徵胡楚卿真實經驗，也是楊牧臆度其經驗的心境，兩者
虹霓相隨。楊牧早期詩作有許多類似的移情，例如〈二次虹〉（1957）
裡稱夜用憂鬱把樹影疊得太厚，你我笑聲卻在更深處「比影而立」；

---

[12] 楊牧，〈二十五開本後記〉，《葉珊散文集》，臺北：洪範書店，1994，頁 227。楊牧
在該後記提到戰地記者的夢想。愛荷華學業將結束時，楊牧不確定是否去柏克萊繼續讀
書，「我想回臺灣找個記者的工作，設法請他們把我派到越南，實現我高中時代的虛構
夢想」。而〈大虛構時代〉一文中，除了戰地記者，楊牧表示自己也想過：遠洋船員、
森林看守人、礦業公司派駐南非的專家、燈塔管理員，但「基本上是一個安那其，一個
無政府主義者。」楊牧，《奇萊前書》，臺北：洪範書店，2003，頁 263-287。另，柏
克萊畢業時，楊牧還考慮過到哈佛唸考古學，以後至土耳其一帶當個考古學家；他在給
於梨華（1929-）信中提到這個想法，於回信說他瘋了。曾珍珍，〈英雄回家──冬日在
東華訪談楊牧〉，《人社東華》第 1 期，2014.3。楊牧也想過當畫家，廖玉蕙，〈緩緩
打開瓶中稿　楊牧教授訪談錄〉，《聯合報》版 E7，2003.11.17。

[13] 關於這點，亦可參賴芳伶、郭麗娟與蔡明諺的討論。賴芳伶指出胡楚卿與楊牧的連結：
「普世永恆的鄉愁就把高中的楊牧和許多胡老師們，輕柔地連繫起來，拭去族羣的裂
痕」、「恰是這純淨莊嚴的鄉愁，開啟了他多智多情的認知世界。」賴芳伶，〈楊牧
「奇萊」意象的隱喻和實現〉，收於陳芳明主編，《練習曲的演奏與變奏：詩人楊
牧》，頁 70。郭麗娟則指出：「在尋覓詩的過程中，國文老師胡楚卿對他多所啟發。儘
管未曾離開家園，楊牧卻從『外省仔』老師身上感染了思鄉愁緒，加以聞知姨媽和姨丈
在日治時曾私奔到中國，歷經戰亂後，又回到台灣的家族故事，種種關於離鄉、戰亂的
情節，縱橫在他的想像世界；他織羅著陌生風情的異鄉國度，揣摩、捕捉外省老師們被
迫流亡、羈旅異鄉的寂寥落寞。」郭麗娟，〈雪原下的熊熊烈火──楊牧〉，《臺灣光
華雜誌》32 卷 4 期，2007.4，頁 92。蔡明諺則多方面突顯胡楚卿對楊牧的影響，如敘事
詩的偏愛、對虛構的自覺、鄉愁感。蔡明諺更指出，楊牧用某種「古代」的時間感，去
取代、模仿胡楚卿「空間性」的鄉愁感，是一種「現代的」而非「反共的」懷鄉病：
「向古代的生活逃逸」，或許即葉珊時期最重要的現代性特徵。進而，當年輕楊牧從時
間性的鄉愁，也轉為空間性，就具備成熟楊牧的必要條件。蔡明諺，〈論葉珊的詩〉，
收於陳芳明主編，《練習曲的演奏與變奏：詩人楊牧》，頁 183-188。除懷鄉病是否也
須以「反共」與「現代」區分外，前述見解本書同意，唯試以詩文詳證。

〈死後書〉（1957）則想象碑石鐫刻你我名姓，「在交錯的殘霞裡」；〈大的針葉林〉（1957）詩中人猶悔懺離家的錯誤，南方縱然「虹影輕悄」，「復沒有江河長流」；以及〈劫掠者〉（1957）裡殘酷的告籲：「何不拾些露回家？」

## （二）覃子豪

> 有時，冬天的雨是撐住霧的
> 唉！你的家在哪裡？
> 天上的人也戀愛嗎？像我們般的
> 有一些約會，和情語。[14]

「胡楚卿」的悲涼無奈自然不是孤例，但救贖如何可能？

覃子豪，1912 年生於中國四川，北京中法大學肄業，留學日本東京中央大學肄業，中日戰爭時為戰地記者，寫詩與詩論，亦翻譯。覃子豪 1946 年 5 月來臺，1954 年與鍾鼎文、余光中等籌組「藍星」詩社，致力現代詩創作及推廣，1963 年卒於臺灣臺北。覃子豪是李萬居（1901-1966）《公論報》每週四「藍星」詩刊的主編，審過也刊載不少楊牧稿件，楊牧頭兩本詩集即由藍星詩社出版。兩人初次見面為筆友黃用（1936-）慫恿，當時是楊牧負笈臺北準備重考的 1958 年。[15]

---

14　楊牧，〈冬雨〉，《楊牧詩集I》，頁 23。〈冬雨〉全詩二節，引文為第二節。第一節：「在路上啊！我看到雨打海上回來，像一個／懷鄉症太重而醉醺醺的水手，／冬天的雨，催我推窗遠望，／只因樹已枯老，樓臺淒冷已久，／只因星子都明明地病了，／弱得不敢到天河汲水哪！」

15　楊牧高中時即投稿藍星詩刊，《水之湄》與《花季》為藍星詩社出版，列入「藍星詩叢」。楊牧雖非藍星成員，但與藍星詩社成員知交甚深且遠。楊牧與「藍星」的關係，可參劉正偉的討論。劉正偉，〈早期藍星詩社主要成員辯疑〉，《早期藍星詩史》，臺北：文史哲出版社，2016，頁 56-57。而楊牧彼時借住姨媽家，據〈詩人穿燈草絨的衣

楊牧〈冬雨〉（1958）一詩，將「冬雨」擬人化為一位懷鄉的水手，零零切切發起酒瘋，擾人清閒。詩中人推窗關切，卻見與冬雨為伴的無非枯樹、淒冷的樓臺和病弱的星子。這些寂寥的意象，指涉思鄉哀慟難以承受，遂激起詩中人同情。是以，〈冬雨〉第二節裡詩中人嘗試安慰「冬天的雨是撐住霧的」，並關心「你的家在哪裡？」緊接一句「天上的人也戀愛嗎？」詩中人明知雨從天上來，家鄉遙遙堪比天涯，「戀愛」、「約會」、「情語」等用語卻為召喚生命裡的光。「情語」亦或諧音「晴雨」。覃子豪曾與楊牧討論過這首詩：「我就說是的，你沒有錯，天上的人也談戀愛，跟我們一樣，有一些約會，和情語。」[16]

　　楊牧與覃子豪的互動很有意思。覃子豪不僅為楊牧提供一個明確的「詩人」形象，啟發楊牧對「音樂性」的重視，更拉近楊牧與外省族群的距離。首先，借用榮格（Jung, 1875-1961）的原型概念，覃子豪猶如「智慧老人」。通過覃子豪的爝火指引，楊牧詩路添增不少自信與勇氣；覃子豪「音樂乃是至高無上」的說法，為楊牧所樂取且奉行不渝。[17]但覃子豪強調的是魏爾崙（Verlain, 1844-1896）象徵派的創作綱領，

---

服〉、〈德惠街日記〉二文，推斷位置應在臺北市德惠街與林森北路（九條通）交叉口附近。黃用家在中山北路 121 巷（七條通），覃子豪家則中山北路一段 105 巷 4 號（六條通）。楊牧姨媽家步行至覃子豪家，估計約 2 公里 25 分鐘左右。然楊牧上大學後，姨媽也搬家了（楊牧稱九條通搬至「四段」，或中山北路四段）。另，楊牧提到初入詩壇，有長他一倍有餘的覃子豪、紀弦辦詩刊，打筆戰，他不過一個深怕找不到自己寫作風格的少年。」栩栩，〈未知者的抒情——專訪楊牧〉，《風球詩雜誌》，2009.6。

16　楊牧，〈詩人穿燈草絨的衣服〉，《奇萊後書》，頁 25-27。

17　胡楚卿對楊牧也類似智慧老人，但差異有幾處：先是楊牧識胡楚卿時，胡年約 33 歲，妻子很年輕，長女方學步而次女還沒出生，對文學亦多摸索試煉；覃子豪則 47 歲，在臺無家累且享譽詩壇，正有作為，詩的體悟與知識學養，比善小說的胡楚卿深，能指點楊牧處也更多。再者，胡楚卿與「文壇」的關係遠不如覃子豪，覃子豪的識見交遊，對開拓楊牧視野理應很有助益。三者，覃子豪雖可謂指點楊牧詩路的明燈，但楊牧稱胡楚卿為「胡老師」，覃子豪則「詩人」，足見情感認同實有深淺；楊牧與胡楚卿兩人的氣質性情，應更默契。譬如，胡楚卿來臺初期推卻友人進攻新大陸的邀約，避居後山花蓮；性喜《老子》，曾有〈老子哲學的述略〉；又愛隱士蒙田（Montaigne, 1533-1592），生命情調當有和光同塵，放曠一面。這點在楊牧應深有同感，故雖屢言知識分

詩是語言的音樂，以旋律抑揚傳遞詩人生命的脈動。楊牧對「音樂」則有些主體性的詮釋。楊牧在回憶覃子豪的文章〈詩人穿燈草絨的衣服〉裡寫到：

> 這時我卻想，音樂可能是這個意思，也可能還有另外層次的指涉。通過筆下對若干屬性相近的有機客體之操縱，以發現高度自覺的內在結構，決定何者先行，何者觀望，跟進，或逕任其亡佚，目的在維持一最接近自然的，完整的修辭生態，圓融渾成的小宇宙，在隸屬於各種活潑的諸原子之間，允許一持續的生滅活動，乃其中金剛不壞的成份勢必脫穎而出，決定了詩的聲籟格局，亦即是為我們心目中至高無上的音樂下定義。

楊牧論詩的音樂性，由「旋律抑揚」這種倚重聽覺形式的感官經驗，轉為具「內在結構」、「修辭生態」等蘊含抽象概念的聲籟格局。這個論點頗為特殊，可視為楊牧中年對文學本體論的一則註腳。[18]至於楊牧與覃子豪結識時，楊牧詩的音樂性與覃子豪觀點實際是更為貼近的。例如〈秋的離去〉（1956）末兩句「秋已離去，是的，留不住的，

---

子介入社會，也能欣賞一個清閒的「右外野手」。附帶一提，2013 年楊牧接受專訪，提及早期詩集的裝幀概念，就是覃子豪從法國帶回來的；楊牧更曾建議洪範書局，詩集何不回頭採《花季》的形式？「我在心裡對形式很在乎。我覺得詩集跟別的書有點不太一樣，應該比較可愛一點。」陳允元專訪，〈河的回春——楊牧談《長短歌行》〉，《自由時報》，2013.11.11。

[18] 楊牧這篇文章，發表於《聯合文學》210 期，2002.4，頁 20-31。彼時已累積 40 餘年創作經驗，憶往之餘，也抒發此刻體證。另，討論詩的音樂性，通常指雙聲、疊韻、頭韻、腳韻、句中韻、平仄、節奏等面向切入，如孫維民，〈自由詩的音樂性——以楊牧詩為例〉，《臺灣詩學季刊》27 期，1999.6，頁 124-127。林琬瑜，〈楊牧「時光命題」音韻風格研究〉，《東吳中文研究集刊》9 期，2002.9，頁 184-214。孫偉迪，《楊牧詩的音樂性研究》，臺南：成功大學中文系碩論，2007。其中，除孫偉迪稍有觸及音樂的「內在架構」，餘者皆聚焦聽覺形式的設計與效果。

／小黃花的夢幻涼涼的」；〈禁酒令〉（1957）裡「禁酒令，禁酒令／使某些人在午夜驀然驚醒。」；〈傳統〉（1958）末兩句「守在橋頭，河水凍了，家在極地吧？／給他路啊！北斗，給他紅纓槍和蒙古馬。」楊牧這類詩作多藉助語音複沓、嘆詞、標點等手法，營造詩的律動與輕重，大抵音韻明朗，比楊喚（1930-1954）多些情思頓挫，青春的律動卻很類似。

　　再者，楊牧在〈詩人覃子豪〉一文，提到覃子豪身邊吸引了不少文學青年。覃子豪 1953 年擔任「中華文藝函授學校」的詩歌班主任，瘂弦（1932-）、向明（1928-）、麥穗（1930-）均當時學生。楊牧還因此遇見商禽（1930-2010）、楚戈（1931-2011）、秦松（1932-2007）、辛鬱（1933-2015）等「同溫層」詩友。楊牧常與黃用、洛夫同去，一般是禮拜天上午，彷彿教堂做禮拜似的。[19]據楊牧觀察，每週日聚集在覃子豪家的人有個共性：撤退來臺，無親無故的少年兵。[20]換句話說，楊牧自覃子豪家「文學沙龍」感受到的，不僅是詩與詩學激盪，更有患難真情的溫度。是以，當覃子豪喟嘆「我們都一樣，處在多

---

[19] 這篇文章原題〈覃子豪紀念〉，收於楊牧，《楊牧自選集》，臺北：黎明，1975，頁291-304。同文亦見楊牧，《柏克萊精神》，臺北：洪範書店，1977，頁 121-136。後經修訂為〈詩人覃子豪〉，收於《掠影急流》，臺北：洪範書店，2005，頁 9-25。這篇文章提到覃子豪與楊牧的來往，與楊牧的觀察。譬如藍星詩刊刊頭畫，是沒腦殼的石膏像，天上是大小星子，據傳覃子豪手筆。覃子豪稱楊牧「葉珊老弟」，函授學校改稿子吸引來的年輕人。楊牧常與黃用、洛夫同去拜訪，黃用總說「三大通天教主上花果山水濂洞尋訪老猴子」。覃子豪翻譯法國詩，出版《法蘭西詩選》（1958）。楊牧也指出覃子豪偏愛「孤獨的旅人意象」。至於這篇文章修訂前後，主要隱去二事，一者，楊牧自述花蓮讀書時，喜歡羅家倫（1897-1969）的「青海青，黃河黃，更有那滔滔的金沙江」，有時盯著中國地圖，「常為臺灣島之微小覺得沮喪無聊，真是悲哀的要命。」二者，關於藍星詩社一段往事的辯駁；余光中曾指洛夫、黃用與楊牧對覃子豪「欠缺敬意」，鬧「事變」云云。

[20] 楊牧說：「原來他們個個都是軍人，內戰時跟著撤退的部隊從大陸來到臺灣的少年兵，比我大十歲上下，但都是沒有親人沒有家的，在臺灣。我也就恍然大悟，原來詩人將他星期天上午空出來見客人，來者不拒，就是為了這一群沒有家的大孩子星期假日可以有地方去。」楊牧，〈詩人穿燈草絨的衣服〉，《奇萊後書》，頁 19-20。

麼匱乏的時代」，楊牧如是描述他的觀察：「空氣裡彷彿就在這一刻浮沉著稠密的傷感，或者是多少失望，或者可能是壓抑的嚮往吧。」[21]

　　覃子豪與這批文學青年嚮往甚麼？覃子豪與紀弦筆戰現代詩是「橫的移植」或「縱的繼承」（1957）；翻譯法國詩，出版《法蘭西詩選》（1958）；與蘇雪林（1897-1999）筆戰「象徵派」（1959）；覃子豪在一個艱困的時代裡，寫詩、評論、講學、辦詩刊。通過覃子豪可見文學成為信仰寄託，不只是名聲或技藝。從這個角度，覃子豪象徵著楊牧心中「詩人」的理型。楊牧說：「詩除了提示自由，恐怕也是一種令人畏懼卻不能割捨的偏方，可以治療靈魂的創傷，沮喪，和肉體的風寒；詩可能就是那麼單純，也提供人性的溫暖。」[22]

## （三）徐復觀

　　　　雨點滴在島上
　　　　烈火已熄，鼓聲亦已沉寂
　　　　有人自灰爐中走出來
　　　　掛著匕首
　　　　躍馬走茫茫的江湖[23]

　　楊牧就讀臺中東海大學期間，出版兩本詩集《水之湄》、《花季》。《水之湄》收 1956-1960 年花蓮、臺北與初到臺中的作品，應於1960 年 3-4 月春意漸暖，梅雨未至時節，輯稿為三但不另取名，各摘錄

---

[21] 楊牧，〈詩人穿燈草絨的衣服〉，《奇萊後書》，臺北：洪範書店，2009，頁 24。
[22] 楊牧，〈詩人穿燈草絨的衣服〉，《奇萊後書》，臺北：洪範書店，2009，頁 21。
[23] 楊牧，〈星河渡〉，《楊牧詩集I》，臺北：洪範書店，1978，頁 120-127。

巴爾札克（Balzac, 1799-1850）、勃朗特（Brontë, 1818-1848）、海涅曼（Heinemann, 1889-1970）名句為引言；據楊牧稱，僅是該期間創作量的四分之一。[24]《花季》則收 1960-1962 年，大一下至大三暑假作品，應於 1962 年 10-11 月的新學期初編冊，不分輯，扉頁摘錄彌爾頓（Milton, 1608-74）詩「These pleasures Melancholy give, / And I with thee will choose to live.」（語譯：憑著憂鬱帶來的快慰／我願意活下去），並題獻給 S.T.。對比兩本詩集，可發現楊牧詩在形式與內容都發生轉變。[25]楊牧《花季》在形式上長製增多、句式變短、標點更節制；詩篇開頭借引言起興增多；段落也更為工整；開始於詩集內標註創作年月。《花季》在內容上抽象思維增多，汲靈中西古典的想像增多。《花季》裡的〈星河渡〉（1961），可視為楊牧第一首長詩。該如何詮釋楊

---

[24] 第一輯引巴爾札克「那薔薇，就像所有的薔薇，只開了一個早晨」，第二輯引勃朗特「昨天是明亮的，平靜的，霜濃的」，第三輯引海涅曼「近代人的懷疑和懷疑論，轉向內在一面／落到人自身上，而因之引向絕望」。楊牧，《水之湄》，臺北：藍星詩社，1960，頁 1、29、71。

[25] 首先，楊牧《水之湄》收詩 50 首共 727 行，平均一首詩 14.5 行；《花季》43 首共 1287 行，平均 29.9 行，可謂楊牧詩敘述的企圖「倍增」。這與楊牧轉讀外文系，及聆聽西方音樂不無關係；楊牧說：「西洋音樂和英國詩的技巧對我的啟示很大。我在《花季》裡舉凡七八十行上下的詩，大都試圖表現所謂『樂章』的美妙和深澳」。楊牧，〈自序〉，《燈船》，頁一。再則，考察兩本詩集的變化，則篇幅上，《水之湄》最長為〈蝴蝶結〉（1958），分二節 47；《花季》有〈星河渡〉四節 96 行外，還有〈淡水海岸〉（1961.12）七節 107 行、〈異鄉〉（1962）八段 137、〈秋霜〉（1962）五節 85 行。除分節以綿延開闊敘述，段落設計也有一些嘗試，如每段 5 行的〈山火流水〉（1961）有五段、〈花落時節〉（1962）有四段，每段 10 行的〈鬼火〉（1962）有五段。這一方面反映現代詩實驗的時代風尚，如洛夫 1959 年開始發表的〈石室之死亡〉亦有此分節工整傾向；二方面，也與楊牧美感經驗有關，如楊牧稱讚過高中學長程健雄的詩「長長一首整齊悅目的詩，幾乎一樣高矮的句子。」楊牧，《奇萊前書》，臺北：洪範書店，2003，頁 218。至於詩題後，引言起興，則是《花季》另個明顯不同於《水之湄》處，如〈教堂的黃昏〉（1962）引《聖經》箴言；〈異鄉〉（1962）引尼采、丁尼生句；〈星問〉（1962）引白朗寧句；〈夢寐梧桐〉（1962）引張炎句等。楊牧透過引言互文，疊加詩的想像空間，自此有了前例。除引言增加內容互文性，《花季》也嘗試集中處理抽象思惟，如〈給憂鬱〉（1962）、〈給智慧〉（1962）等。最後，可留意的是，這些試驗多為 1962 年的作品，約大三下學期。

牧的這個轉變？

　　1959 年楊牧到東海大學就讀歷史系，遭遇創作瓶頸，自稱「冷淡了詩」。[26]根據《楊牧詩集 I》附錄，1958 年楊牧得詩 22 首，1959 年減產為 11 首，推測可能原因，或因為楊牧準備聯考消耗精神，當時的歷史系課程礙於政治禁忌顯得乏味，身旁又無讀書「不求甚解」的友伴等現實因素，導致詩興缺缺。前述原因不久便消解，楊牧大二轉入東海大學外文系，英美文學傳統的明顯刺激楊牧的文學創作；楊牧走進東海大學對門的小教堂並結識博學的法國神父，某次觀禮更在會眾中發現一張美麗側臉，「猶勝過天使的容貌」；楊牧創辦「原人學會」以讀書互勉、加入「東風社」以編輯刊物，終尋得一群文學朋友。然而，最重要的一個文學因緣，應是楊牧大二時選修徐復觀的「韓柳文」，擴充楊牧對中國文化傳統的認識與體悟，也奠定了徐復觀與楊牧的師生情誼。[27]

---

[26] 楊牧，〈雁字回時〉，《葉珊散文集》，臺北：洪範書店，1977，頁 10。這篇文章提到：「你也許會以為我以經墮落了，我也不願否認，到學校以來三個月了，我只寫了兩首詩，我說過詩才是我的生命，但我竟冷落了詩（或者說詩冷落了我）。」另，這篇文章也難得透露出楊牧的情感糾葛：「朋友都很不諒解我，以為我的感情太輕浮了，對你，對 H，對 L 都一樣，去年冬天，我悶悶不樂地過了一年，我以為我是完了，寂寞，寂寞，寂寞對著張陌生的臉，我能說甚麼呢？」

[27] 楊牧於東海大學常到中文系修課，先修了蕭繼宗「楚辭」，後高葆光的「詩經」、「韓柳文」。但學期開始不久，高葆光生病，徐復觀代課；之後楊牧才陸續選修古代思想史、老莊等課。張惠菁，《楊牧》，臺北：聯合文學，2002，頁 84。除「韓柳文」，楊牧選修的「中國哲學思想史」、「老莊」課程也是由徐復觀開設。楊牧，〈敬悼徐復觀先生〉，《文學的源流》，臺北：洪範書店，1984，頁 167-177。這篇文章後改題「回憶徐復觀先生」，收於楊牧，《掠影急流》，臺北：洪範書店，2005，頁 65-78。稍說明者，「中國哲學思想史」這個課名，在他文或稱「古代思想史」、「中國人性論史」。楊牧，〈上徐復觀先生問文學書〉，《文學知識》，臺北：洪範書店，1979，頁 192；何瑞娟，〈詩人，何以在大學安身──楊牧對話陳平原談詩歌教育及其他〉，《中國藝術報》，2013.6.5。後文為楊牧 2013 年 6 月訪問北京大學，與陳平原、杜維明對談報導。杜維明，高楊牧兩屆的東海學長，同修徐復觀的思想史。1992 年東海大學舉辦「徐復觀學術思想國際研討會」，為紀念其逝世十周年。楊牧雖未發表論文，但擔任第四場會議主持；研討會於 12 月學期間舉辦，楊牧時任職於香港科技大學人文學部，或專程返臺。另，1964 年 12 月 28 日徐復觀發表〈回答我的一位學生的信並附記〉於《學藝周刊》，此學生即楊牧，這篇文章收於徐復觀，《徐復觀文存》，臺北：學生書

　　徐復觀，1903 年生於中國湖北，湖北武昌第一師範學校畢業，1928 年日本明治大學攻讀經濟，中日戰爭時擔任國民黨軍要職，1949 年在香港創辦《民主評論》（1949-1966），同年 5 月來臺，1955 年起東海大學中文系任教，1969 年退休旋赴香港擔任新亞研究所教授，卒於 1982 年臺灣臺北。徐復觀師承熊十力（1885-1968），為新儒家代表人物，首創「憂患意識」一詞，著述對於中國文化多有維護、發明之意，亦善政論文章，敢於批判當權者。[28]徐復觀於 1954 至 1957 年間與殷海光（1919-1969）論戰自由主義的文化基礎、1961 至 1962 年間與劉國松（1932-）論戰現代藝術的歸趨，是位筆力雄健的公共知識分子。而楊牧從徐復觀問學，可說適逢徐復觀「戰鬥力」最旺盛的時期。通過徐復觀，楊牧不唯感觸一代哲人論戰中西的氣韻，更可能見證徐復觀對現代藝術的反思與問難。

　　首先，楊牧曾經自剖徐復觀對他的影響：憂患意識、玄思想像、文

---

　　局，1991，頁 228-230。徐復觀指出「達達主義」與「超現實主義」等現代主義思潮，與「我們所遭遇的」是兩種完全不同的境況：他們因理性、科學過剩而反理性、反科學；我們因理性、科學不足，而應高揚理性與科學。

[28]　例如徐復觀創辦的《民主評論》乃國民黨出資，徐復觀卻不怯於批判國民黨自身弊病，還要求國民黨改造，「由反省而更生」；此舉引來國民黨員不悅，稱「拿國民黨的錢罵國民黨」。另，徐復觀雖非《自由中國》編輯委員，但曾在該刊物發表〈從一個國家來看心、物、與非心非物〉、〈「計劃教育」質疑〉、〈青年反共救國團健全發展的商權〉、〈我所了解的蔣總統的一面〉，針對性不止於國民黨，亦及當權者蔣介石。何卓恩，《自由主義新遺產：殷海光、夏道平、徐復觀政治經濟文化論說》，北京：九州出版社，2011，頁 41-48。關於徐復觀與《民主評論》的分析，可參李淑珍的討論。李淑珍，《安身立命：現代華人公私領域的探索與重建》，臺北：聯經出版事業公司，2013。該書第 5-7 章，〈徐復觀在臺灣──兩岸文化的激盪與交融〉、〈《民主評論》的民主想像──儒家／民主的多重詮釋〉、〈徐復觀論現代藝術──藝術、政治與人性〉。又，由於徐復觀對現實有這層關心，徐復觀的學術研究更見理念支撐，楊牧亦然。如牟宗三批評陳寅恪公子哥型的考據，無關大局；徐復觀的考證卻是活的。牟宗三，〈徐復觀先生的學術思想〉，《徐復觀學術思想國際研討會論文集》，臺中：東海大學，1992，頁 10-11。

章題裁及兼容思想與考據的治學態度。[29]學界對兩者的關係似乎難贊一詞。然而，徐復觀不僅扮演楊牧接受中國文學傳統的一個旁證，一個美學的機緣，徐復觀更在意識形態上深刻影響著楊牧。[30]例如徐復觀提出的「憂患意識」，乃根據先秦儒家典籍而有的當代闡發，強調人的道德存有，直截表現在一種面對現實困境的自覺承擔。細緻點說，憂患意識有別於危機意識，並非勉人共體時艱，以國族文化存亡為念，而是內在一種超越且無限的道德意志；憂患意識也不同宗教意識，如由信仰感到救贖，將責任交給神，並不會產生憂患意識。[31]是以推敲徐復觀此論，豈為復興儒學的文獻主義或保守主義一面？自有一種中國文化傳統在西方文化的衝擊下，當代知識分子「該當何為」的民族氣節與使命警覺。

---

[29] 楊牧，《文學知識》，臺北：洪範書店，1979，頁 192-193。楊牧稱選修思想史使其體會周人的憂患意識，是「文明的奠基」；老莊哲學開拓玄思想像，是「文明的逍遙」；韓柳文引其走入風格體裁的殿堂，方理會何謂「文章」。進而，楊牧遵徐復觀命，亦讀新儒家熊十力《十力語要》（1947）；自言「不得甚解」，但浮燥之氣去了不少。楊牧又從徐復觀論「邏輯教科書」之不足觀，贊同徐所強調「思想性」與「考據性」的治學態度。

[30] 同理，如談陳世驤「抒情傳統」對楊牧的影響，從而追溯《詩經》，或論證「詩言志」，卻無涉陳世驤提出此論的用心，則逕從中國傳統詩論對位，或從西方「抒情詩」討論脈絡切入，不是更直截，何須陳世驤中介？譬如，延續蕭馳爬梳的抒情傳統，轉而看這個傳統如何現代化，將楊牧視為一個例證，論析其接受與改造，以圖象現代心靈的殊相與共相；應比摘引陳世驤定義，說明然後舉例，終證明某人某詩多大程度符合陳世驤「抒情傳統」的想像，來得有趣。蕭馳，《中國思想與抒情傳統　第一卷　玄智與詩興》，臺北：聯經出版事業公司，2011；《中國思想與抒情傳統　第二卷　佛法與詩境》，臺北：聯經出版事業公司，2012；《中國思想與抒情傳統　第三卷　聖道與詩心》，臺北：聯經出版事業公司，2012。

[31] 徐復觀：「憂患意識乃是人類精神開始直接對事物發生責任感的表現，也是精神上開始有了人的自覺的表現。憂患意識的誘發因素，從《易傳》看，當係來自周文王與殷紂間的微妙而困難的處境，但此種精神地自覺，卻正為周公、召公們所繼承廣大。周人革掉殷人的命（政權），成為新的勝利者，但通過周初文獻所看出的，並不像一般民族戰勝後的趾高氣揚的氣象，而是《易傳》所說的「憂患意識」。」徐復觀，《中國人性論史・先秦篇》，臺北：商務，1969。另，憂患意識與危機意識不同，可參楊祖漢，〈論憂患意識〉，《鵝湖》第 85 期，1982.7。憂患意識與宗教意識的對極，可參鄭志明，〈徐復觀《中國人性論史》的宗教觀〉，《成大宗教與文化學報》第 3 期，2004.6，頁 227-247。

　　有趣的是，楊牧使用「憂患意識」這個詞彙，雖與徐復觀有些差異，但在堅持與捍衛中國文化主體性的態度（即不遜於西方文化）與徐復觀頗類似。[32]本書以為徐復觀促成楊牧的中國文化認同，也使楊牧早期婉約柔靡的詩風，灌入一股儒家道德主義所特有的，剛健清朗的精神力量。進而，徐復觀身為新儒家的「新」，與楊牧喜言的新時代知識分子有了聯繫。至於熊十力一脈傳承的新儒家譜系中，楊牧可說是一種截然不同的想像與回應。

　　次則，通過前述的討論，再看〈星河渡〉這首長詩。〈星河渡〉這首長詩據篇末標注寫於 1961 年 3 月，應是楊牧大二下學期初「某個悶熱的中午」。[33]楊牧 1964 年給濟慈（Keats, 1795-1821）的信裡寫到：「我叩問過哲學的前輩，詰難過傳教的修士，聽過寺庵的鐘鼓，我寫〈星河渡〉──要求一個轉變。」[34]楊牧信裡「哲學的前輩」應指徐復觀。[35]「修士」則指楊牧認識的法國神父。「寺庵的鐘鼓」可能不是指

---

[32] 在曾珍珍的訪談中，楊牧談到儒家傳承的問題。楊牧稱：「在同輩的創作者中少有人碰觸儒家傳承的問題。我或許因為師承的關係，在這方面有過思考，雖然不曾刻意要建構什麼龐大的體系。你提到的這篇論文（按：楊牧著；孫珞譯，〈周文史詩〉，《隱喻與實現》，頁 265-306）的最後一段特別強調周人的憂患意識，也就是居安思危，在功成之後，回溯一路歷盡艱辛的過程，不敢或忘，這是承接我的老師徐復觀在中國哲學思想史課堂上的詮釋。」曾珍珍，〈英雄回家──冬日在東華訪談楊牧〉，電子期刊《人社東華》第 1 期，2014.3。而從楊牧這段答覆，可見楊牧論憂患意識，與徐復觀有些差異：即徐復觀用以對峙西方「宗教意識」；楊牧則弱化這個對立性，但選擇以周文的「史詩」、「另一種英雄主義」，來突顯中國文學的主體性。

[33] 楊牧，〈昨日以前的星光〉，《葉珊散文集》，臺北：洪範書店，1977，頁 22-23。

[34] 楊牧，〈第十二信──萬點星光〉，《葉珊散文集》，臺北：洪範書店，1977，頁 126。此篇文章「文星版」未收，最早見於《楊牧自選集》，臺北：黎明文化，1975，頁 135-139。

[35] 楊牧雖曾在東海大學聽過新儒家另位代表人物，亦熊十力弟子，牟宗三的演講。但生命情調終有隔閡，影響不宜過估。事見楊牧，〈複合式開啟〉，《奇萊後書》，臺北：洪範書店，2003，頁 130-131。而這篇文章提到教授「老莊」的徐先生，應即徐復觀。至於這篇文章談到東海中文系教師時，一律隱其名而稱某先生，如蘇先生、牟先生，或有替長者諱之意，以文中涉及大學內教師也密報檢舉一事，而楊牧身為學生不宜明講。再者，楊牧向徐復觀請教者，文中舉古籍釋義為例，譬如《詩經》「爰及姜女，聿來胥

東海大學校內的路思義教堂，因為路思義教堂 1962 年 9 月才興建，晚於〈星河渡〉創作時間，比較可能是學校附近的天主堂，又或外觀像古廟的東海理學院。[36]而從 1964 年的這段描述文字，可見〈星河渡〉在楊牧創作歷程中具有里程碑意義，象徵著一個自我精神的轉捩點，且以徐復觀樹立的知識典型與道德標竿為「轉變」的後盾。楊牧許多作品具有這類象徵意涵，例如楊牧寫《給濟慈的信》召喚濟慈為精神導師，楊牧翻譯《葉慈詩選》、《甲溫與綠騎俠傳奇》也表現類似邏輯。

　　〈星河渡〉起興於詩中人策馬夜奔，於沙塵與恐懼中準備張臂迎向未知，但果敢之餘不能忘懷家鄉的暖酒，炊烟，公園散步的伊人，美麗的 Penelope（希臘英雄奧德賽之妻）。於是往事幡飛，詩中人立馬躊躇，終究決意「躍馬走茫茫的江湖」，「走入無邊廣闊的星河」。〈星河渡〉的戲劇張力，在表現詩中人夾縫過去與未來的複雜心境。一邊是星河隱喻的彼岸，有「朦朧的紫色」、「火焰」、「鳳凰的灰燼」、「浩蕩的渺茫」、「羣星的輝煌」；一邊是待渡身影背後所隱喻的此岸，有「酒旗」、「鐘聲」、「生命的風雨」、「東方小小的花徑」。詩中人因此陷入一種迷昧徬徨的精神狀態：走，還是不走？

　　〈星河渡〉緊扣楊牧的生命際遇，並非無中生有。〈星河渡〉裡的「一片鐘聲」，儼若楊牧在東海大學經常聽見的基督徒吟唱的聖詩。[37]

---

宇」、《老子》「載營魄抱一，能無離乎」等句何解（頁 121-125）。但楊牧向哲學前輩叩問者，抑或徐復觀傳授給楊牧者，遠過於此，故楊牧另文指出：「徐先生不但是啟迪我鑽研古典以認識傳統文化的老師，教我如何取向嚴謹的學術態度，如何以誠心對待歷史，破除迷信，反抗權威，更教我們把白話文寫得整潔堅實，朗暢清澈，如何使用筆墨去除潦草和浮躁，如何面對現實生活的橫逆，從沮喪委靡中奮勇拔起。」楊牧，〈敬悼徐復觀先生〉，《文學的源流》，臺北：洪範書店，1984，頁 170。

[36] 楊牧稱東海理學院如古廟，參楊牧，《葉珊散文集》，臺北：洪範書店，1977，頁 23。而楊牧對於臺灣民間信仰的寺廟，有些接觸但不常著墨，故「鐘鼓」不推佛寺尼姑庵道觀土地公廟之屬。

[37] 楊牧，《奇萊後書》，頁 130。

詩中寫「酒旗古典地招著」、「鳳凰的灰燼」、「江湖」、「匕首」、「躍馬」、「械鬥」、「烈火」、「鼓聲」等類似武俠風格的意象，反映著楊牧所處時代男兒肩挑忠肝義膽、家仇國恨的志氣。〈星河渡〉的詩中人形象，類似於徐復觀的孤高悲壯。進一步說，〈星河渡〉的解讀，不妨與楊牧 1972 年的論文〈公無渡河〉合觀。楊牧〈公無渡河〉一文以古樂府詩〈公無渡河〉為例，說明悲劇精神不唯古希臘人專利，僅四句便「自成理念，哀而不傷，正合乎中國抒情傳統的至大至高」。[38]〈星河渡〉與〈公無渡河〉相似處，正在鐘聲與酒旗的召喚，一如「公無渡河」的驚呼，兩詩皆有見於悲劇的或將發生。〈星河渡〉語帶悲涼，「若此渡未竟／讓我葬身於斯」、「或者午後，你突然死去」，正暗示此渡或將無以挽回的遺憾。兩首詩的相異處則在〈星河渡〉突顯悲劇性的可能，乃主體性自覺的追求，而這個追求將超越現實限制，反過來保存這個心念於永恆不墜（結果或生或死，但此心恆在）；連帶追求的對象，也在此追求中獲得某種安頓。本書以為，〈星河渡〉所以能肯定渡河之悲壯與美，部分即源於徐復觀對楊牧楷示了中國文化傳統中，一種儒家知識分子自我莊嚴的心靈圖象。楊牧在《花季》後記說到：

> 這世界仍然美麗，但美麗的已不再是寺廟和教堂。它們不再莊嚴，莊嚴的是我們自己的存在。但我不愛處理這種題材，我歌頌得最多的是一種沒有目的，完全聖潔的「美」和使人忘我的愛

---

[38] 楊牧，〈公無渡河〉，《傳統的與現代的》，頁 1-12。〈公無渡河〉原詩：「公無渡河／公竟渡河／墮河公死／當奈公何」。另，與〈公無渡河〉互文的現代詩作，據李癸雲研究，有余光中〈公無渡河〉、碧果〈河的變奏〉、蘇紹連〈河悲〉、吳文璋〈箜篌引〉、李友煌〈公無渡河——詩誌八掌溪事件〉等。李癸雲將此視為文學原型，但討論未及楊牧〈星河渡〉。李癸雲，〈論「公無渡河」在現代詩中的原型意義〉，《臺灣詩學》學刊 2 號，2003.11，頁 9-40。

情。論心靈，我最服膺的是一個英國詩人，他就是畢生追求美的
濟慈，那種超乎宗教的情操，那種專一，那種孤獨和崇高才是我
所信仰的。……美存在於一種全心全意的信仰中，這信仰不必是
宗教的，但必須超乎宗教；美存在於自然的沉默，存在於人間的
溫暖，也存在於痛苦之中。我始終覺得自己是相當傳統的，但我
願走自己選擇的道路，何況寫詩只是生命的一部分，重要的是自
己的沉思和默想。[39]

　　楊牧從徐復觀、覃子豪、胡楚卿等前輩身上，見證一種超乎宗教卻
同樣聖潔的情操。無論胡楚卿對文學志業的堅持，覃子豪對詩與音樂至
高無上的諭示，或徐復觀為往聖繼絕學，推崇中國文化也珍視西方自由
主義，標舉憂患意識而不以宗教意識為最終救贖的人文精神，都有類似
的調性。楊牧日後所以傾慕濟慈的專一，孤獨與崇高，據此也能發現端
倪。楊牧自稱「相當傳統」，這個傳統的指涉，通過徐復觀在楊牧生命
中扮演的角色與意義，可以得到相當概括。[40]是以，楊牧如此評價徐復
觀：「他是我們這一代許多知識分子的道德標竿，狂狷精神的典型；他
參與人間，介入社會，把學術的目的推展到人生價值的巔峯，賦予正面

---

[39] 楊牧，〈後記〉，《花季》，頁 134。

[40] 除了徐復觀代表的中國文化道統，楊牧的「傳統」還有另一側面可供想像。即楊牧父親
楊水盛與其么弟楊阿和，在離開桃園老家前往花蓮營生後，曾於花蓮文人駱香林開設的
私塾，接受漢學的薰陶。賴秀美，〈詩人的父親：楊水盛與東益印書館點滴〉，《東海
岸評論》，2004 年 12 月，頁 11-24。也即是說，中國文化在楊牧的家庭教育，很可能已
起了積極作用。根據前文，楊水盛不僅親教孩子們注音符號，也曾叮嚀就讀基督教學校
（淡江中學）的楊維中，聽一聽道理也罷，可不要洗禮啊！然楊維中回已經受過洗了，
楊維中太太則是牧師女兒。但楊水盛並不強制子女信仰，楊維邦與其妻也是基督徒，而
年初一清晨祭祖，楊水盛說：「沒有拿香的人，行禮就好！」。另，楊牧兄弟（楊維
中、楊維邦、楊維適），楊牧獨子（常名）與楊維中二子（常陵、常青），則楊牧家族
似有排字輩的習俗。

的完整的時代意義。」[41]

## 二、美國留學時期（1964-1971）與留美華人圈

### （一）聶華苓

　　走入霧中，走入雲中
　　在軟軟的陽光下，隨我來
　　讓我們低聲叩問
　　偉大的翠綠，偉大的神秘
　　風如何吹來？[42]


　　在黑色的玉米田裡
　　枕著小河壩，夢見
　　春天的鷓鴣
　　從江岸上飛起來[43]


　　楊牧文學的時代性，反映一位臺灣本土作家在戰後如何積極接軌國民黨政府帶來的中國文化想像，卻也在深刻感觸社會的劇烈脈動後，產生一個更為複雜的認同主體。這個面向可以有多種描繪。其一，胡楚卿、覃子豪與徐復觀等人相對臺灣「失語的一代」作家群擁有較強勢的

---

[41]　楊牧，〈敬悼徐復觀先生〉，《文學的源流》，頁170。

[42]　楊牧，〈日暖〉，《楊牧詩集I》，頁243-244。

[43]　楊牧，〈在黑夜的玉米田裡〉，《楊牧詩集I》，頁350-353。

話語權，也以其流離顛仆與堅毅不撓的生命經驗與文學理念，煥發一種光彩。這對楊牧同一世代的文學青年，應是相當迷人的精神感召。但楊牧的族群屬性仍有跡可尋。楊牧〈日暖〉（1963）的使用臺語語法「隨我來」，自承是「十年來惟一的試驗」，即少數透露族群屬性的詩作；無寧也說明國語的使用，在其文學生命佔有主導地位。[44]至於就讀外文系的楊牧，自稱花費年餘圈點中國漢朝、三國和南北朝作品，包含曹植、左思、陶潛、庾信、阮籍等相對唐詩宋詞、李白杜甫的「小傳統」，也佐證中國文化對其生命意義有加深的趨勢；這點也反映在楊牧將來研究與編選的題目上。[45]

其二，楊牧 1964 年出國前後，臺灣社會的變動相當劇烈。在政治環境上，國民黨政府帶來的中華民國憲法體制產生變動，以穩固其威權體制（如以黨領政領軍、省主席由軍人擔任、總統成為終身職等變革），言論自由連帶高壓限縮。1960 年《自由中國》（1949-1960，260期）創辦人雷震（1897-1979）遭逮捕，這份自由主義陣營的雜誌也自此停刊，可為顯例。1960 年代的臺灣政治，表面似乎延續自由主義與保守主義／西方與中國的意識型態衝突（如 1962 年中西文化論戰），實則將這兩類意識型態，置於極權政治與民主政治的光譜中，差異或許不是那麼大。作為文化保守主義代表的徐復觀，屢屢言及自由民主的重要性，反觀自由主義代表的殷海光，臨終亦肯認中國文化的價值。換言之，真正的意識型態衝突，應是政府與人民間，乃至極權與民主的衝

---

[44] 楊牧第一次使用ㄅㄆㄇㄈ符號入詩，則是〈花蓮〉（1978）。楊牧說這「為了強調一種必須的適應和進取。」楊牧又指出同詩中「我又故意寫下『最有美麗』的句式，因為這正是所謂臺灣國語的舉例」。楊牧，〈花蓮〉，《聯合文學》12 期，1985.10.1，頁 106-108。

[45] 楊牧，〈自序〉，《燈船》，頁一-二。附帶一提，楊牧曾夙夜抄寫《詩經》，可見楊牧對中國文學與西方文學的大小傳統，皆維持濃厚興趣；以此害彼，應楊牧終不願為。楊牧，〈後記〉，《瓶中稿》，頁 163。

突。這樣的衝突導致徐復觀落腳東海大學且迴避著政治圈，牟宗三遭東海大學解職，雷震、李敖、柏楊入獄，殷海光丟掉臺灣大學教職，聶華苓離開臺灣等事件。從這個角度，本書以為楊牧繼承了這個階段臺灣知識分子的思辨，疑慮甚至恐懼，而後表現對一切政府體制的高度不信任，包含極權政府不值信任，代議式的民主政府亦可懷疑，且自命為無政府主義者「安那其」（Anarchy）。

其三，除《自由中國》外，1960 年代臺灣《文學雜誌》（1956-1960，48 期）、《筆匯》（1957-1961，61 期）與《文星》（1957-1965，共 98 期）等文學性雜誌相繼停刊，楊牧稱「一個重要的時代」隨之過去。[46]但楊牧體認到的時代精神，因為負笈美國而有所延續。這點可以通過楊牧於美國的書寫與際遇，領略到楊牧所謂的「時代」未曾消褪。一方面，楊牧詩猶能聽見中國文化的召喚。例如楊牧〈在黑夜的玉米田裡〉（1965）這首詩以「鷓鴣」、「江岸」、「酒旗」、「匕首」、「水囊」等文化符碼，渲染詩中人側身玉米田的夢與思想，也捕捉到一位來自「自由中國」的臺灣留學生心境：「他是沒有歸途的雁，沒有歸途的／揚起又落下的灰塵」。另方面，這種時代精神仍表現在楊牧留美結識的中國海外知識分子身上。例如 1959 年赴美的《文學雜誌》主編夏濟安（1916-1965）；《自由中國》的文藝欄主編聶華苓，稍晚楊牧一個月抵達美國。夏濟安是楊牧恩師陳世驤的好友，在華盛頓大學、加州大學柏克萊分校作研究；楊牧就讀柏克萊大學時，夏濟安雖然已經辭世，楊牧日後華盛頓大學任教即接手夏濟安的研究室。[47]聶華苓在楊牧留學愛荷華大學期間，對楊牧多所鼓勵、照顧，兩人緣份更

---

[46] 楊牧，〈序〉，《楊牧詩集I》，臺北：洪範書店，1978，頁 3。朱橋曾熱心為楊牧蒐集稿本以付《文星》；楊牧《燈船》、《葉珊散文集》皆於文星書店出版。

[47] 這個緣份的另個側面，即夏濟安一班門生如王文興、白先勇（1937- ）、陳若曦（1938- ）等，亦皆留學美國，且與楊牧皆有不同程度的交集。

深。

　　聶華苓，1925 年生於中國湖北，南京中央大學外文系畢，1949 年來臺，任《自由中國》編委與文藝欄主編，任教臺灣大學與東海大學，1964 年赴美，受聘為愛荷華大學「國際作家寫作坊」顧問，1967 年與美國詩人安格爾（Engle, 1908-1991）創辦「國際寫作計畫」（International Writing Program），1971 與安格爾結婚，現居美國。楊牧與聶華苓的結識可推溯至 1962 年，聶華苓應徐復觀邀請至東海大學教「現代小說」，楊牧即學生之一。[48]就讀愛荷華大學期間，楊牧經常到聶華苓家作客，聶華苓也曾轉介譯書工作給楊牧，兩人關係可謂熱絡。[49]1966 年楊牧的《葉珊散文集》出版，序文即出自聶華苓手筆。[50]

　　儘管就生平資料上推測，楊牧與聶華苓應相當熟識，但瀏覽楊牧的自述性、回憶性的文章，卻不見對聶華苓的深刻描繪。推其原因，一是楊牧在愛荷華大學時期與聶華苓一家的關係，以安格爾最為密切，安格爾與楊牧也有師生關係。是以楊牧撰〈庭鐘〉專文感念安格爾，〈秋雨

---

[48] 課在星期五晚上，聶華苓從臺北下臺中授課，通常與余光中同去；余光中教「現代詩」。姚嘉為，〈放眼世界文學心　專訪聶華苓〉，《文訊》第 283 期，2009.5，頁 20-29。這篇文章中提陳少聰回憶此事，指聶華苓「總是一身旗袍，看起來很傳統，很中國味道，氣質舉止優雅。看到她踏著細碎的步子走進教室，開始講解那奧秘又遼闊的西方文學，我總感到驚奇又有趣。」。此事亦見聶華苓〈蕬然回首──這不是序〉，收於陳少聰，《有一道河從中間流過》，臺北：九歌，2006，頁 13-22。

[49] 譯書之事，見楊牧，〈柏克萊──懷念陳世驤先生〉，《傳統的與現代的》，臺北：洪範書店，1979，頁 218-219；〈翻譯的事〉，《奇萊後書》，臺北：洪範書店，2009.4，頁 267-280。譯事原為林以亮商請聶華苓協助，聶華苓將此事轉介給楊牧。楊牧譯成介述美國現代小說家的論文 2 篇，〈威廉・福克納〉（William Faulkner）、〈拿撒奈・韋斯特〉（Nathanael West），並張愛玲、於梨華、林以亮三人的翻譯成果共同出版。William O'Connor 編；張愛玲等譯，《美國現代七大小說家》，香港：今日世界社，1967。

[50] 聶華苓，〈序〉，收於楊牧，《葉珊散文集》，臺北：大林，1970，頁一-四。這篇文章中提到楊牧、白先勇、王文興常至聶華苓家吃飯聊天；夏天常偕楊牧、陳少聰至美國小說家菩吉利農莊；迨聶華苓二子亦從臺灣來愛荷華後，楊牧更幾乎天天拜訪。

落在陌生的平原上〉、〈愛荷華〉等文略及兩人來往細瑣，卻鮮見楊牧交代聶華苓在其生命的跡痕。二是聶華苓與楊牧前妻陳少聰感情較好，聶華苓 2005 年猶為陳少聰撰新書序；礙於這層關係，楊牧為文有些顧慮也是可能的。[51]是以，論聶華苓對楊牧的影響，僅能從側面觀察，然本書以為這個側寫有其必要。

楊牧主要繼承徐復觀的文化保守主義立場，但其生命中隱然有一條自由主義思潮的脈絡，時不時發揮作用。這個脈絡以聶華苓與《自由中國》為線索，頗能點出並縮揉許多文獻間的相關性。例如楊牧如何看待命名《自由中國》與掛名發行人的胡適（1891-1962）；如何思索徐復觀與殷海光的論爭；如何自我建構、抉擇一中國的或臺灣的知識分子的形象等。進而，對楊牧的理解，能據此有些本體的把握，像是前述「安那其」的立場標榜，楊牧日後編選徐志摩（1897-1931）等五四作家與專欄寫作的動機，甚至於楊牧選擇筆記體散文表態政治觀與宗教觀，選擇自傳性散文處理臺灣歷史等，皆可謂內蘊楊牧對自由主義的理解與實踐。

首先，聶華苓認為《自由中國》是臺灣民主運動的先鋒，雷震、殷海光範示「一個知識分子的風骨和風格」。聶華苓主編文藝欄的原則，即受雷震、殷海光兩位自由主義知識分子的影響：純文學為考量，政治意識與反共八股一律不收。[52]而聶華苓這種文學獨立於政治八股外的理

---

[51] 聶華苓自傳性散文《三輩子》，僅一處提及楊牧：「一九七二年，我和 Paul 去西雅圖，正值梁先生與梁師母在文藪那兒。楊牧（那時候他還叫葉珊。在我的心目中，他永遠是醉倒我愛荷華家中地板上，手指自己鼻尖說：『我，葉珊，二十五歲，處男。』）已從麻州大學轉到華盛頓大學去教書。」聶華苓，《三輩子》，臺北：聯經出版事業公司，2011，頁 471。

[52] 楊青矗，〈不是故鄉的故鄉 訪保羅・安格爾和聶華苓〉，《自立晚報》，1986.6.7，版10。聶華苓也提到《自由中國》批評文章，雖遠不及 80 年代的黨外雜誌厲害，但是個很好的開端。

念，楊牧想必是同意的。1976 年楊牧與瘂弦、沈燕士和葉步榮集資創辦洪範書店，即以純文學為主要出版物。[53]1981 年楊牧編《中國近代散文選》時也明言「作品截然可知為政治目的或宗教信條宣揚者，不錄」。[54]當然更多的證據，可從楊牧的文學論述中尋得，例如楊牧《傳統的與現代的》序文說「藝術從特定的政治教條獨立出來」；《文學知識》序文說「文學所遭遇自外界的摧殘凌辱，更使許多人抱著憂患的心情來嚮往他」；《文學的源流》序文指出一個對文學源流充分認識的人，「不會被文學以外的權勢偽造出來的條件所迷惑」等。

再者，聶華苓對五四精神的把握，包含五四文學經典作品的廣泛知識，還有與五四文人結交的關係，對楊牧打開視野與人脈很可能發揮作用。例如，聶華苓與梁實秋（1903-1987）友善，兩人 1949 年初識，真正訂交於 1960 年，《自由中國》查禁後梁實秋對聶華苓多有照顧。[55]而梁實秋是在五四運動氛圍中成長的文學青年，曾經隨清華學生一同北京天安門抗議，後又與周作人（1885-1967）、許地山（1893-1941）等組織「小說研究社」，主張為人生而藝術；也曾與魯迅（1881-1936）筆戰；毛澤東（1893-1976）在延安文藝座談會，則視梁實秋為資產階級文藝的代表。[56]聶華苓也因為《自由中國》與五四精神領袖胡適有些側面觀察。[57]是以，楊牧從聶華苓耳聞五四文學思潮的風華並非不可能。

---

[53] 洪範書店與姚宜瑛大地出版社、林海音純文學出版社、隱地爾雅出版社、蔡文甫九歌出版社，有文學書店五小之稱，皆表現文學獨立的理想性，可見這個理念為許多臺灣戰後文學人所共持。

[54] 楊牧，〈前言〉，《中國近代散文選I》，臺北：洪範書店，1981，頁八。

[55] 聶華苓，〈秋郎梁實秋〉，《三輩子》，臺北：聯經出版事業公司，2011，頁 469-475。

[56] 梁實秋，〈清華八年〉，《秋室雜憶》，臺北：傳記文學出版社，1985，頁 34-35。

[57] 聶華苓，〈雷震與胡適〉，《三輩子》，臺北：聯經出版事業公司，2011，頁 193-198。另，1952 年胡適來臺，雷震請聶華苓代為接機獻花，聶華苓留張字條予雷震婉謝：「您要我去向胡先生獻花，這是一件美麗的差事，也是一個熱鬧的場面。我既不美麗，也不愛湊熱鬧。請您饒了我吧！」閻純德，〈聶華苓〉，《作家的足跡》，北京：

進一步說，梁實秋代表浪漫主義立場，1926 年便發表〈拜倫與浪漫主義〉，強調浪漫主義的精髓是「解放」，浪漫主義詩人的特色是「反抗社會」。胡適代表自由主義立場，1919 年即發表〈易卜生主義〉強調個人有自由選擇權，而法律、宗教、道德作為社會三大勢力，「社會最大的罪惡莫過於摧折個人的個性」。[58]凡此錚錚之言，或謂五四文學裡兩支重要發展，不難在楊牧文學中找到回音。

## （二）陳世驤

> 像射落了古代的飛雁，射落了遷徙的
> 死靜。而原是一體的神蹟
> 卻在迷信裡──起伏如丘陵的迷信
> 崩裂為星宿的分離
> 遙遠，我們還能聽到一片清晨的鼓聲[59]

楊牧認為他早期詩作，包含愛荷華階段的創作，都還在摸索「創作之道」，直到柏克萊大學時期才「真正有所收穫」，「是個轉折」。[60]

---

知識出版社，1983。

[58] 梁實秋，〈拜倫與浪漫主義〉，《創造月刊》第 1 卷第 3 期，1926.10，頁 109-121。胡適，〈易卜生主義〉，《胡適文選》，臺北：遠流出版公司，1986，頁 81-99。另，楊牧與夏盈盈的婚禮，即由梁實秋證婚。

[59] 楊牧，〈傳說〉（1967），《楊牧詩集I》，臺北：洪範書店，1978，頁 423-432。

[60] 楊牧說：「從我早期的創作到愛荷華階段，一直在找尋可行的創作之道，確實也獲得了一些不錯的回應，但真正有所收穫要到了在柏克萊唸研究所之時，將一些原本看似外形浪漫的部分，與知性相結合，亦即增添了哲學、知識等內涵。那段時間在我的創作過程是個轉折，因為我認為，詩的創作並非只是抒情的過程而已，因此，我寫了不少特別長的長詩，每一首詩都試圖去找結構，並為詩的結構尋找新的知性的出路。」楊照採訪，王妙如記錄整理，〈一位詩人的完成──專訪楊牧〉，《中國時報》，1999.12.18-23，第 37 版。該次採訪中，楊牧還談及徐復觀、陳世驤在中國文學方面對他的影響。

簡單地說，這個「轉折」意味著楊牧認識到詩的感性與知性，詩的抒情
與敘事，並行不悖。而楊牧所以能取得這層關於詩本體的認識，陳世驤
的影響值得注意。

　　陳世驤，1912 年生於中國河北，北京大學畢業，1941 年赴美留
學，後執教加州大學柏克萊分校東方語文學系，1971 年卒於美國加
州。陳世驤是三〇年代北大著名才子，在中國海外知識分子中具代表
性，陳世驤將中國抒情傳統對比西方敘事傳統的論述，至今是中西比較
文學的重點研究視域。陳世驤關於抒情傳統的重要論文〈原興：兼論中
國文學特質〉為楊牧翻譯為中文。[61]陳世驤英譯的陸機文賦，也曾引起
楊牧與徐復觀的討論（徐復觀有《陸機文賦疏釋初稿》）。[62]

　　楊牧對於陳世驤的學術觀點多有繼承。例如，陳世驤在〈中國詩歌
中的自然〉一文中通過西方文學「神人同形同性論」（anthropomorphic）
與中國文學「人神同形同性論」（physiomorphism）的對舉，來肯定中國
文學裡自然與人生「高度的交織交融」。[63]而楊牧認為完美秩序的章法
與辭藻，即有賴「人神同形同性論」。[64]楊牧論詩的抒情功能，也可視
為陳世驤論抒情傳統的一種延伸。例如，陳世驤認為「中國古代對於文
學創作的批評和對美學的關注完完全全拿抒情詩為主要對象。他們注意
的是詩的音質，情感的流露，以及私下或公眾場合的自我傾吐。」[65]楊
牧說：「我對於一個人的心緒和思想之主觀宣洩——透過冷靜嚴謹的方
法——是絕對擁護的」，「我對於詩的抒情功能，即使抒的是小我之

---

[61] 楊牧，〈柏克萊——懷念陳世驤先生〉，《傳統的和現代的》，臺北：洪範書店，
　　 1979，頁 218-239。

[62] 楊牧，《文學的源流》，臺北：洪範書店，1984，頁 168。

[63] 陳世驤，《陳世驤文存》，臺北：志文出版社，1972，頁 120

[64] 楊牧，《隱喻與實現》，臺北：洪範書店，2001，頁 278。

[65] 陳世驤，《陳世驤文存》，臺北：志文出版社，1972，頁 35。

情，因其心思極小而映現宇宙之大何嘗不可於精微中把握理解，對於這些，我絕不懷疑。」[66]

是以，學界將楊牧文學置於中國抒情傳統下來討論，是有合理基礎的。例如，何寄澎論楊牧抒情傳統的系譜，包含屈原、杜甫、陶淵明、蘇東坡，「從他對屈原的景仰，可以斷定他對杜甫必然推崇；我們亦從他對東坡的嚮往，可以斷定他對陶淵明必然虔敬──雖然他從未明說。」[67]但必須指出的是，楊牧對於陳世驤的學術觀點除繼承外，還通過文學創作給出獨特的改造。學界也已論及楊牧文學對於中國抒情傳統進行的積極反饋。例如賴芳伶指出楊牧「一直希望自己能在中國的抒情傳統裡增添大量的敘事詩，以及西方古典的戲劇張力」，而戲劇獨白體「適能滿足他在特定的時空語境裡抒情言志的動機。」[68]

通過上述討論，可見陳世驤借中國抒情傳統的論述，來與西方敘事傳統互別苗頭；楊牧則可能受到陳世驤的引領與啟發，關注到中西文學有異有同，並力圖截長補短，創造一種感性與知性兼具，抒情與敘事兼美的文體。

除了學術觀點的傳承與發展外，陳世驤平實強悍的形象深植楊牧心中，不時鼓舞鞭策楊牧奮進，堅持住「文學良心」。楊牧如是描繪陳世驤：「溫文爾雅，但不遲緩，反而永遠帶著一份俠者的急進丰采」，「我彷彿可以在那平淡中感受到一段遺忘的文明，五四以後飛揚的大時代，那是遺忘了的褪色的文明。」[69]

---

[66] 楊牧，〈後記〉，《有人》，臺北：洪範書店，1986，頁 179。

[67] 何寄澎，〈「詩人」散文的典範──論楊牧散文之特殊格調與地位〉，《臺大中文學報》第 10 期，1998.5，頁 115-134。

[68] 賴芳伶，〈孤傲深隱與曖昧激情──《紅樓夢》和楊牧的「妙玉坐禪」〉，《文學詮釋新視野》，臺北：里仁書局，2014，頁 499-537。

[69] 楊牧，〈石湘先生十年祭〉，《搜索者》，臺北：洪範書店，1982，頁 163-164。楊牧這篇文章提到 1981 年赴中國大陸參訪，彷彿懷著替陳世驤造訪故鄉的心境。「你以杜

　　1970 年，陳世驤來臺，遊花蓮，因為對得意門生楊牧的家鄉很感興趣。楊牧父親楊水盛，為接待陳世驤，特定把節約街 8 號的天花板做起來，並帶長女楊璞四處吃館子考究風味安排行程。[70]楊牧描述陳世驤不僅對花蓮的民風與山水大為讚賞，更在酒後向楊牧父親說，「加大退休以後，或可以遷居花蓮，辦個小學校，享受他的晚年，從三十年海外飄泊的風塵中安定下來。」[71]1971年陳世驤辭世。1996年楊牧返臺擔任東華大學人文社會科學院院長，參與東華大學創辦，也為恩師陳世驤完成這個遺願。

## （三）陳少聰

　　　　一如愛爾蘭的冬晚

　　　　神走過革命者的墳地

　　　　且不知道應該如何致祭因暴力而流血

　　　　而死亡的約翰・馬克布萊少校

　　　　水仙花還沒有完全長好

　　　　吶喊還不曾消滅，而且

---

詩授我，我又如何能夠放棄那堅實的文學良知？然而，如今我登高不賦，因為我無法相信眼前的任何制度，寧可全力保護我落拓的知識判斷；何況面對古跡，我心中滴血，歷史和文化於我輩如惡魔，道德的執著又如何能鼓舞眾人的勇氣呢？知識和道德都是脆弱無力的，在這樣一個虛假的年代！」（頁 160-161）

[70]　賴秀美，〈詩人的父親：楊水盛與東益印書館點滴〉，《東海岸評論》，2004.12，頁 11-24。

[71]　楊牧，〈柏克萊——懷念陳世驤先生〉，《傳統的與現代的》，臺北：洪範書店，1979，頁 232。

還有很多監禁在城裡執行[72]

　　陳少聰，1941 年生於中國貴州，祖籍山東，1950 年來臺，居住淡水，純德女中（今淡江中學）畢業後保送東海大學外文系，約 1961 年與楊牧交往。[73]陳少聰 1963 年赴美留學，先於柏克萊大學攻讀太平洋宗教學系；約 1964-1965 年間改往愛荷華大學攻讀英國文學碩士班，1966 年 9 月與楊牧結婚，陳世驤為證婚人，同年 10 月與楊牧居住在柏克萊大學附近的小公寓，1969 年秋在柏克萊大學中國研究所擔任張愛玲（1920-1995）的研究助理，1976 年與楊牧離婚。陳少聰離婚後返校重拾學業，取得華盛頓大學社會工作碩士學位，後為心理治療師，寫小說、散文創作與翻譯。[74]

　　陳少聰曾笑稱楊牧是「樓頂間的詩人」。[75]這類話語不禁讓人聯想到唐文標對楊牧的批評。唐文標認為楊牧「穿著舊詩的花衣，騎著書本上的西方浪漫的彩馬，在虛空中逍遙，不著邊際」，「他是徹頭徹尾地抒情，抒他古典的幽情，抒他自己的閒情」。[76]至於陳少聰自承「身為

---

[72] 楊牧，〈航向愛爾蘭〉，《楊牧詩集I》，臺北：洪範書店，1978，頁 560-562。

[73] 據《葉珊散文集》大林版後記反推。這篇文章寫於 1966 年，篇末除提到書名即陳少聰建議外，「這五年來她所顯露的對於一個詩人的了解和諒解，對於文學的欣賞，生活的熱愛，早已經是我創作和讀書最基本的力。」楊牧，《葉珊散文集》，臺北：大林出版社，1969，頁 206。

[74] 這段文字主要根據下列三文整理：陳少聰，〈有一道河從中間流過──愛荷華憶往〉，《有一條河從中間流過》，臺北：九歌，2006，頁 193-200。陳少聰，《永遠的外鄉人》，新北市：印刻文學生活雜誌出版有限公司，2010，頁 228-243。楊牧，〈柏克萊──懷念陳世驤先生〉，《傳統的與現代的》，臺北：洪範書店，1979，頁 218-232。

[75] 楊牧，《葉珊散文集》，臺北：洪範書店，1977，頁 165。楊牧回應「但這閣樓的窗子卻開向愛荷華城最美的一片風景。」

[76] 唐文標，〈什麼時代什麼地方什麼人──論傳統詩與現代詩〉，《龍族詩刊》第 9 期，1973.7，頁 217-228。關唐事件與其後的筆墨官司，楊牧的回應可參，楊牧，〈孤兒與暴民〉，《中國時報》，1974.8.9。楊牧〈致余光中書──代跋中外文學詩專號〉，《中外文學》第 3 卷第 1 期「詩專號」，1974.6，頁 226-231。陳政彥以論戰史的角度討論楊

羈旅者的我，雖無法融入美國社會主流，卻在自己內心同時啟動了一場旋風式的蛻變：無論是學業上、情感上、或是思想上，全都經歷過一番傾覆與重新整和的激盪過程」，「最後，塵埃落定，到了七〇年代中期，人已近中年，我終於找到自己要走的路。」[77]所謂情感傾覆、塵埃落定，可能即指與楊牧的婚姻觸礁。而陳少聰在《永遠的外鄉人》則提到，就讀純德女中時期如何為基督教博愛情操感動，「等到大學畢業後來到美國研讀神學之時，便遇到很大困難，一度造成思想精神上的危機。」[78]

通過前述引文欲點出的是，陳少聰遭遇的困難與危機，是否可能轉嫁為楊牧詩底的陰霾與悲戚？而楊牧所以對基督宗教懷疑，會否是因為信仰未能帶給伴侶心靈上的和平安寧？例如楊牧〈給死亡——殷格瑪·褒曼「第七印」變奏〉這首詩裡，有一位帶著草莓餅與牛乳的「你」，面容如裹覆棄嬰的布，沙塵落滿雙肩額際的「你」，始終披著黑巾愁眉不展的「你」，指涉的會否就是陳少聰？這首詩副標「殷格瑪·褒曼」，即瑞典導演柏格曼（Ingmar Bergman, 1918-2007），「第七印」的常見譯名則《第七封印》，是柏格曼享譽世界的代表作。柏格曼常以草莓與牛奶隱喻易逝的美好時光，陳少聰則譯有《柏格曼與第七封印》。[79]

再者，陳少聰提供一個臺灣青年觀看柏克萊學運的角度：「個人的混亂迷失，與美國那十年（1964-1974）裡社會的劇烈變嬗，正好是同

牧「暴民說」。陳政彥，《戰後臺灣現代詩論戰史研究》，臺北：花木蘭出版社，2013，頁 166-167。

[77] 陳少聰，《永遠的外鄉人》，新北市：印刻文學生活雜誌出版有限公司，2010，頁 248。

[78] 陳少聰，《永遠的外鄉人》，新北市：印刻文學生活雜誌出版有限公司，2010，頁 235-236。

[79] 陳少聰，《柏格曼與第七封印》，臺北：爾雅，1986。

時平行進行的。」陳少聰說：「我初抵美國，便遇上甘迺迪總統被刺，舉國譁然。接著美國陷入越戰泥沼，抗議之聲四起。全國青年人在各校園組織抗議示威，風起雲湧。」「學生反戰運動又漸漸與搖滾樂狂潮、新興的東方哲學思潮、吸食大麻、性解放等等次文化潮流混合，逐漸匯合成一股多元化的巨流，導致六〇年代末期的嬉皮風潮之飆起。」「嬉皮們，把加州的舊金山、柏克萊一帶當成他們運動的麥加朝聖之地。」「六〇年代中期到末期，我住在加州柏克萊，正好趕上這場盛會。」柏克萊「是民主自由先進思潮的聖地，象徵人類的希望與理想。」「儘管如此，身為外國留學生的我們，仍隨時隨地感覺到自己是局外人。」[80]

　　楊牧的柏克萊經驗，卻與陳少聰很不同。對於柏克萊大學，楊牧不止於一個局外人的距離感，更有相見恨晚的興奮之情。楊牧認為柏克萊經驗使他「睜開眼睛，更迫切地觀察社會和體認社會」、「介入社會而不為社會所埋葬。」[81]楊牧認為樂觀是柏克萊精神的真諦。楊牧強調的樂觀，頗類似尼采名言「受苦的人沒有悲觀的權利。」樂觀並不是阿Q的自我安慰，而是一種自覺承擔的昂揚。楊牧《年輪》後記裡說：「四年下來，卻在離開柏克萊的前半年找到了一種文體，一組比喻，一個聲音來宣洩我已經壓抑得太久的憤懣和愛慕。」[82]1970年秋楊牧訪學運後的哈佛校園，自稱喜歡波士頓的古蹟，愛默生的文明，但對於波士頓「世家」文化無好感，尤討厭受罪清教徒轉成的腐敗假貴族氣味，「這

---

[80] 陳少聰，《永遠的外鄉人》，新北市：印刻文學生活雜誌出版有限公司，2010，頁244-247。1964年柏克萊大學學生發起「言論自由」運動，1967年柏克萊大學政治性學潮，與校外嬉皮反戰匯合。1969年「人民公園」事件。另，嬉皮搖滾在楊牧詩中也留下痕跡，如楊牧〈出門行〉（1984）發表時副標紀念約翰藍儂，儘管詩前引的是孟郊詩；此詩後收於《有人》時副標刪去，但為輯名「新樂府」第一首，教人會心。楊牧〈出門行〉副標「紀念John Lennon」，《中國時報》，1984.12.7，「人間」8版。

[81] 楊牧，《柏克萊精神》，臺北：洪範書店，1977，頁88。

[82] 楊牧，《年輪》，臺北：洪範書店，1982，頁178。

可能與我的柏克萊教育背景有關，與我臺灣鄉下人的原始血液更為有關。」[83]

　　柏克萊經驗，可謂促使楊牧更深地思考「自由主義」的契機。[84]楊牧對自由主義的理解，在〈論一種英雄主義〉引鮑拉見解，英雄精神拒斥放蕩不羈的個人主義及自負逞強。而臺灣自由主義的另個象徵殷海光，特意將 ideology 翻譯為「意底牢結」，而非意識型態，即為楊牧襲用，或旁證兩者隱約的精神連結。陳芳明曾討論自由主義在臺灣的發展，與現代主義都是教人驚異的，即無西方相對應的文化脈絡與資本工業結構為基礎，卻在臺灣同時輸入，廣泛影響。[85]在楊牧身上，或能看到自由主義思維有條隱約的發展脈絡：從閱讀《自由中國》、《文星》等雜誌，五四文學如胡適、周作人、梁實秋、徐志摩等，到柏克萊留學親身感受學運、反戰、嬉皮的時代氛圍，無非都是一種自由精神，向楊牧展示人性的光輝。

　　進而，楊牧所以標舉無政府主義，此一基進的個人自由主義，所以對權威極度反感，關心整個社會脈動並嘗試以他的方式介入，也就可以理解：為何當 1979 年「美麗島事件」，臺灣平面媒體全文登載審判過

---

[83] 楊牧，〈後記〉，《瓶中稿》，臺北：志文出版社，1975，頁 161-162。

[84] 一個楊牧在柏克萊的小側寫，可參陳淑英，〈愛泡圖書館 楊牧享受自由情調〉，《中國時報》，2007.12.7，20 版。這篇文章為楊牧一次演講記錄。楊牧以「記憶的圖書館」為題分享他的柏克萊經驗。楊牧回憶柏克萊「老師抽菸斗，學生抽紙菸」，在這樣自由的環境裡，圖書館卻是個管制最嚴格的聖地。例如，在反越戰期間，曾有示威者放話要弄翻圖書館裡排放整齊的書卡櫃，當時館員挺身護櫃；示威者勸館員「別因書卡而送命」，但館員不為所動。楊牧說：「館員比警察勇敢」。

[85] 陳芳明，〈國民意識：臺灣自由主義的舊傳統與新思考〉，《殖民地摩登：現代性與臺灣史觀》，臺北：麥田出版股份有限公司，2004，頁 347-369。陳芳明，〈臺灣現代文學與五〇年代自由主義傳統的關係〉，《後殖民臺灣：文學史論及其周邊》，臺北：麥田出版股份有限公司，2007，頁 173-196。陳芳明，〈橫的移植與現代主義之濫觴——聶華苓與《自由中國》文藝欄〉，收於陳芳明，《臺灣新文學史》，臺北：聯經出版事業公司，2011，頁 319-326。

程，並發送海外，當時客居美國普林斯頓的楊牧表示：「幾天來報紙正在大篇幅刊登高雄事件的審判消息和辯論，我曾經對著微茫的北極光，不能自制地為一個事件的發生而放聲痛哭。」[86]或許是因為楊牧知道，當言論自由、出版自由與集會遊行自由被壓迫，甚至被剝奪的時候，也就是人類社會最野蠻淪喪的一刻。

# 三、返臺講學時期（1975-1976）與「楊派」的誕生

## （一）臺灣文壇的權力核心

楊牧對臺灣文學場域的涉入相當深。

楊牧的影響力在楊照看來，「1970 年後現代詩的創作，都籠罩在楊牧創造的抒情傳統陰影下。」[87]但楊牧創造的抒情傳統，其影響所以

---

[86] 郭麗娟，〈禁忌與猜疑 楊牧寫來唏噓〉，《新臺灣新聞週刊》第 577 期，2007.4。

[87] 楊照，〈一個抒情傳統的誕生——楊照讀楊牧〉，《印刻文學生活誌》第 149 期，2016.1。這篇文章根據楊照 2015 年 4 月 11 日現代詩研習班第四講「一個抒情傳統的誕生」影音檔整理而成，該講觀點撮要如下：①1956-1965 年黃金十年（一種類似超現實主義的語言，戰爭後的時空，後隨戰爭背景淡出，鄭愁予、瘂弦停筆，周夢蝶減產，洛夫另謀題材），瘂弦、商禽、周夢蝶，都是 discoural，一連串的符號，用一種 code language，用自我生命經驗去解碼，才能理解；但是有另外一種語言，如楊牧不折不扣抒情詩，從頭到尾就沒有要讀者去「解讀」，而是去「感受」。②1960 年現代文學崛起，《文學雜誌》、《筆匯》、《現代文學》，將現代小說推到最前面（吃掉、擠壓、邊緣現代詩），現代詩則由楊牧給出新的語言，新的力量與新的追求，而免於邊緣化。③1970 年現代詩的創作，籠罩在楊牧創造的抒情傳統陰影下，新一代詩人要崛起，得挑戰楊牧代表的抒情詩；例如劉克襄〈詩人〉以「舒逸」暗諷楊牧。網址：https://www.youtube.com/watch?v=l7NlFOb6NFk，查詢時間：2022.7.22。另，楊照提到的「陰影」，在今日猶然，所不同者在這個陰影更巨大，某意思上也因巨大而失焦。譬如新世代或以為楊牧寫作風格與內容，「為黨國時代的大中國美學認同」；或以「我不喜歡楊牧」為詩的表述。傅紀鋼，〈《他們在島嶼寫作》系列紀錄片反映的是怎樣的文學價值？〉，《關鍵評論》，2016.3.11。網址：http://www.thenewslens.com/article/37748，查詢時間：2016.6.2。沈嘉悅，〈我不喜歡楊

如此廣泛，不能不考慮楊牧在臺灣文學場域長期耕耘，以致取得一強勢
發言權的緣故。

　　首先，楊牧提到自己 15-18 歲間恐怕不下 200 首詩，幾乎全部發
表，於《現代詩》、《野風》、《藍星詩刊》、《今日新詩》、《海鷗
詩刊》、《新新文藝》、《創世記》、《海洋詩刊》、《文星雜誌》、
《文學雜誌》、《筆匯》等雜誌刊物。[88]由此，可推想一位 1950 年代末
的文學青年，如何透過「投稿」、「發表」、「出版」進入文壇。進而
1960 年代中後期，楊牧則除詩刊外，更多發表於官辦雜誌與主流報
紙，朱橋的《幼獅文藝》（主編 1965-1968），高信疆《中國時報》副
刊（主編 1973-1976、1978-1983）、瘂弦《聯合報》副刊（主編 1977-
1998）。再將時間軸拉近，不唯楊牧學生楊澤接任《中國時報》副刊
（主編 1990-2012）、羅智成接任《中時晚報》副刊編務[89]；私淑楊牧
的陳義芝接任《聯合報》副刊（主編 1997-2007）、許悔之接任《聯合
文學》編務（楊牧掛名《聯合文學》編輯委員）。

　　通過前述資料，可見楊牧與臺灣主流文學媒體的關係，相當緊密。
[90]楊牧許多重要詩作，即以前述媒體為發表管道，〈盈盈草木疏〉、
〈喇嘛轉世〉等詩，《疑神》各篇皆《聯合報》副刊發表；《一首詩的
完成》見載《聯合文學》與《中國時報》。《聯合文學》14 期有〈妙
玉坐禪〉，100 期有〈悲歌為林義雄〉臺灣首刊。此外，如白先勇《現

---

　　牧〉，《我想做一個有用的人》，桃園：逗點文創結社，2013，頁 134-139。這首詩第
　　一節：「我讀詩／但始終沒有讀懂／詩的價值／因為我不懂楊牧／所以我不能喜歡楊牧
　　／但有些場合／不懂楊牧就像是／進了停車場／要出來卻沒有零錢」。

[88] 楊牧，《奇萊前書》，臺北：洪範書店，2003 頁 372。

[89] 楊牧指導過臺大現代詩社，楊澤、羅智成皆參與。張默，《臺灣現代詩編目 1949-
　　1995》修訂篇，臺北：爾雅出版社，1996，頁 199。

[90] 聯副三十年出版「文學大系」，《文學評論卷》即由楊牧為序。楊牧，〈聯副卅年文學
　　大系評論卷(5)文學論評序〉，《聯合報》，1981.10.27，8 版。

代文學》1977 復刊第 1 期，楊牧發表〈西班牙·一九三六〉；〈林沖夜奔〉（1974）發表於楊牧與余光中主編《中外文學》「詩專號」。[91]

　　再者，楊牧對 1980 年代興起的兩大報文學獎介入亦深，原發表於《聯合報》的〈吳鳳〉獲第 2 屆時報文學獎（1979）敘事詩推薦獎，《山風海雨》獲第 10 屆時報文學獎（1987）散文推薦獎外，楊牧迄今至少擔任「聯合文學獎」7 任決審委員，文類包含「新詩類」、「散文類」、「敘事詩類」；「時報文學獎」15 任決審委員，文類包含「散文」、「敘事詩」、「新詩」。[92]聯合文學獎新詩獎的開辦，亦為楊牧意見。[93]楊牧且提供幾次決審意見，或活動演講於報端，如楊牧評第 2 屆時報文學獎（1979）散文：「好的散文免除了小說的冗長枝節和詩的詠嘆風格。……論文學的教誨和愉悅功能，散文時常更有凌駕詩和小說的潛力」、「現代散文的三一律：主題、語法、結構」。[94]配合第 3 屆時報文學獎（1980）系列活動，楊牧以「現代詩的臺灣源流」為題發表演講。楊牧也介入其他文學獎活動，如《中外文學》現代詩獎的制定：

---

[91]　《中外文學》第 25 期，1974.6。該專號為楊牧與余光中合編，收有〈致余光中書〉為跋。

[92]　統計資料據張俐璇，《兩大報文學獎與臺灣文學生態之形構》，臺南：臺南市立圖書館，2010。該書附錄載有兩報文學獎歷年簡史，統計資料迄 2007 年止。楊牧歷任「聯合文學獎」：1991 新詩類決審委員、1994 散文暨吳魯芹散文獎決審委員、1996 新詩決審委員、1997 散文獎決審委員、1998 散文暨吳魯芹散文獎決審委員、2002 新詩決審委員、2004 新詩決審委員。「時報文學獎」：1979 散文決審委員、1980 敘事詩決審委員、1982 敘事詩決審委員、1986 散文決審委員、1987 新詩決審委員、1989 新詩決審委員、1993 新詩決審委員、1994 新詩決審委員、1995 新詩決審委員、1996 散文決審委員、1997 新詩決審委員、1998 新詩決審委員、2002 新詩決審委員、2003 新詩決審委員、2005 新詩決審委員。

[93]　楊牧表示，三十年前他建議辦新詩獎，但瘂弦怕從此有看不完的詩稿。於是楊牧自願幫忙看稿，他記得羅智成才念大二，每篇詩稿都有龍飛鳳舞的簽名，「像大作家」。陳宛茜，〈聯合報文學獎 三十而立〉，《聯合報》，2008.11.30，A7 版。

[94]　楊牧，〈記憶的圖騰群 對散文優等獎「村人遇難記」決審意見〉，《中國時報》，1980.3.22，27 版。

楊牧認為獎金訂太高，將沖淡活動意義，違反《中外文學》「一貫獨特，嚴肅的，結合學術風格和社會意識的精神」，而這是學術與創作必須「超越的態度」。[95]此外，楊牧作品 1975 年選入國立編譯館編印，華盛頓大學出版的英譯《中國現代文學選集》。[96]1977 年入選《中國當代十大詩人選集》。楊牧對臺灣文學場域的影響力不斷提升，還可以底下事例為旁證：1997 年誠品「暢銷書排行榜」，楊牧《葉慈詩選》排「文學類」第一，1998 年還在榜上（第六），[97]臺灣第一個大型地方文學學術研討會，為 1997 年花蓮舉辦的「發現花蓮文學──第一屆花蓮文學研討會」，現場展有《海鷗詩刊》。[98]

綜上，本書欲強調的是，儘管楊牧在臺灣文學場域擁有如此強勢的話語權，他並未濫用這個權力。楊牧關心社會現實，但少見刺激反應的應景文章，更多時候是沉澱後，才通過文學對現實加以批判。然若楊牧行使此話語權，又顯得非常謹慎含蓄。例如前述為配合時報文學獎活動，楊牧講稿「現代詩的臺灣源流」，即在戒嚴時期的黨國體制下，引經據典，舉證現代詩的臺灣性。與此類似的另個例子，是 2004 年臺灣文學館主辦「臺灣新文學發展重大事件研討會」，楊牧主題演講講稿〈臺灣詩源流再探〉；2013 年楊牧獲頒美國「紐曼華語文學獎」，猶以之為文稿，另有內容稍異的英文講稿。然文稿與講稿結語一致：「我們使用漢文字，精確地，創作臺灣文學。」（We use the Chinese written language, precisely, to create Taiwanese literature.）[99]

---

[95] 楊牧，〈「中文文學」現代詩獎源起〉，《中國時報》，1984.1.16，8 版。

[96] 彭歌，〈可喜的選集〉，《聯合報》，1975.8.15，副刊。這套選集由齊邦媛、李達三（John J. Deeney）、何欣、吳奚真、余光中等五人主編。齊邦媛是國立編譯館人文組主任，總攬全局。

[97] 陳文芬，〈誠品年度書籍排行榜　改五分類評比〉，《中國時報》，1999.1.10，11 版。

[98] 《中國時報》，1997.12.14。

[99] 楊牧，〈臺灣詩源流再探〉，《人文踪跡》，臺北：洪範書店，2005，頁 175-180。楊

# （二）給青年詩人的序

　　楊牧序戰後世代詩人詩集，本書所見為 12 篇。包含〈我們祇擁有一個地球——楊澤著「薔薇學派的誕生」序〉、〈走向洛陽的路——羅智成詩集序〉、〈雪滿前川——讀陳義芝詩集〉、〈詩和詩的結構——林燿德作品試論〉、〈奎澤石頭記〉（1998）、〈感官的美學〉（2000）、〈益州詩集序〉（2002）、〈無與有的詩〉（2003）、〈而是新的〉（2011）、《空山靈雨》〈推薦序〉（2011）、〈詩是借喻〉（2011）、〈剝除了舞衣〉（2012），除 2011 起四篇尚未收錄，餘者見楊牧《文學知識》、《文學的源流》、《隱喻與實現》與《人文踪跡》。下試分述之，再綜合討論。

　　楊牧〈我們祇擁有一個地球〉（1977），序楊澤《薔薇詩派的誕生》，收於《文學知識》。這篇文章中，肯定楊澤能體會中西古典，是一個生長在偉大抒情傳統裡的詩人。楊牧指出楊澤的主題，包含詩與愛，源頭的追尋與現實的觀察。楊牧觀察到楊澤詩在這樣主題下，有 ethos 與 pathos 交戰所產生的喜悅和悵惘；有愛國情操與感官情慾之愛的不時衝突。但楊澤詩的社會批判不是直接告發，而是援引古代援引象徵以襯托；不是攻訐與譏刺，卻透過詩，嘗試對這世界進行規劃。在此，詩是唯一的宗教，愛也有近乎宗教的力量，且超乎宗教的永恆偉大。詩與愛征服死亡，使世界獲得溫暖產生意義。另，楊牧也指出楊澤對舊約神話的詮釋，戲謔中不失哲學性，面對中國傳統卻無比嚴肅；順道申言中國人面對神學，通常比西方人瀟灑，見於詩常介乎莊嚴和滑

---

　　牧致詞的英文講稿中提到 "This, as we recall today, marks the significant beginnings of Taiwanese literature; political transitions, a typhoon, the strange big island, aborigines, European sailors, and poetry."

稽。[100]

　　〈走向洛陽的路〉（1982），序羅智成《傾斜之書》，收於《文學的源流》。這篇文章指出羅智成詩風的轉變，先是一個哲學系學生，喜愛詩與美術超越柏拉圖與阿奎那；常企圖凌越自然，帶著犬儒的英雄氣概，在以詩與美術設計的小宇宙裡，儼若無所不知的主宰，哲學之王。再是畢業、服役，羅智成擺脫過去驕傲和憤懣，輕度的唯美，保留一貫神秘色彩；從僧院式默想，虛幻的純粹美，逐漸獲取敘事與結構技巧，渡向比較容易辨識的現實世界。楊牧肯定羅智成在神祕氛圍注入知識體悟和歷史意識，應用交疊意象事件，折衝的聲調色彩，提升詩的高度；並秉持抒情脈動，為生命和社會下定義，去讚揚與批判。而這篇文章還提到，羅智成「鬼雨書院」與楊澤「薔薇學派」猶兩套詩的神學，彼此辯難；當羅智成不再為神秘而神秘，開始禮讚介入精神，「雖然介入令人憂慮，哀傷，沮喪，甚至難免永遠帶著宿命的悲觀」；這種憂傷與孔子遭遇類似，乃因深思文化和人生，乃因烏托邦崩壞，禮樂德性沒落，「哲人憂心忡忡尋覓甚至流浪」。另，這篇文章寄寓一普遍宣稱：詩人是運筆，佈局，造句，遣辭的人，他筆下的「戲劇角色」（dramatic person）以宣言式的生命情調創造涵蓋全篇的氣氛，提示思惟的梗概，肯定一種虛實互換的美學。[101]

　　〈雪滿前川〉（1984），序陳義芝《青衫》，收於《隱喻與實現》。這篇文章肯定陳義芝沉潛專一，尊重古典傳統也面對現代社會，

---

[100] 楊牧，〈我們祇擁有一個地球〉，《文學知識》，臺北：洪範書店，1979，頁 71-81。附帶一提，ethos 與 pathos 的對比，可指「德」與「情」的對比，源於亞里斯多德《修辭學》，以 ethos、pathos 與 logos 為雄辯的要素。然楊牧對這兩個詞的解釋，有特義，ethos 為「大我精神」，pathos 為「小我情緒」或「小我心情」。楊牧，〈論一種英雄主義〉，《失去的樂土》，臺北：洪範書店，2002，頁 261。

[101] 楊牧，〈走向洛陽的路——羅智成詩集序〉，《文學的源流》，臺北：洪範書店，1984，頁 41-49。

表現一種堅實純粹的抒情主義。但這篇序文最有滋味者，或是楊牧對詩
藝的琢磨，與對詩史的藉題發揮。先是技術上，楊牧多有建議，諸如溢
滿傳統句法的聲調，讀者吸收的將不是詩人宣說，而是故紙堆的定向反
應；成語須少用，詩畫老套不宜牽扯；張愛玲式的「淫巧」應留意。再
則，楊牧談到 1970 年代現代詩壇，縱陸續有些爭論，相較前二十年詩
人經驗的迷惑，諸如題材與語法等問題，在陳義芝這一代已不太存在。
進而，楊牧藉機對臺灣戰後現代詩發展給予相當的描述與評判：曾經有
一段日子，歐洲式的夢魘，潛意識的暗流，龐雜的工業社會，才是題
材；超現實的語意結構，尖銳意象，外國文法為基礎的句式，始為現代
詩語言格調；但如異國情調，都市喧囂，靈魂的擺盪過於偏激，歐化語
法導致艱澀，終遭時間淘汰，不復為人們記憶。而題材的擴大，語言的
超克，即通過「回歸傳統」達成。楊牧說：「認識古典，尊敬傳統，並
以這種信心和功力開闢現代詩的天地，不偏激排斥，也不拘泥執拗，則
題材無所謂新舊，文字浩瀚終於殊途歸來為我所用」；吸收並轉化古
典，即參與傳統最積極的方式之一。[102]

　　〈詩和詩的結構〉（1986），序林燿德《銀瓶盛雪》，收於《隱喻
與實現》。這篇文章肯定林燿德以驚人的執著，能於結構取勝，善圖畫
性，不辭百科術語，是臺灣數十年來很值得注意的詩的企圖；然嚴密的
黼黻，難免雕鏤牽強，一向從結構發掘詩質，可能導致不期然的缺陷。
是以，除這篇文章指出結構為主的詩，敗筆通常二處，一是過度嚴謹密
麻，而讀者無迴轉餘地，破之可以三兩平淡語，留白通風；二是鋪陳過

---

[102] 楊牧，〈雪滿前川〉，《隱喻與實現》，臺北：洪範書店，2001，頁 141-148。楊牧評
陳義芝還有幾點可注意：30 年來的現代詩運動，將發展下去，構成一不容忽視的文化傳
統。以未曾經驗的四川為故鄉，在祖籍四川的陳義芝是現實，猶如以漢唐為傳統也是一
種現實。詩人的試金石，春與情詩。無論文學藝術或人生體驗，惟刻意有毅力有計畫的
執行，始值得稱許。另，陳義芝多接受楊牧建議，以至修改，甚至刪除。陳義芝，〈第
一個十三年——「青衫」小記〉，《青衫》，臺北：爾雅出版社，1985，頁 189-191。

鉅無收束，救之則音響節奏敷衍，聲調和諧配合字面形象，以聲救形，凝聚張力。楊牧也嘗試建議：混凝的大結構，固然能支持一首詩於不墜，但「反結構」，或在細緻結構中故意破綻，何嘗不能將題旨間接顯露出來，讓我們遽爾親近，喜悅？楊牧認為，最好的抒情詩往往如此，不強制執行其規劃和佈置，卻信手拈來。這篇序文中尚點出「歷史框架」，以把握詩人的創造性，並由之肯認林燿德為「詩的新聲」。

　　〈奎澤石頭記〉（1998），序奎澤石頭《在芝加哥的微光中》，收於《人文踪跡》。這篇文章中，楊牧表達對奎澤石頭的高度共鳴，不僅複沓其詩句如「他唯一執著的美學姿態」、「愛是構築世界的骨架，撒旦原不是／壞人」、「詩是唯一不滅的，哲學也是」，也數次以「我們」為發語詞，通過想像疊合蘇格拉底就死前與友人克里特的辯難，奎澤對盧卡奇黨人的呼喚，甚至楊牧書寫當下聆聽布拉姆斯鋼琴曲的身影。面對自視為理想主義者，酷愛完美，明定木棉花為國花的奎澤石頭，楊牧回應「像一個黨人深深感動」，「我們都是柏拉圖的門徒。」換言之，這篇文章或不止於共鳴，更有致敬意味。所敬者，在奎澤同樣以「澡雪的精神」實踐一種詩的信念，肯認詩提供一純粹的空間。故楊牧續言：以抽象涵蓋具象，以單一顯示無窮，哲學與詩渾成一體，「乃是我們兼有雙重人生取向的，終極的文化論述」。這個論述就內容言，即詩與愛。前者為藝術的想像主導，但須理性知識檢驗，不可過度傾倒悲喜，應「介入的外在觀察」與「一般官能」間取得平衡點；後者，則「愛的驕傲與沮喪也是我們不可否認的美學姿態」。楊牧更為之補充：希臘人定義的愛，非現代人知識和情感裡，或超越的屬於神詮層次的愛，卻是一種純粹，普遍，憂憫，犧牲的堅持。而一旦把握這點，豪雨、白鷺鷥、雲山、布拉姆斯皆是「會走路的森林，自然的本體」，誠

如奎澤所體證的「他們直指本心，使幽暗無所遁形」。[103]

〈感官的美學〉（2000），序許悔之《有鹿哀愁》，收於《隱喻與實現》。這篇文章藉許悔之詩，說明詩處理題材，呈現方法與創造過程，不外思惟與感覺模式的具體化。但沉滯的思惟，如轉為綿密不安的哲理，過猶不及的感覺，如提供神經質的告白，「我們對哲學和藝術，和詩都產生莫大的懷疑」，甚至參與「新拜坡之塔的堆砌而不自覺？」儘管如此，楊牧強調，若心念與身體如一，從感覺提升而臻至透明的世界，將產生無邊震撼的力，以推動自我完成想像、思惟乃至詩的平衡。要言之，詩也即一感官的美學，從肉身之具體遊離而出，適時抽象化，猶如漫漶的花香，「不忍散去，為我們啟示大悲，大喜。」[104]

〈益州詩集序〉（2002），序劉益州《與詩對望》，收於《人文踪跡》。這篇文章藉劉益州詩，說明當長短猗儺的文字群傾向有機組合，且無障礙地形成意象與音樂單位，即具無限擴充的潛能；但作者如先驗設定了方向，質量，動力，便形成一種節制，甚至和諧的特性。這使率爾寓目以為可能衝突的游離的質子和原素之類，離然化解，轉而為「詩的密度」。而楊牧也建議，與詩對望固然是深情，尤其詩人常要與詩孜孜相搏，頡頏，「但有時也無妨鬆弛」，讓詩在心深邃處短暫稍息，反有益獲取「詩之平淡，和神奇」。[105]

〈無與有的詩〉（2003），序楊佳嫻《屏息的文明》，收於《人文踪跡》。這篇文章藉楊佳嫻詩，指出有些思維辨證、文字策略教人驚

---

[103] 楊牧，〈奎澤石頭記〉，《人文踪跡》，臺北：洪範書店，2005，頁 91-103。這篇文章筆法結構近於《一首詩的完成》，既抒懷也敘舊，無意照顧序文常規，故楊牧亦稱「我確定將會寫成這樣一篇文章，或者怎麼稱它都可以……我斷定我將寫成一篇像這樣的文章，記載我如何曾經被奎澤的執著於權衡詩的美的本體和社會意識，通過心情與知識結合的激盪，以追求完整的二十年過程，所感動。」（頁 101）。

[104] 楊牧，〈感官的美學〉，《隱喻與實現》，臺北：洪範書店，2001，頁 149-153。

[105] 楊牧，〈益州詩集序〉，《人文踪跡》，臺北：洪範書店，2005，頁 107-110。

異，「乃是一世代蓄意的改變」。楊牧指出「新世代詩人」不僅創作有異於先行代，更可能追求一種「傳統美學之修正」。楊牧藉兩種說法表徵其差異，詩是「無中生有」，抑或「有中生有」。一方面，詩是「無中生有」，若柳宗元〈江雪〉背景為零，前景為一，若原子運動於物理領域；總是無形趨向有形，抽象的詩思趨向具體的言說。但強調這點，易為門外閒人附以菩提與鏡，遂以為實有即虛無，以為此中奧秘充滿禪脈道理；這反倒教人疑惑，甚至感到可惜，同情。另方面，詩更是「有中生有」，「有」是基礎意象，當意義錯落放置，看似靜態的詞彙有了動的組合，催生「超越之有」，「獨立存在之有」。質言之，楊牧所謂「傳統美學」應在詩的想像，常須實有為支撐，為線索；新世代詩人創作中卻「無巴鼻可識」，竟彷彿無中生有。楊牧對此雖稱喜悅（蓋無中生有可徵想像之為功），但也建議「楊佳嫻（和她的同世代）何必如此決絕？」因詩的創造容許無限變化，非可堅持鎖定。人既無所逃於天地紅塵，決意不再甦醒是一種坦然，但「有時候遲疑一些也很好」。[106]

　　前述概為楊牧序青年詩人且已輯錄者，另有四篇未收錄如下。

　　〈而是新的〉（2011），序楊瀅靜《對號入座》。這篇文章肯定楊瀅靜率真的音響，乃「個性」流露，一種與生俱來的 candence，音響結構與意象系統，便足以涵融戲劇性的抒情語調，有機的敘事觀點。楊牧藉此說明，一首詩的持續展開，基本型態不外乎「句式本身的節奏與律動」，「深層有機的一種音響，而且聲調抑揚頓挫自成規則，前後呼應，互相節制」。而這種音響結構，不同於後起詩律之類，源於個人

---

[106] 楊牧，〈無與有的詩〉，《人文踪跡》，臺北：洪範書店，2005，頁 113-117。這篇文章首段引柳宗元〈江雪〉討論詩的「無中生有」，詳可參楊牧，《疑神》，頁 131-134。稍有不同者，這裡再提，更見自我解構的傾向，即更肯定詩是有中生有。楊牧也曾以「無中生有」討論散文。楊牧，〈散文的創作與欣賞〉，《文學的源流》，臺北：洪範書店，1984，頁 83。

「神智與心靈的交擊」，「更屢次為血氣所操控」，變化無窮且具有原創的潛力，彷若天籟。[107]

〈推薦序〉（2011），序楊平《空山靈雨》。這篇文章甚短，兩段，對楊平詩僅概略描述無具體詩作分析，但引陸機論詩「體有萬殊，物無一量」句，說明在新時代思潮動向裡，文體的多樣與語法的自由，自是可期。但「物」的本質與性格如何掌握？楊牧續引陸機言「物昭晰而互進」、「挫萬物於筆端」，說明儘管物猶可視之為「題材」，不妨也「特指一作者意志所能及的修辭條理，比興意象，事例典故等」。換言之，言題材僅見普遍性指涉，或忽略題材之為用時，詩人萬殊的主體性亦然參與其中。[108]

〈詩是借喻〉（2011），序陳育虹《之間：陳育虹詩選》。這篇文章藉陳育虹詩論「靈感」與「修辭學」，並重申詩不會自動發生，詩必須追求，而追尋的過程是理性的運作，不是自持秉賦漫應之即罷。關於靈感，楊牧指稱當詩人心血凝聚，直入「那既已承諾的，超越陰暗矇矓的領域，那所謂靈感統御的混沌」，終到達想像可規劃的世界，知性邏輯與感性覺悟互補，產生無窮創造力，將無形的詩之魑魅推向具體，即「詩人自我完成的過程」。換言之，靈感無寧是須要超越的，或者說，靈感須從柯律治的 fancy，渡向「我們可承受」的 imagination。關於修辭學，乃是詩人自我完成的奧援，指稱多樣面貌和技術，整頓性靈，接應幻思，以邏輯步步試探，使詩的題旨明朗而風格相偕完整。這樣的修辭學，或為象徵、典故、神話、民俗；或為隱喻，「神諭介乎現實與想像間永恆的觸媒」，一把無所不能的「金鑰匙」。詩人即借此虛實之力，找到合適的修辭將不可名狀的原型轉化為理念，例如結構章法，象

---

[107] 楊瀅靜，《對號入座》，臺北：麥田出版股份有限公司，2011。

[108] 楊平，《空山靈雨》，臺北：白象文化事業有限公司，2011。

徵隱喻，目的是為了找到詩。而通過前述理念，回觀陳育虹詩，則楊牧
觀察到陳育虹屢次以詩為喻，為虛實表徵，亦不失為一種修辭策略。在
此，「詩」是詩人指向詩之完成過程的修辭意象，一種借喻，借喻有時
而終的世界人生。[109]

〈剝除了舞衣〉（2012），序廖啟余《解蔽》。這篇文章藉廖啟余
詩點出時間與空間這類抽象概念，經過詩的想像無限擴充，文字結構裡
的有機操作，不再「隱晦矇昧」。至於碰觸到鏽蝕，消耗，和毀壞的主
題，還須翻過檢驗，終賦它以文字的救贖。而從楊牧對廖啟余的詩作分
析，隱約帶到一點世代差異。楊牧言廖啟余為人物造像，「有時不辭情
節破碎或場景跳動」，縱使細節可能偏離了哲人傳記，那畫像油彩深淺
濃淡是啟余獨創；而這不是上一代詩人擅場的側面寫生」，卻見「龐大
的時代聲色為背景」。[110]

綜上，約為楊牧寫給臺灣戰後青年詩人的序，與《一首詩的完成》
相較很有不同趣味。首先，從這些文章中，不難發現楊牧偶爾像是醫生
替人開處方，即就詩的技術提出建言，經驗談，顯例為序陳義芝與林耀
德。前者見古典之為修辭，楊牧相當審慎，「傳統」並非陳腔濫調或強
作姿態，回歸同時更是開闢；後者見楊牧對詩結構之見地。再則，楊牧
評詩時的歷史框架，與儘可能客觀公允的詩學態度，也是相當醒目。從
歷史框架，見楊牧對臺灣戰後現代詩史的觀察，並觸及詩風題材的流
變，及不同世代的追求；從詩學態度，尤見楊牧的創作論述的辯證性，
諸如感性與知性、靈感與修辭學、無中生有與有中生有、傳統與現代等
等，無不相濟為用，初不能偏執一端。最後，由於序文牽涉具體人事，
親疏同異間，很見得楊牧作為詩壇前輩，或溫婉的叮嚀，或直截的忠

---

[109] 陳育虹，《之間：陳育虹詩選》，臺北：洪範書店，2014，頁 13-21。

[110] 廖啟余，《解蔽》，臺北：釀出版，2012，頁 i-vii。

告，或衷心的讚揚，例如提議楊佳嫻與劉益州適度的遲疑、鬆弛，何必這麼決絕、急促？擊節奎澤石頭對詩與愛的信念，那樣一種暈染柏拉圖主義與社會主義的澡雪精神。

## （三）楊澤

　　楊牧對臺灣戰後世代的文學影響，本書選擇陳育虹、楊澤、羅智成與奎澤石頭為例進行討論。其中，楊澤、羅智成與楊牧的淵源，在二人1975 年楊牧受邀返臺灣大學外文系客座開設「莎士比亞」課程，楊澤、羅智成都是課堂學生。而楊澤、羅智成的學思發展也與楊牧有些類似，赴美留學，重視中國文學傳統，擅抒情亦能敘事，從業文學編輯等。楊澤、羅智成也經常被學界視為「楊派」弟子。

　　楊澤，本名楊憲卿，1954 年生於臺灣嘉義，臺大外文系碩士畢業，美國普林斯頓大學博士，曾於美國布朗大學任教，後返臺任《中外文學》、《中國時報》編輯。楊澤 1977 年出版第一本詩集《薔薇學派的誕生》，後有《彷彿在君父的城邦》、《人生不值得活的》兩本。最新出版為《新詩十九首》，語言頗有突破。但總體而言，楊澤詩的產量不多，教學與編輯是主要工作，楊澤主編過《魯迅小說集》與研討會論文集《閱讀張愛玲》，及七○、八○年代為題的文選如《七○年代理想繼續燃燒》、《狂飆八○——記錄一個集體發生的年代》，見其社會關懷。楊澤早期詩風有抒情語調與歷史意識，試節錄〈漁父〉之 1 與之9：

　　　　撈沙石的機器轟轟作響，沒有
　　　　沒有可供尋問的漁父。一雙鞋
　　　　一雙疲憊的鞋從武昌街步下漢口街復在

長沙、衡陽一帶徘徊、猶疑
天空是古代的雲夢大澤
在夢與現實間選擇了──
兩千年後繼續流放的命運
撈沙石的機器轟轟作響，沒有
沒有可供尋問的漁父。（之 1）

任偽幣在富人的田裡繁榮生長
任孤獨在政客的病榻上孤獨死去
火在火中憤怒燃燒著
愛者如何能在愛中靜逝
流放者在流放中找到意義？

相對於大海──啊詩人
我們如何重新向漁父肯定河流的意義？（之 9）[111]

　　楊澤在這首詩之 1 召喚失意的屈原，「穿梭」臺北街道，巧妙地縫
接了屈原的流放，於國民黨政府在臺灣街道複製的中國地圖。所不同
者，在屈原還有漁父曉以道家智慧（滄浪之水清兮，可以濯吾纓；滄浪
之水濁兮，可以濯吾足），但詩中人卻苦無嚮導，遂像一雙疲憊的鞋在
臺北迷途。進而在之 9，詩中人滿腔憤懣地詛咒著富人與政客的虛矯與
榮景，並嘗試自我超拔於漁父之上，「相對於大海」，漁父反顯得狹
促。如綜觀這兩段落，並比較楊澤與楊牧差異，可發現楊澤一樣如楊牧
將中國視為文化索引，唯楊澤精神恐怕更接近魯迅的徬徨與吶喊。至於

---

[111] 楊澤，《薔薇學派的誕生》，臺北：洪範書店，1977，頁 137-138、142。

詩語言的操作，楊澤「撈沙石的機器轟轟作響，沒有／沒有可供尋問的
漁父」複沓兩次，亦初具反覆迴旋法之原則，但不似楊牧繁複；語意的
聲色呼應，楊澤顯然也未如楊牧考慮許多，但詩行的思辨性因較清晰直
截；語境的戲劇性，楊澤的經營近於意識流筆法，而非著意經營一戲劇
空間。

　　至於學界對楊牧與楊澤的相關性，已有些討論，如顧蕙蒨不僅以
「薔薇騎士的精神革命」標誌楊澤，並分論楊澤安那其信念及「愛、欲
與死」的抒情底蘊，更綜論楊牧與楊澤差異，比如楊澤在使用薔薇與騎
士的意象，相對楊牧顯得骨質薄弱等面向。[112]而在前述討論裡，也可
見楊澤的詩，即便精神能與楊牧有所共鳴，詩語言的操作，顯然還有相
當差異。

## （四）羅智成

　　羅智成，1955 年生於臺灣臺北，臺大哲學系畢業，美國威斯康辛
大學東亞語文所碩士（博士班肄業），返臺後曾任《中國時報》、《中
時晚報》編輯，及臺北市新聞處處長、中央通訊社社長等公職。羅智成
1975 年出版第一本詩集《畫冊》，此後陸續有詩集《光之書》、《傾
斜之書》、《寶寶之書》、《擲地無聲書》；1989 年《擲地無聲書》
出版後沉潛十年，接著詩集產量豐富，世紀末迄今，又推出九本詩集。
1982 年《傾斜之書》，楊牧〈走向洛陽的路〉為序，這篇文章亦以附
錄收於 2014 年羅智成詩選《諸子之書》。羅智成風格約完成於 1979 年
的《光之書》。陳芳明認為羅智成抒情格局大，且精於長詩，文字最為

---

[112] 顧蕙蒨，《臺灣現代詩的浪漫特質》修訂一版，臺北：秀威資訊科技股份有限公司，
　　 2012，頁 172-218。

現代且習往歷史索取詩情。[113]但就現代詩之創製而言，羅智成最重要詩集應為 1982 年《傾斜之書》。是書〈一九七九〉（1979）、〈問聘〉（1981）與〈離騷〉（1982），皆是羅智成詩風相當完熟的展示。其中，又以〈問聘〉最為人稱道。

　　〈問聘〉取材司馬遷《史記》所載孔子問學於老聃一事，故事新編為一次對中國文化精神之整體召喚，並嫻熟地藉由對話體與意象思維，調整詩質濃淡，推動類似小說情節的敘述結構。關於這點，頗近似楊牧在語境調度的嘗試。例如〈問聘〉首段序幕，寫孔子與老聃對話。先是老聃像個長者發問，並由孔子的答覆點出老聃超脫生死的智者形象，再通過孔子發出如下探問：

　　　　「您要不要也看看我？」
　　　　「但我太老，目光眊眊……」
　　　　「試試看？」
　　　　「一些笙樂……
　　　　相對於巨大的溪澗而太顯侷促的山水……」
　　　　蛾撞在窗上
　　　　「是不是也有死亡？」
　　　　但是百花沿著乾涸的河床盛綻。[114]

　　這裡的審美趣味，主要立基在讀者對儒家與道家的刻板印象。簡單地說，詩題即預設讀者視野，留下解碼的重要線索，邀請讀者通過中國傳統中儒家與道家的「已知」，作為語意運動的樞紐，探向詩境的「未

---

[113] 陳芳明，《臺灣新文學史》，臺北：聯經出版事業公司，2011，頁 664。

[114] 羅智成，《傾斜之書》修訂版，臺北：聯合文學出版社，1999，頁 86。

知」。是以，讀者應該訝異，孔子主動發問的行為背後，暗藏對一謹守禮教的儒家意識型態的批判性。換言之，在「您要不要也看看我？」、「試試看？」的問句中，孔子的主體性獲得突顯，也暗示所謂的問學或許是種質疑，以逼出老聃的啞口無言。但羅智成在意象思維的操作上，又使老聃語言遲緩，騰出辯證空間。一方面，笙樂與山水的侷促，反映出道家對儒家的觀察與批評，「蛾撞在窗上」的意象即強化這個語意。這點並不新鮮，因為典籍中道家對儒家入世態度嗤之以鼻的描繪經常出現，《論語・憲問》裡寫晨門、荷蕢、原壤，《楚辭・漁父》都是顯例。但另方面，要能見儒家入世是種生生不息的剛健精神，並給出文學美感而非哲學論斷，則仰賴意象的安排。於是，「百花沿著乾涸的河床盛綻」這意象便暗示老聃明知孔子飛蛾撲火的悲劇性，但也了解這悲劇性背後孕育的無限生機，並讓老聃前兩句的閃躲，最終包容在無言卻同情的理解上。以上，可見〈問聃〉語言精采處有三：其一，以歷史人物為詩中人，建立詩與歷史「互文」，詩人與讀者「對話」的甬道。其二，通過對話體突顯詩中人主體性，使詩中人形象鮮明。其三，以意象思維強化與深化詩語言張力與縫隙，避免對話體流於散文或戲劇式的美感，減損詩本體的美學表現。

　　羅智成〈問聃〉的美感，與五〇年代抑鬱緊張晦澀的現代詩非常不同，詩語言較為紓緩、從容卻仍舊充滿張力，羅智成的創製即在這裡。藉由歷史互文、對話體與意象思維，他讓長詩有獨樹一格的美學表現。尤其重要者，在亟需敘事詩與報導文學伸張社會正義的八〇年代，〈問聃〉的興趣不只在反諷當下，它的主要事件或情節已為歷史寫定，它處理的是「一切原本井井有條」的中國形象，而非如向陽〈霧社〉（1980）、陳黎〈最後的王木七〉（1980）、李魁賢〈國際機場〉（1981）、葉維廉〈台灣農村駐足〉（1983）等臺灣經驗。這點讓〈問聃〉的故事新編並不走報導性或諷喻性的路數，顯得「不合時宜」。不

過，若考慮同期出現的幾首現代詩，像同為戰後世代的陳克華〈星球紀事〉（1978）、蘇紹連〈小丑之死〉（1981）等敘事虛構作品，則〈問聃〉的「不合時宜」，實際在美學流變中是合宜的，且它作為歷史象徵的意涵更昭然若揭。也即是說，一旦讀者宏觀地考慮〈問聃〉的當下究竟為何？對於〈問聃〉的象徵意涵，應能有更深刻的認識。

〈問聃〉的當下是什麼？簡言之，羅智成〈問聃〉見證了國民黨政府建構的中國意識型態之崩壞。彷彿「周文疲弊」的時代自然要百家爭鳴，羅智成〈問聃〉與陳克華〈星球紀事〉、蘇紹連〈小丑之死〉等敘事虛構作品，某程度都可視為對國族及歷史主體不確定的反映。〈問聃〉可視為一首輓歌，一首對原本結構完整的「中國」表示悼唁的輓歌，更可視為一次對「文化中國」的召喚。通過老聃向感時憂國的孔子預言「不要急！」「中國的古代才開始……」，羅智成〈問聃〉，喚醒的是讀者對中國的歷史記憶，也重新啟動了讀者對中國的認同想像。

## （五）奎澤石頭

奎澤石頭是嫻熟馬克思學說的社會學家，不僅鍾情於詩創作，他的楊牧研究，可謂預示著日後發展「楊牧學」的重要參照。奎澤石頭對楊牧美學本為批判，後轉出極大的認同，本書以為是討論楊牧文學影響的佳例。

奎澤石頭，本名石計生，1962 年生於臺灣高雄，臺大經濟系畢業，政大社會學碩士、美國芝加哥伊利諾大學社會學博士，返臺後任教東吳大學社會學系。奎澤石頭 1999 年出版第一本詩集《在芝加哥的微光中》，此後陸續出版了《海底開滿了花》、《時光飛逝》、《完整的他者》、《孤獨的幾何》，最新作為《曙光》；另有多部學術著作，如《藝術與社會：閱讀班雅明的美學啟迪》、《馬克思理論與當代社會制

度》等。首本詩集《在芝加哥的微光中》，楊牧〈奎澤石頭記〉為序，
該詩集最末收奎澤石頭〈給楊牧先生的一封信〉，內容除請楊牧為詩集
序，更是洋溢敬佩之情。《成為抒情的理由》一書最末篇，奎澤石頭甚
至逕用《葉珊散文集》裡「料羅灣的漁舟」為題，表述一個晚輩追步前
賢的過往。[115]

　　試看奎澤石頭〈流感疫苗注射後〉：

　　　　在你的內在引發無傷大雅的
　　　　戰爭，形於外模擬該有之病容
　　　　狀似離散雲朵三山半落陰晦
　　　　實則清醒豐富，以喬木參天之姿
　　　　挽留忘情撥弄之首，墊腳眺望，任
　　　　髮髭隨你潮汐飄移，向晚
　　　　有人架設捕網沿海岸線曳取寂寞
　　　　探照，中夜不能寐的忽冷忽熱
　　　　你更苗壯，長鏡頭，當領悟和合的道理
　　　　消腫後定格意識流如印象之畫[116]

　　奎澤石頭這首詩敘事者以全知觀點對「你」發聲，順著詩題，首句

---

[115] 奎澤石頭，《成為抒情的理由》，臺北：寶瓶文化事業有限公司，2005，頁 212-215。
這篇文章開頭「那天整個海灣激灩無比，我睜大了眼睛費力翹首探望都看不見你筆下的
漁舟。」內文又提到：「比較令我驚訝的是，在暗黃的燈光下翻閱你的文句，竟是非常
陌生，和現在見面時的沉穩，安靜，料羅灣漁舟時代的你是二十多歲的年輕人，語句有
明白直接的愛恨起伏……」。這段文字或暗示奎澤石頭（石計生）為何從批判楊牧布爾
喬亞，到認同而欽慕。或許因為他認識到楊牧並非「以他傾斜的倖存之軀俯視這蒼莽受
難的大地」、「多麼美，多麼純粹，半封建」，而是和他一樣有血肉性情的詩人。

[116] 奎澤石頭，《孤獨的幾何》，臺北：唐山出版社，2011，頁 48。

將流感疫苗比擬為「戰爭」但無傷大雅（即不致命），教接種疫苗的人「模擬該有之病容」。詩行至此，隱隱伏下反諷的基調。第三句詩想開始綿延，「狀似」乃根據模擬而有的虛像，自然帶出第四句「實則清醒豐富」的轉折。所謂忘情撥弄，則呼應基調，並通過架設捕網的人（撈鰻苗或養蚵人？）的寂寞，強化對這接種疫苗後身體微恙的諷刺：「你」將為此「更茁壯」，而流感經驗對「你」不過是幅印象畫。至於敘事者告諭著你當為此「領悟和合的道理」，則透過「和合」一詞伏下佛家的無常觀，萬事萬物皆因緣和合而生，因緣和合而滅。

從奎澤石頭這首詩的語言表現，不難發現與楊牧有某些類似，例如標點斷句，較長而繁複的句型，語詞的精鍊，以及語義的曖昧與抽象等方面。然而，奎澤石頭語法的拆解不似楊牧有些隨機、嬉戲、靈活，顯得比較拘謹；楊牧亦不會穿插「長鏡頭」這個較突兀的詞彙，來調整語境，更多是用意象語烘托。最後，奎澤石頭這首詩底略帶冷諷的口吻，適對比出楊牧詩的溫厚。然而楊牧與奎澤石頭的相關性研究，學界目前討論不多，是值得開發的研究途徑。

## （六）陳育虹

顧蕙蒨區分臺灣現代詩的浪漫特質為二，一是楊牧、楊澤強調的「自然」、「理想」、「愛與美」，二是夏宇、葉紅重視的「個人主體性」。本書以為陳育虹適表現前述兩特質的一種擺盪或過渡（由個人主體性擺盪向愛與美），或說平衡。

陳育虹，1952 年生於臺灣高雄，文藻外語學院英文系畢業，旅居加拿大十數年後定居臺北，1996 年出版第一本詩集《關於詩》，此後約 10 年間陸續出版四本詩集：《其實，海》、《河流進你深層靜脈》、《索隱》、《魅》。2011 年出版新作加詩選《之間》，楊牧

〈詩是借喻〉為序。由於曝光時間較晚，陳芳明稱這位「遲到的詩人」，「詩行之迷人，在於她節奏快慢強弱的調性，用以彰顯她內心情感的抑揚頓挫。」[117]陳育虹較早出版的詩作如，語言舒緩淺近，情思澄透，如以世代論，似乎無涉臺灣現代主義美學的餘震，並無語言扭曲、意象怪誕、詩意晦澀等毛病，但也不見臺灣後現代主義美學的諧謔刻痕，總多點認真，深沉。例如〈我靜靜聽（電話））裡的詩句：「我靜靜聽／你說話時斷時續／像昨晚／螢火忽明忽滅／我顫慄了因為／聽見死亡」。陳育虹第三本詩集裡的〈端午〉，則在句式、韻律與詩質上有較明顯的突破，像是「屋簷下風鈴晃動，沒有聲音／衣服在竿上飄，雨在衣服上飄／沒有人收衣服／一道光穿過垂懸的窗簾，是幾點呢／鐘，沒有鐘，沒有聲音」。整體而言，陳育虹愈近期的詩作，愈見她與楊牧間若有似無的共鳴，牽引，主要表現在詩的韻律與抒情語調上。像是〈櫻花十四行〉，可謂隨機拆解語法以營造自然聲籟，又兼顧聲色呼應的佳構：

> 這粉裙的吉普賽女郎這驚笑這雲鬢繚亂這櫻花
>
> 櫻花迷路在京都四月過於喧囂的哲學
>
> 之道這藍天這河這花一時一地這人
>
> 一時一地不說永恆這陽光
>
> 不是光是雄細胞雌細胞的激流這花
>
> 不是花是欲望
>
> 翩飛的俄頃是火的脫序美的杜撰是失去失去
>
> 這腳印由深漸淺漸恍惚漸漸

---

[117] 陳芳明，〈欲說未說的愛〉，《美與殉美》，臺北：聯經出版事業公司，2015，頁164、166。

　　　　屬於四月等於四月這櫻花這豐熟的軀體童真的

　　　　靈魂大於四月

　　　　有人迷路

　　　　在櫻花的語尾變化

　　　　這春的傳道書這生死備忘

　　　　沙漏顛倒虛空這春的托盤粉屑的灰燼的靜[118]

　　陳育虹這首詩利用相似句型。踢踏出詩的明顯律動。〈櫻花十四行〉首句裡「這粉裙」、「這雲鬢」、「這櫻花」的前奏，由第三句「這藍天這河這花」呼應。接續「這人」、「這陽光」、「這花」跨行靈活跳躍，間錯頂真或疊詞或單字，例如「櫻花」、「一時一地」、「細胞」、「失去」、「漸」、「四月」、「的」等符號，使這首詩的旋律與伴奏，猶如靈魂樂盈耳動聽。進而，若考慮這首詩的內容，詩中人為吉普賽女郎，首句的驚笑構成懸念。接續「京都四月過於喧囂的哲學」，與這首詩的「吵鬧」形成有趣對比，彷彿詩在反抗哲學的體系或說邏輯。「這陽光／不是光」，及「這花／不是花」，或暗示西田幾多郎（1870-1945）矛盾的自我同一，但更多是詩的嬉戲感，亦梵樂希（Paul Valéry, 1871-1945）名言「思想死了，詩才開始飛翔。」末四句設計精彩，先暗示人迷路在「櫻花的語尾變化」，順影射日語動詞的五段變形教人迷網；再是「這春的傳道書這生死備忘」，猶「靈魂大於四月」的迴響，讓詩想從形下攀升至另個層次，終撞擊出末句：「沙漏顛倒虛空這春的托盤粉屑的灰燼的靜」，就這麼驟然讓詩的言說，休止於櫻花落盡。

---

[118] 陳育虹，《之間：陳育虹詩選》，臺北：洪範書店，2011，頁 48-49。

# 第二章　楊牧的散文實驗與浮士德精神

## 一、《年輪》與周作人

### （一）現代散文的抒情傳統

> 我曾經多次以為自己接近了某種奧祕的力量，也許那就是神的顏色，神的聲音，或就是神的懷抱也未可知。——楊牧《疑神》

> 這似乎可以不必，但又覺得似乎也是要的，假如是可以有，雖然不一定是非有不可。——周作人《看雲集》

　　楊牧的散文創作，歷經多次轉變。最初三本散文集即是顯例，筆法、體裁、心境都很不同。楊牧 1976 年自述，《葉珊散文集》（1966）為「抒情敘事」、《年輪》（1976）「偏重內心是非的探索，採取寓言和象徵的方法」、《柏克萊精神》（1977）「表達我對於文學以外的事務的觀察和感受」。[1] 長期關注楊牧散文創作的何寄澎則於 1991 年指出，楊牧「求變求新的企圖」來自「文學理念的實踐」、「自身角色思索的調整」。[2] 然而，隨近年漢語文學界的研究累積，對於楊牧散文的追求與轉變，或可得到更進一步的解釋。

---

[1]　楊牧，《柏克萊精神》，臺北：洪範書店，1977，頁 169。

[2]　何寄澎，〈永遠的搜索者——論楊牧散文的求變與求新〉，《臺大中文學報》第 4 期，1991.6，頁 173。

　　首先，近年漢語文學界對於「抒情傳統」的討論，取得可觀成果。柯慶明、蕭馳主編的《中國抒情傳統的再發現》，王德威的《現代「抒情傳統」四論》等論集論著，可說反映當代漢語學者群對漢語文學的一種主體建構，隱含大量對漢語文學經典的解釋與辯論，非常有趣。[3]但這裡所謂文學經典，古典漢詩有絕大優先性，比如《詩經》、《楚辭》、漢樂府、唐詩裡的抒情詩。「抒情傳統」倡議者陳世驤 20 世紀中葉後以「中國抒情詩」相對「西方敘事詩」立論；「抒情傳統」的新世紀論述，仍然多以詩歌創作為聚焦。是以，假如同意陳世驤所說「中國文學傳統從整體而言就是一個抒情傳統」，將散文、小說、戲劇等作家作品導入「抒情傳統」，可說是一種自然而然的學術趨勢。[4]

　　再者，陳世驤是楊牧恩師，兩人情誼深厚。[5]扣著這層關係，前引楊牧所謂「抒情敘事」一語，耐人尋味。尤其重要的，通過「抒情傳統」應可提供一個在閱讀楊牧時具參考價值的審美視域。[6]例如陳芳明1990 年〈典範的追求——楊牧散文與台灣抒情傳統〉一文，儘管未對

---

[3]　柯慶明、蕭馳主編，《中國抒情傳統的再發現》，臺北：國立臺灣大學出版中心，2009。王德威，《現代「抒情傳統」四論》，臺北：國立臺灣大學出版中心，2011。此外，對於「抒情傳統」的反思，可參龔鵬程、顏崑陽的討論。龔鵬程，〈不存在的傳統：論陳世驤的抒情傳統〉，《政大中文學報》第 10 期，2008.12，頁 39-51。顏崑陽，〈混融、交涉、衍變到別用、分流、佈體——「抒情文學史」的反思與「完境文學史」的構想〉，《清華中文學報》第 3 期，2009.12，頁 113-154。

[4]　陳世驤原文為英文，此處從陳國球翻譯，可參陳國球，〈陳世驤論中國文學——通往「抒情傳統論」之路〉，《漢語研究》第 29 卷第 2 期，2011.6，頁 225。另，該文有陳國球針對楊牧譯文的商榷（頁 240）。

[5]　關於陳世驤與楊牧的師生情誼，略舉兩例即可想見其深切。一是陳世驤逝世後文集由楊牧主編。二是陳世驤辦學的遺志，楊牧有所繼承。可參楊牧，〈柏克萊——懷念陳世驤先生〉，《傳統的與現代的》，臺北：志文出版社，1974，頁 218-232。

[6]　補充一點，陳世驤還提出「尚文傳統」，指涉中國文學的文化本質。陳國球認為此說解釋力不比「抒情傳統」薄弱，更舉出楊牧〈論一種英雄主義〉為例證。陳國球，〈陳世驤論中國文學——通往「抒情傳統論」之路〉，《漢語研究》第 29 卷第 2 期，2011.6，頁 237。本書以為這是閱讀楊牧另一個可資開發的審美視域。

陳世驤的「抒情傳統」進行發揮，卻敏銳捕捉到這個頭緒，並將楊牧「飄逸遐思」與何其芳（1912-1977）相比擬。[7]

　　賴芳伶 2005 年以「抒情傳統」解讀《紅樓夢》和楊牧〈妙玉坐禪〉一詩，則是針對性較強的一篇論述。賴芳伶指出，楊牧「希望自己能在中國的抒情傳統裡增添大量的敘事詩，以及西方古典的戲劇張力，並尋求合宜有效的表現方法」，而「戲劇的獨白體式」，「適能滿足他在特定的時空語境裡抒情言志的動機」。[8]

　　綜上，本書感興趣的是，既然「抒情傳統」可以解釋楊牧的詩歌，是否也能解釋楊牧的散文，而關於這條思路，一個適當且具體的描繪會是什麼？楊牧散文的追求與轉變，藉此能否得到更進一步的解釋？

　　周作人（1885-1967）即本書嘗試論證的一個座標，或說「錨點」（Anchor）。楊牧與周作人無論氣質、關懷、文學理念及實踐，都有值得注意的相似與相異處，譬如關心時政宗教，推崇希臘精神同時，信守自身文化尊嚴與主體性，乃至散文語調從容，無可無不可，實則雜揉寓言象徵、用典互文等手法，兼善抒情敘事，終以托物言志，內斂批判鋒芒。

　　饒有趣味的是，何寄澎前揭文已指出，楊牧散文受周作人「疏淡」與徐志摩（1897-1931）「精麗」兩派典型的影響。[9]可惜後續研究不很充分。鍾怡雯拈出周作人、沈從文來與楊牧對話，是本書所知較深入討論者。[10]本書認為爬梳楊牧與周作人、徐志摩、何其芳、沈從文等散文

---

[7]　該文 1990 年 11 月 2-3 日發表於《自立晚報》，後收於陳芳明，《典範的追求》，臺北：聯合文學出版社，1994，頁 205-211。

[8]　賴芳伶，〈孤傲深隱與曖昧激情──試論《紅樓夢》和楊牧的〈妙玉坐禪〉〉，《東華漢學》第 3 期，2005.5，頁 283-318。

[9]　何寄澎，〈永遠的搜索者──論楊牧散文的求變與求新〉，《臺大中文學報》第 4 期，1991.6，頁 176。

[10]　鍾怡雯，〈文學自傳與詮釋主體──論楊牧《奇萊前書》與《奇萊後書》〉，《后土繪

範型的相關，將延展「抒情傳統」當代論述，亦有助「楊牧學」的闡發。[11]儘管本書無法脈絡且系譜地探究「抒情傳統」在古典散文、現代散文中的顯影，不過在相關研究的基礎上，企圖深化一閱讀楊牧可參考的策略。[12]

## （二）「美德亞的鍋」為一種修辭

對於熟悉楊牧的讀者與學者而言，楊牧散文的「求變求新」，起於1970 年，《年輪》即彼次創作變革的初步成果，亦「葉珊」轉變為「楊牧」的過渡儀式。[13]楊牧一段被多次摘引的自白，談到「我對散文曾經十分厭倦，尤其厭倦自己已經創造了的那種形式和風格。我想，除非我能變，我便不再寫散文了。」[14]

楊牧 1970 年 8 月離開加州柏克萊大學，旋赴麻州大學任教，帶著

---

測：當代散文論II》，臺北：聯經出版公司，2016，頁 101-126。

[11] 須文蔚指出「近年來研究者開始重視中國文學抒情傳統在現代文學創作的影響，也試圖分析抒情作為華文文學現代性，以及現代主體建構上的又一面向。而目前除了賴芳伶以抒情傳統角度進行楊牧的詩篇詮釋，有關《詩經》對楊牧的影響，以及楊牧系列以古典為題材的長詩中，如何保有抒情的意涵，轉化敘事的元素，應當都是在『楊牧學』的建構上相當具有挑戰性的議題」。須文蔚，〈楊牧學體系的建構與開展研究〉，《東華漢學》第 26 期，2017.12，頁 229。

[12] 這方面的研究，可參陳平原、方忠的論述。陳平原，〈現代中國的「魏晉風骨」與「六朝散文」〉，《中國現代學術之建立——以章太炎、胡適之為中心》，北京：北京大學出版社，1998，頁 330-403。方忠，《臺灣當代文學與五四新文學傳統》，南京：江蘇鳳凰教育出版社，2016。

[13] 1971 年對於楊牧的意義，蔡明諺論述很具參考價值。蔡明諺，〈在一個黑潮洶湧的海岸——論七〇年代的楊牧〉，《臺灣文藝》第 187 期，2003.4，頁 73-74。

[14] 楊牧，《年輪》，臺北：洪範書店，1982，頁 177。《年輪》有兩個版本，首版 1976 年由四季出版公司出版，1982 年有洪範書店新版，增一短序。本書初步比對兩個版本，正文無顯著差異，唯手邊四季版裝幀有誤，第一部〈柏克萊〉19、20 節多有跳頁。下文皆以洪範版為主。

《年輪》第一部〈柏克萊〉的手稿。麻省任教年餘，1971 年 12 月轉任西雅圖華盛頓大學，《年輪》第二部前半篇已完成，標題〈一九七一〉；後半標題〈一九七二〉，可想而知亦直錄耳。《年輪》第三部〈北西北〉創作費時一年，推估即 1972-1973 年間。再據楊牧自承完稿約 1974 年，全書創作的時間脈絡清楚可辨。[15]

　　楊牧 1973 年在《傳統的與現代的》自序提到「藝術的獨立，並不是藝術從泛稱的人文精神裡獨立出來，而是藝術從特定的政治教條裡獨立出來。」[16]同年，楊牧完成〈周作人與古典希臘〉。[17]楊牧說：「那幾年我專致於二十世紀初葉文學理論與批評的研究，不久就對周作人和希臘文學的關係在深入閱讀著相關的書。」[18]楊牧研究周作人，可說與散文「求變求新」的時間點相疊合，或至少相接續。

　　楊牧在〈周作人與古典希臘〉一文，通過中西文化兩條互為表裡的線索描繪周作人散文的美學特徵與思想內核，一是延續朱光潛評論周作人語言色彩主要是「傳統中國的」，再指出文字風格「大致源出明代散文大家如張岱、金聖歎、李漁等人沉實而果斷的風格」。進而，楊牧肯定周作人的人文主義紮根中國儒家，以為周作人宣揚希臘人文思想是「錯誤的假定」。二是論證周作人散文裡的古典希臘乃至歐洲事物，乃

---

[15] 楊牧，《年輪》，臺北：洪範書店，1982，頁 1。

[16] 楊牧，《傳統的與現代的》，臺北：志文出版社，1974，頁 3。

[17] 該文原稿為英文稿，1977 年於香港《譯叢》發表，可參 C. H. Wang, 'Chou Tso-jen's Hellenism', Renditions 7 (Spring 1977) 3-28.。中文譯稿〈周作人與古典希臘〉1984 年收入楊牧，《文學的源流》，臺北：洪範書店，1984，頁 91-141。據譯稿文末「一九七三・郭懿言中譯」，寫作時間為 1973 年。該譯稿引注含 1974-79 年間資料，應是出版前略為增補。

　　另，楊牧對希臘文學之研究興趣，可推溯 1964 年〈一個幻滅了的希臘人〉，以至於楊牧戲稱自己有「希臘情結」，「到了柏克萊，希臘精神還是我一切文學思想的至高基準。」楊牧，《傳統的與現代的》，臺北：志文出版社，1974，頁 233-234、236。

[18] 楊牧，〈翻譯的事〉，《譯事》，香港：天地圖書有限公司，2007，頁 7。

一種基於修辭學目的之「引用」或「闡揚」；前者增強「理論的可信性」及「使作者語調生動，視野呈現多樣的風姿」，後者「隨意引證以達修飾的效果」，「在修辭學的原則上是離題的；然而，這技巧也可以算是修辭之闡揚技巧（expolitio）」，「可使作者的意思推廣並引起共鳴。」至於希臘文學「平實而簡單的風格」，周作人也有濃厚興趣。楊牧以是認為「周作人想要尋找一套古典意識以革新中國的文學，這是一種孤獨的嘗試」，「周作人對中國新文學的希望——結合希臘的和中國的傳統」，「綜合中國和希臘的詩論及史學以創造史詩並非完全不可能。」[19]

通過前述討論，兩點可注意，一是楊牧中西文化的比較思維不獨表現在學術研究，也反映在作品中。這點早有評論，例如楊子澗 1977 年指出葉珊時期《傳說》「大膽地採用了西方敘事詩的手法以融合中國抒情詩的特質」，《年輪》及《瓶中稿》「精神卻源自古希臘羅馬的事蹟和中古的歐洲。」[20]然稱楊牧詩文精神源自古希臘與中古歐洲的論點，參照楊牧為周作人語言與思想是否歐化所提出的辯駁，應可稍加保留，因為這同樣可能是個「錯誤的假定」。楊牧為周作人寫的「翻案文章」，容有一種自我辯護的況味。第二點則是周作人的兩種修辭技巧「引用」、「闡揚」，楊牧應不陌生，當時還很可能正檢驗、開發其可能性。

事實上，修辭是文學家的分內事，楊牧散文細緻，有講究，學術文章亦然。例如楊牧前揭文舉證周作人「引用」的巧妙時，一條文獻的摘錄改寫也見心思。該條文獻出自周作人評清代學者舒白香的《游山日

---

[19] 楊牧，《文學的源流》，臺北：洪範書店，1984 年，頁 102-108、130-131。

[20] 楊子澗，〈「傳說」中的葉珊與「年輪」裡的楊牧：談王靖獻十年的思想歷程〉，《中華文藝》第 71 期，1977.1，頁 197。

記》，大意是通俗笑話如能夠善加引用，對文章也有回春奇效，就如同希臘神話美德亞（Medea，或譯美狄亞）的「承諾」。這既可稱周作人文藝寬容觀的一個側面，也見一種自我消解的機智，奇妙可愛。[21]試將周作人原文與楊牧論文摘錄並置如下：

> 文中又喜引用通行的笑話……皆詼詭有趣。此種寫法，嘗見王謔庵陶石梁張宗子文中有之，其源蓋出於周秦諸子，而有一種新方術，化臭腐為神奇，這有如妖女美德亞的鍋，能夠把老羊煮成乳羔，在拙手卻也會煮死老頭兒完事，此所以大難也。[22]

> 周作人指出……張岱自前輩作家中領會到「有一種新方術，化臭腐為神奇，這有如妖女美德亞的鍋，能夠把老羊煮成乳羔，在拙手卻也會煮死老頭兒完事」——因此是一種艱巨的藝術。[23]

　　按學術常規，上引原文足夠交代周作人「引用」的趣味。但經過楊牧摘錄與改寫，正文與引文的邊界模糊，敘事聲音也有重疊交響的可能。換言之，周作人「此所以大難也」，經過楊牧白話翻譯，破折號強調，「引用」重點就不僅交代一則希臘神話的情節，還隱約楊牧視散文為「一種艱巨的藝術」的心聲。
　　這個心聲，應來自楊牧《年輪》的寫作經驗。下節通過楊牧《年

---

[21] 周作人，〈文藝上的寬容〉，《自己的園地》，北京：北京十月文藝出版社，2011，頁 8-11。周作人說：「因為文藝的生命是自由不是平等，是分離不是合併，所以寬容是文藝發展的必要的條件。」（頁 9）附帶一提，楊牧說：「在文字方面，我主張最大的寬容。」楊牧，〈散文的創作與欣賞〉，《文學的源流》，臺北：洪範書店，1984 年，頁 85。

[22] 周作人著，止庵校訂，《風雨談》，北京：北京十月文藝出版社，2012，頁 11。

[23] 楊牧，《文學的源流》，臺北：洪範書店，1984，頁 105。

輪》第一部〈柏克萊〉，繼續探究楊牧散文的求變求新。

## （三）《年輪》裡的感興與用典

《年輪》第一部〈柏克萊〉，先可視為一個 20 篇作品的「集合」，每篇首有阿拉伯數字標號，依序 1、2、3 至 20，單篇偶有以「■」、「（1）」區分若干小節，獨第 20 節標題「天干地支」，「天干」與「地支」可視為各自獨立的兩首組詩，兩首組詩以「■■■」區隔，前後「甲、乙……子、丑……」依序分節。20 篇作品文體不一致，詩、散文、小說間或戲劇對白，敘述人稱經常變換，生命經驗以破碎、細緻、跳躍、交響的方式閃現、重組，繁複的意象，飽滿的情感，隨處可見的象徵、寓言筆法，整體敘事充滿暗示性，及重複語句造成的音樂性，時空多半模糊帶過，有點類似水墨畫多點透視，更趨近電影的剪輯技巧。此外，不時引用文獻或歌詞，例如莎劇《凱薩大帝》、曹雪芹《紅樓夢》程乙本、荷馬史詩《伊利亞德》、舊約《詩篇》、新約《啟示錄》、Bob Dylan 的 *Blowin' in the wind* 等。這些因素無疑加高讀者理解的門檻，使《年輪》呈現前衛、晦澀、詩筆化的敘事風貌；《年輪》挑戰讀者對「散文」的期待視野，一如王文興 1973 年出版《家變》，讓熟悉傳統小說結構的讀者措手不及。

而楊牧《年輪》有兩個美學手法表現突出，「感興」與「用典」。但兩者主次先後有別，《年輪》以「感興」為優先，後者為專業輔助。「感興」即「感物興發」，本書用以討論《年輪》裡的音樂性。[24]「用

---

[24] 關於感興在音樂性的討論，可參鄭毓瑜，〈詮釋的界域──從〈詩大序〉再探「抒情傳統」的建構〉，《中國文哲研究集刊》第 23 期，2003.9，頁 1-32。黃偉倫，〈〈樂記〉「物感」美學的理論建構及其價值意義〉，《清華中文學報》第 7 期，2012.6，頁 107-144。

典」則前節討論的「引用」、「闡揚」，本書用以指涉《年輪》部分的
互文性（intertextuality）。

　　楊牧說：「我在寫《年輪》的時候，真的是想從另一個角度，來嘗
試寫一個新的東西。有時候是詩的引用，有時候翻譯的東西也引用，甚
至連資料和歌，也都進去了」，「不是劈開一開始，就明白地說出主題
在哪裡。所以，我採用很多種辦法，像我自己的話啦，古典文學裡頭的
一段啦，等等的這些東西」；「想以音樂為藍圖，讓原本看起來很嘈雜
的資料，放在一起後，反而變成交響樂，然後把主題顯現出來。」[25]試
看〈柏克萊〉第 2 節首段文字，說明《年輪》的感興：

　　先是有一羣留著長髮赤著腳的人從街的一頭跳著舞向正南走來，
　　吵雜的**銅鈴聲，貝殼撞擊聲，口琴和羣鼓聲——逸向每一個張望**
　　**的男女的眼神。然後我看到向日葵生長在每一個張望的男女的**
　　**身體上，迅速地**，抽芽開花，隨著猛烈的太陽**穩健地**運行，**我**
　　**甚至看到它們三三兩兩地凋零**，落在街道上。一輛警車急忙地
　　駛過，輾死已經死過的春花。[26]

　　眾所周知，楊牧在柏克萊大學遭逢了美國反越戰情緒最高漲的階
段。尤其 1970 年 5 月 4 日，楊牧離開柏克萊前，美國爆發美萊村事件

---

[25] 林素芬採訪整理，〈英雄回家——楊牧和王文進談散文歷程〉，《幼獅文藝》第 513
期，1996.9，頁 8。稍加說明，此段引文「想以音樂為藍圖」以下一句，在訪談稿中並
非引述，而是在正文中「他想以音樂為藍圖」方式呈現。是以，這句話也可能是採訪者
林素芬的消化整理，又或王文進在對談過程中的補充說明。但無論楊牧是否「以音樂為
藍圖」，這個觀點有參考價值。除楊牧在他處也論述過散文的音樂性外（如〈詩與散
文〉），旋律、和聲、節奏乃至於迴旋曲式、三段式、奏鳴曲式等曲式概念，對於解讀
楊牧詩文確實有一定解釋力。

[26] 楊牧，《年輪》，臺北：洪範書店，1982，頁 5-6。而為討論方便，部分文字本書標為
粗體。

（My Lai）導致的肯特州立大學槍擊案，導致百萬學生罷課。楊牧自稱「在離開柏克萊的前半年找到了一種文體，一組比喻，一個聲音來宣洩我已經壓抑得太久的憤懣和愛慕。我今日重讀這些文字（按：即〈柏克萊〉），眼前浮現的不是柏克萊教育我的教授先生，不是書籍課程，不是插入雲霄的鐘樓高塔，而是一片我每日踏過的紅磚方場。」[27]而上引〈柏克萊〉第 2 節文字，主要處理楊牧於此紅磚方場所見所感。

　　閱讀這段文字，不難發現其音樂性強烈，相當程度由幾組類同的字彙語法，重複構成，例如「銅鈴聲，貝殼撞擊聲，口琴和鼙鼓聲」，「迅速地，穩健地，三三兩兩地」，「我看到，我甚至看到」，「每一個張望的男女的眼神，每一個張望的男女的眼神」。進而，文字的抒情性似弱於敘事性，因為情緒隱遁到「猛烈」、「凋零」等詞語背後，並不訴諸喜怒哀樂等字眼，整體傾向敘述一次觀看抗議遊行的經過。但仔細咀嚼，則交錯的意象顯然飽和主體情感。不僅意象的首尾呼應透露情緒張力，開頭長髮赤腳跳舞的人「走來」，結尾警車「駛過」；綻放與被輾壓的「向日葵」作為主體溝通客觀物的憑藉，也是主體感懷的一種興發。

　　更有意思的是，楊牧《年輪》「感興」手法的音樂性，除表現在字詞的佈置，還表現在句、段、篇的經營。這讓《年輪》在現代散文的文體創造上，顯露一難能可貴的雄心與企圖。再看〈柏克萊〉第 2 節最末幾段文字：

> **我站在藏書樓的百葉窗前，看到一個少年（穿著紅夾克）試圖走過那一列穿卡其制服帶面具的人。忽然排尾疾跳出兩名大漢，扭住蒼白憤怒的少年，輪流地用木棍揮打他的頭部和身體，少年**

---

[27] 楊牧，《年輪》，臺北：洪範書店，1982，頁 178-179。

仆倒在濕漉的水泥走道上，用兩臂保護自己已經流血的頭部。

他們開始打他的兩臂和**穿著紅夾克**的身體。柏樹滴著清水，稍遠處的鐘樓指著兩點一刻。**沒有人敢去救他。神也不敢。**

**神也不敢。**[28]

首句「我站在藏書樓……看到……」，實是本節「我看到，我甚至看到」句勢的一種旋律性發展。與此呼應的，還有上文未引出的，像是「我站在藏書樓的屋頂間看到直昇機在李花之間散佈催淚劑」，「我看到他們擁抱著彼此龜裂的自尊互相安慰」，「我看到一個女子走過紅磚的方場，把一面旗子降下」等句。而這種技巧有點像賦格，一段類同的旋律在高音部、低音部錯落發展。

楊牧曾經以貝多芬將幻想曲的旋律，重寫進交響樂為例，談散文的「重複」，「以同樣的字彙，同樣的觀念，同樣的語調來增強效果，以達到一個文意和筆勢的高潮。」[29]把握這個概念，可發現楊牧的確從更宏觀地角度，考慮與設計散文的「交響樂」；而這點也帶出楊牧創作的某種「即興」。[30]

《年輪》第 10 節原為一篇獨立散文，篇名〈逃出鳳凰城〉，1969年 8 月 2 日發表於《中國時報》11 版，收於 1975 年《楊牧自選集》，

---

[28] 楊牧，《年輪》，臺北：洪範書店，1982，頁 7-8。

[29] 楊牧，《文學的源流》，臺北：洪範書店，1984，頁 88。

[30] 楊牧說：「下筆之初，我不知道最後它會是如何的一個面貌，我只知道我要寫一本完整的書，一篇長長的長長的散文，而不是許多短短的短短的散文。我把稿紙擺在左邊第三個抽屜裡，一厚疊的稿紙，寫到那裡算那裡；今天寫的最後一頁就是這一厚疊的壓卷，我甚至鮮少回頭再看昨天和前天寫的那十頁，二十頁，三十頁。」楊牧，《年輪》，臺北：洪範書店，1982，頁 178。

篇末標明寫作時間為 1966 年 9 月 7 日，即楊牧放棄哈佛，選擇到柏克萊繼續攻讀博士學位不久（同年 10 月入學）。[31]這篇被「鑲嵌」於《年輪》的散文，以「我們」為主要敘事者，敘述一段「從加里福尼亞到內伐達到猶他到阿里桑那」的大峽谷旅途經驗。敘事時空鎖定最後兩個站點，先是沁涼寧靜，一個名喚比爾‧威廉斯（Bill Williams）的小山城，接著是炎酷沙漠中的一座古怪大城，鳳凰城（Phoenix）。整篇敘事結束於「我們這兩隻不情願火化的中國鳳凰」，夜半逃離這片冒著黑暗熱風，竟又雷電大作的「荒原」，以是標題云「逃出鳳凰城」。

　　然而，一如音樂摘去標題後重製，楊牧將此篇接樺進《年輪》，也賦予一個新的意義與詮釋結構，這個結構邀請讀者以更開放的態度，看待作品。《年輪》節與節之間的組織安排，多半藏有「機關」；讀者如能從這個角度切入，《年輪》上的刻痕令人動容。以《年輪》第 10 節與第 9 節、第 11 節的前後文關係為例，第 9 節最末寫一對小情人划船，旁觀的敘事者「我」說：「隔得太遠，我覺得那滑行是無聲的，和平的，充滿愛情而不畏懼命運的。」，緊接一句：「Here ends the Epithalamion for S. K. and T. C.」（按：這是婚禮頌歌的結束。）第 11 節開頭則是四行詩句：

　　　　不要試探你的慾，捲起夜風如捲起
　　　　一張被汗水浸濕濕透的草蓆
　　　　吹著口哨關窗，把月亮衰弱地
　　　　交給十里以外的海浪去處理[32]

---

[31] 楊牧，〈逃出鳳凰城〉，《楊牧自選集》，臺北：黎明文化有限公司，1975，頁 237-244。該文亦收於楊牧《年輪》，臺北：洪範書店，1982，頁 32-41。

[32] 楊牧，《年輪》，臺北：洪範書店，1982，頁 41-42。

　　一種若有似無的反諷於焉而生。第 9 節充滿愛情而不畏懼命運的小情人，隨婚禮頌歌結束，前方等待他們的，竟是第 10 節中的鳳凰城，「一個火勢威烈的葬場」，於是逃離成為宿命，第 11 節的四行詩表露的心影，不正是劫後餘生的喘息？另，不難發現第 11 節的敘事者竟轉變為「你」，第 10 節的「我們」已煙消雲散，「我」的主動性岌岌可危，和平無聲的甜美歲月是回不去了。

　　至於楊牧《年輪》的「用典」理應放在「感興」前提下把握，否則為用典而用典，難免炫學、掉書袋、不諳美德亞廚藝；然若有「感興」為前提，多少規範「用典」作為一種表達情、意、志的修辭技巧，而不淪為爭勝鬥氣的詭辯方術。底下請以第 11 節接續的幾段文字為例，略述楊牧如何通過「引用」與「闡揚」等修辭技巧，來為散文的旋律製造優美動聽的「和聲」：

　　　　死亡前夕的愛慾是甚麼樣子的呢？如果你是一個能預見絕滅的人，這一刻已經預見了喧嘩的死在歸途上爭論，伸著千萬隻臂膀歡迎你，而你並不願離開這美好的世界（假定這是一個美好的世界），這時你只能想到，愛罷，把對方的蒼白和絕望摟進胸懷。渾身的汗油膩地交融，互相摧毀如海獸，愛就是抗議，向逼近的死亡抗議。皇皇的火在四面白牆上燃燒，這是情慾的煉獄，通過一層鬼魅的行列，你就更接近天國，那裡所有人都插著翅膀：

　　　　「夫子，」我說：「我們要取哪條路？」
　　　　他如此答道：「不要退縮；
　　　　跟著我向山頂攀去，直到
　　　　智者出現來做你我的嚮導。」

味吉爾領著但丁，直到琵亞特麗切出現在河的對岸。[33]

這段文字承續前兩節情思，「死亡」、「滅絕」、「喧嘩」、「皇皇的火」等詞彙無非呼應第 10 節關於鳳凰城的負面描述，引領著當下，繼續召喚出「煉獄」、「鬼魅」、「天國」的意象群。話鋒一轉，引用四句詩行，出自但丁《神曲》煉獄篇第四首。敘事者於焉戴上但丁的面具，借力使力，以但丁導師味吉爾的勸勉，安慰「我」的迷惘與怯懦。旋即象徵愛與幸福的「琵亞特麗切」在下一句出現，使第 10 節開高走低的情緒有了停損，也有了曙光。進而，這個「和聲」更轉化為主旋律，敘事者乃開始向「琵亞特麗切」傾訴「我」無止盡的黑暗時期。

楊牧如此用典，使《年輪》與《神曲》產生一曖昧有趣的互文性。打個比方，像電影中途離席接電話，回來走錯戲廳，劇情卻接得上，遂不加察覺看到散場。此所以離題能夠是闡揚。黃麗明指出楊牧的寫作「以錯格（anacoluthon）的姿態鶴立雞群於台灣不同時期紛亂躁動的政局」，「將讀者注意力放在中國或台灣以外的人民和地區，透過折射（refraction）展現他的關懷。」[34]

## （四）東門町隨筆的「機緣」

《年輪》完稿後的 1975 年，楊牧在〈詩和散文〉一文中坦承：「散文是有它無限的潛在。惟古之雄於斯藝者早歿矣，斯藝亦委於蔓草，腐壞漸盡泯滅矣。在這樣一個講究簡單快速的時代，有幾個人肯相

---

[33] 楊牧，《年輪》，臺北：洪範書店，1982，頁 43-44。

[34] 黃麗明著，詹閔旭、施俊州譯，《搜尋的日光：楊牧的跨文化詩學》，臺北：洪範書店，2015，頁 201。

信寫散文是戛戛乎難事？」[35]

　　通過前兩節的討論，或能對楊牧所言有更深的體會，以及一絲警覺
——警覺楊牧此句也用典，典出韓愈〈答李翊書〉。韓愈說：「當其取
於心而注於手也，惟陳言之務去，戛戛乎其難哉！」而本書所關心的問
題，至此也得到相當的結論。

　　首先，抒情傳統能否解釋楊牧散文？本書以為不僅能夠，還適切。
一方面，抒情傳統標舉出的「美文」、「美典」，是理解楊牧散文創作
的重要參照。另方面，抒情傳統的論述，為當代讀者及學者提供一套可
觀的批評語彙與詮釋途徑，本書初步使用「感興」，側重楊牧散文的音
樂性探討，頗感覺這概念能道出楊牧創作所以不囿於文類的特質，以及
楊牧何以抒情即敘事，敘事即抒情。

　　其次，楊牧散文的追求與轉變，能否得到更進一步的解釋？本書的
答案也是肯定的。中西文化會通的大框架，陳言務去的創作野望，學術
研究的助緣，生命機遇與文學交遊等，都是值得「楊牧學」深究的面
向。對於這些議題，前節討論雖蜻蜓點水，私以為不無些許有效的回
饋。

　　再次，通過周作人作為參照座標又能說明什麼？本書以為，若就
《年輪》的美學表現，稱楊牧受周作人影響可說是不倫不類，楊牧《年
輪》裡的散文情緒張力大，詞藻繁複，技巧前衛，至多「用典」與周作
人一樣雅緻但更為大膽，寫作《年輪》與研究周作人的時間點不過巧合
罷了。然則不然，倘閱讀楊牧 1975 年後的文學意見，會察覺楊牧從周
作人身上汲取不少主張。更重要的是，創作上的影響需要時間發酵，讓
子彈飛是也。周作人在調節文氣上的表現巧奪天工，自如自在，對現代
散文的貢獻甚於「用典」的修辭技巧。這對楊牧當時的散文追求，當有

---

[35] 楊牧，〈詩與散文〉，《文學知識》，臺北：洪範書店，1979 年，頁 23。

範示價值。試再看〈詩與散文〉一段文字：

> 音樂化自然包括駢偶正反對句的藝術，但並不止於此，蓋若止於
> 此，恐怕具有音樂性的散文只是稍稍解放的詩罷了，並非理想的
> 散文。理想的具有音樂性的散文於駢偶排比之外，更須追求不駢
> 偶不排比的境界。惟有破壞駢偶排比的儷體，不論其為雄健為婉
> 約，皆得依我吐字的生理運作而放開。[36]

　　這段敘述不妨可視為楊牧經歷《年輪》實驗後的一份心得，所謂
「皆得依我吐字的生理運作而放開」，指涉行文應憑藉一種符合心理節
拍的自然律動；例如情感澎湃，不自覺連用數個疊字，李清照〈聲聲
慢〉以是傳神內心的焦切。而能真誠於內心的自然律動，並訴諸現代漢
語的散文家，周作人肯定楊牧首選。[37]問題是楊牧散文在協調文氣上是
否且如何參考周作人？而這個論證本書雖不及處理，但本書以為楊牧
《柏克萊精神》的重要性，在此就展現出來了。

　　《柏克萊精神》收楊牧隨筆散文 20 篇，最早一篇〈聞彰化縣政府
想拆孔廟〉始於 1974 年 9 月，最晚一篇〈山谷記載〉寫於 1976 年 6
月，自序則同年 11 月完成。《柏克萊精神》文章多為報刊約稿，主要
是《中國時報》、《聯合報》、《中華副刊》三家。其中，《聯合報》
副刊主編高信疆要楊牧取個專欄名，楊牧取名「東門町隨筆」，「東門
町」即 1975-76 年楊牧客座臺大外文系時居住的地點，後因報社意見改

---

[36] 楊牧，〈詩與散文〉，《文學知識》，臺北：洪範書店，1979 年，頁 19。

[37] 楊牧 1980 年初期編選《中國近代散文選》，周作人列第一；1983 年又編選《周作人文
選I》、《周作人文選II》兩冊並撰寫〈周作人論〉一文盛讚其為「相當完整的新時代的
知識分子，一個博大精深的『文藝復興人。』」楊牧編，《中國近代散文選》，臺北：
洪範書店，1981。楊牧編，《周作人文選》，臺北：洪範書店，1983。

為「結廬隨筆」。那為什麼是「隨筆」？由於楊牧《柏克萊精神》自序與後記未交代，通常學者也無須揣測，畢竟這些文章的主題形式稱「隨筆」並無不妥。「隨筆」即雜文，例如洪邁《容齋隨筆》、袁枚《隨園隨筆》，自然還有一位民初學院派代表兼狂狷的讀書人，周作人的《苦茶隨筆》。然這裡想強調的重點，不止於暗示楊牧散文創作確實受周作人的影響，而是邀請楊牧以專欄形式發表隨筆散文的這個稿約，來得真是時候。

關於這點，賴芳伶早已指出：「由於特殊機緣的牽引，使楊牧典麗的抒情專注有了轉化的可能。」[38]本書嘗試接續賴芳伶的分析進行一點補充，即這個機緣的特殊性，也在給予楊牧一個練筆的機會。藉由這次練筆，讓楊牧得以不同文體「歸航」，檢驗調校 1970-74 年《年輪》實驗獲得的心得與成果，並為下本散文《搜索者》的「出發」奠定基礎。[39]底下舉例說明，以結束本節的討論。試看〈柏克萊精神〉這篇散文的開場：

> 莎士比亞歷史劇「里查第二」第二場第三景，波林布洛克（即後來的亨利第四）登場問隨侍的諾登伯蘭爵士道：

> 從這兒到柏克萊有多遠呢，爵爺？

---

[38] 賴芳伶，〈介入社會與超越流俗的人文理念〉，《新詩典範的追求——以陳黎、路寒袖、楊牧為中心》，臺北：大安出版社，2002，頁 301。

[39] 可參楊牧《搜索者》最早的一篇散文〈出發〉，這篇散文寫於 1977 年 6 月，章法結構的「玩法」與《年輪》幾無不同，但實際文氣調節相較《年輪》順暢自然許多。楊牧，《搜索者》，臺北：洪範書店，1982，頁 9-16。

另，鍾怡雯指出《搜索者》行文一再出現的「也許」、「彷彿」、「可能」、「不知道」等等，「一個搜索者的徬徨形象昭然若揭」。鍾怡雯，〈無盡的搜索——論楊牧《搜索者》〉，《無盡的追尋——當代散文的詮釋與批評》，臺北：聯合文學出版社，2004，頁 88-99。這種語氣的保守猶疑，是論證楊牧與周作人相關的好材料。

　　諾登伯蘭爵士說他實在不清楚，不知道從這兒到柏克萊（Berkeley）有多遠。不久以後爵士轉問他那個外號「霹靂火」的兒子亨利・頗西道：「從這兒到柏克萊有多遠呢？」[40]

　　這段敘述開頭用典方式，與上節使用《但丁》類似，「從這兒到柏克萊有多遠呢」一句，則成為這篇散文前半重複出現的主旋律，引領著敘述的發展。中途又再提問一次「從這兒到柏克萊有多遠呢？」旋以「回聲」作為組織結構的樞紐，像是「從這兒到柏克萊不知道有多遠」、「柏克萊在加里福尼亞洲北部」、「加州大學的校園在柏克萊山腳下」被放在接續三段的開頭……諸如此類感興與用典技巧，這裡請不再贅述。但相較於《年輪》的美學表現，〈柏克萊精神〉有兩點變化值得提出說明，一則楊牧這次用典明確交代了出處，稍降低讀者理解的門檻，猶如將照片曝光調高，讓讀者看得比較清楚。二是開場後接續的一段文字，楊牧談及自己閱讀《里查第二》的緣份：

　　　當時重讀莎士比亞，是為了預備博士考試，內心頗為緊張，可是因為身在柏克萊，見有人五百年前互相走問到柏克萊的路程，終不免莞爾一笑，乃在畫眉批道：「一萬八千英里！你們走一輩子都走不到的。」其實這個眉批也不通。[41]

　　楊牧這裡的敘述明顯比《年輪》來得紓緩，紓緩外還有一點幽默，一點自我消解的傾向，猶如將樂曲的節奏放慢些，讀者聽得也比較輕鬆。楊牧這種將散文色調調亮、步伐調鬆的例證，《柏克萊精神》20

---

[40]　楊牧，《柏克萊精神》，臺北：洪範書店，1977，頁81。
[41]　楊牧，《柏克萊精神》，臺北：洪範書店，1977，頁81-82。

篇散文比比皆是。

## 二、《疑神》的浮士德精神

### （一）《疑神》的緣起

　　臺灣學界對楊牧詩文的討論裡，本書以為《疑神》，應獲得更多矚目。原因除楊牧《疑神》自身繁複的美學編碼，尚未得到充分解譯，也在於該書表露的，無非一知識份子勇於挑戰權威的浮士德精神，而這點同樣有待論述以證明，突出。本書認為適當地理解《疑神》，將助益讀者清楚領略楊牧所企慕與建構的文學風景。或許可以說，本書相信這條研究進路，不僅是貼近楊牧文學生命的一個重要補充，也為闡釋楊牧於臺灣文學的典範意義，提供相應且相當開闊的想像。因此，本書從精讀《疑神》出發，嘗試勾勒楊牧在觀照「現實」與回應「超越」，一貫若即若離，將信將疑的美學姿態，及其後可能開展的學術視域。

　　楊牧《疑神》出版於 1993 年 2 月，創作歷程約四年餘，皆曾發表於瘂弦主編的《聯合報》副刊，〈前記〉則見《洪範季刊》。[42]第一集發表時題為「疑神集」，並有副標「仿王文興手記體」，可見《疑神》創作動機，與歸信天主教的王文興，不無關係。而《疑神》題獻給葉步榮，據稱與葉無暇讀書有關，則《疑神》創作目的，容有讀書人相互勉勵之意。[43]再從《疑神》扉頁引〈離騷〉句「心猶豫而狐疑兮，欲自適

---

[42] 《疑神》全文陸續發表於《聯合報》副刊 1988.10.29 至 1993.1.30。〈前記〉發表於《洪範季刊》第 50 期 4 版，1993.2.20。第二十集的最後一則，以〈靜〉為題發表於《聯合報》，1992.8.26，39 版。

[43] 溫知儀導演，曾淑美編劇，《朝向一首詩的完成》，臺北：目宿媒體，2011。該紀錄片

而不可」，《疑神》既向屈原致敬，也點出楊牧的「質疑」，發源於一種類似的躊躇與無奈。[44]最後，《疑神》前記則表明該書具體記錄著楊牧的閱讀與生命經驗，以及自我宣言：「這是一本探索真與美的書。」

前述諸點，約為本書所見《疑神》緣起，下試詳述之。

首先，楊牧與王文興私交甚篤。[45]《疑神》第一集發表所以副標「仿王文興手記體」，可謂文人間一種嬉戲、對話與致意的舉動。一來，王文興手記體記載者，多為信解天主教而有的語錄或證言；楊牧仿其文卻「疑神」為題，更嘗試解構神之存有，不啻幽老友一默。[46]二來，楊牧的幽默不失切磋論學的企圖，是以行文旁徵博引，善近取譬，力求「疑神」立場得到充分表述，也有知識份子彼此辯難的況味。三

---

附錄「續篇：朝向一首詩的朗讀」載有葉步榮談論此事（27:51-29:27）。楊牧知他工作繁忙，讀書時總想「再幫葉步榮，也多讀一本書」，遂題而獻之。這段因緣，楊牧也曾談及：「從初一我們就相識至今，花蓮中學畢業後，他便在合作金庫做事，他為人非常非常公正、乾淨，所以，合作金庫發生幾次弊端，他一點事都沒有。再者，他經營洪範書店，幾十年來堅持文學的道路，也是非常不容易的事。他平常也看很多書的，我祇是把對宗教、真善美的看法加以整理，送給他。」參黃鳳鈴，〈因為山水的關係 依舊是花蓮的──楊牧〉，《明道文藝》第 269 期，1998.8，頁 138。

[44] 楊牧推崇屈原「一個人以生命的心血灌注他的詩歌，不但形式粲然昭彰，就是那詩歌所鼓吹的信仰，標舉的理念，也是千年萬載不可磨滅的」，「屈原的作品和人格所能啟發於我們的，莫非堅實準確如雪霽後的山川，同時又是那麼抽象，普遍，恆常。」楊牧，《一首詩的完成》，臺北：洪範書店，1989，頁 72。

[45] 楊牧愛荷華大學寫作班時期（1964-1966），與王文興（赴美時間 1963-1965）等臺灣年輕作家常在聶華苓家聚會。聶華苓〈序〉收於楊牧，《葉珊散文集》，臺北：大林出版社，1969，頁一-四。另，楊牧 2000 年獲頒國家文藝獎，王文興為指定頒獎人，見兩人交情之深。

[46] 王文興〈神話集〉（1987）、〈研究室手記──宗教及其他〉（1988）亦發表於聯副，後收於王文興，《星雨樓隨想》，臺北：洪範書店，2003。張娟芬曾報載此事：「《疑神》本來是寫來與作家王文興對話的。楊牧與任教於臺大外文系的王文興是多年好友，王文興近年篤信天主教，並在報端以手記形式發表他的宗教觀，楊牧讀後寫了《疑神》裡的第一篇」。張娟芬，〈楊牧疑神疑權〉，《中國時報》，1993.12.23，43 版。至於蔡珠兒的採訪中，楊牧同樣表示《疑神》創作動機，「來自王文興一篇論宗教重要性的文章」；雖提出不同見解，題裁上卻半開玩笑地「仿王文興手記」。蔡珠兒採訪，〈楊牧 論宗教人生，編唐詩新選本〉，《中國時報》，1993.3.5，31 版。

來，楊牧對信徒與傳道人非不能欣賞，甚且感佩之，讚揚之，雷煥彰神父即顯例；所謂「疑神」，不純然是對有神論者的批判。是故，楊牧論調始終「疑神」，而非「無神」。

再者，從《疑神》獻詞來看，《疑神》猶傳遞出楊牧對葉步榮與「洪範」這段情誼與文學因緣的感念，迴響。1976 年楊牧與葉步榮、瘂弦、沈彥士創辦洪範書店，由葉步榮負責營運。而在洪範書店堅持文學質地的理念裡，除 1970 年代風起雲湧的文學出版業為背景，更有一群充滿熱忱的文藝青年並肩作戰。[47]因此，稱《疑神》為楊牧對這段革命情感的呼召，不亦宜乎？

通過《疑神》想見臺灣知識份子、文藝青年面對一時代之風骨與實踐，將更體貼楊牧的憂思。這點《疑神》扉頁引〈離騷〉可為佐證。一方面，〈離騷〉三稱狐疑，突顯的是屈原的悲劇性格與時代困境；楊牧引用並標舉之，自寄寓相當的理解與同情。[48]另方面，這也教人揣想楊牧的處境：能否以悲劇性格描繪楊牧的心靈世界？令他遲疑去留的時代困境，又是什麼？而他給出什麼樣回應？

基本上，要舉證楊牧的悲劇性格似是容易的。1992 年 9 月，距離《疑神》最後兩篇發表不過月餘，楊牧寫下〈樓上暮〉：「這個世界幾乎一個理想主義者都 / 沒有了，縱使太陽照樣升起，我說 / 二十一世紀只會比 / 這即將逝去的舊世紀更壞我以滿懷全部的 / 幻滅向你保證」。

---

[47] 關於洪範書店的創辦理念，可參李金蓮，〈洪範書店的作家手稿──訪葉步榮〉，《文訊》第 354 期，2015.4。葉步榮談到洪範出版《徐志摩散文選》的追求與考究，亦見一代文學人風範。

[48] 王淑禎，〈屈賦與屈原性格交互觀〉，《興大中文學報》第 2 期，1989.1，頁 89-102。王淑禎認為屈原在矛盾痛苦、猶豫遲疑、跌宕衝突的自我性格中，飽受折磨。更深入的討論，可參陳世驤著，古添洪譯，〈時論：屈賦發微〉，收於柯慶明、蕭馳主編，《中國抒情傳統的再發現》，臺北：臺大出版中心，2009，頁 385-435。

49這種對人世的悲觀與感慨，楊牧詩文不時流露。然而，楊牧畢竟深受儒家詩學與歐洲文學的影響，諸如「詩言志」、「士不可以不弘毅」及浮士德精神、浪漫主義等剛健淳朗的思維，猶經常鼓舞著他。於是在楊牧的心靈世界，顯有兩股力量消長，一邊是招致生命頹喪的趨力，另一邊，則是振奮生命昂然的動力。50《疑神》亦然是這樣一種「拉扯」。

但《疑神》回應，或說懷疑的是，甚麼樣的時代？

其一，《疑神》動筆於解嚴後一年，彼時臺灣威權體制鬆綁，強人逝世，社會氣氛仍然緊張，五二〇農民運動的流血衝突即是一例。不過，許多禁忌已然可訴諸公議，臺灣政治受難者聯誼總會成立、原住民抗議「吳鳳神話」、開放大陸探親、報禁解除等事件，皆描繪一個不同既往的社會圖像。從這個外緣條件看，或能標幟《疑神》的特殊位置：不只宗教觀，也是楊牧政治觀的完整「解嚴」。這不也是一種真與美的體現？51

---

49 楊牧這種史觀，不同於溫克爾曼（Johann Winckelmann, 1717-1768）的歷史悲觀論調，楊牧是能肯定每個時代的文學，甚至期待將來的可能。譬如楊牧論〈歷史意識〉，從艾略特〈傳統與個人才具〉切入，要尊重傳統卻不因襲傳統（歷史感），也要把握個人與時代的歸屬關係（當代性），進而理解每個歷史階段，皆昭然閃爍著那一階段的智慧。楊牧，《一首詩的完成》，臺北：洪範書店，1989，頁 55-66。

50 舉例來說，楊牧曾為卡繆存在主義吸引，但其世界觀令他空虛極了：「他用西索費斯的神話解答全人類推進文明的荒謬和無聊。」楊牧，〈向虛無沉沒〉，《葉珊散文集》，臺北：洪範書店，1977，頁 107-112。楊牧也曾聽牟宗三講沙特，世界本無意義，每個人皆孤單，皆自我構成，「這是個教人失落，或不勝負荷的觀念，我想，充滿悲劇性。」楊牧，〈複合式開啟〉，《奇萊後書》，臺北：洪範書店，2009，頁 129-130。這種對人類存在境況中，荒謬、無聊乃至孤單的悲劇性認識，相當程度構成楊牧詩文中「現代性」，一與浪漫主義思維相辯證的基調。進而，在楊牧詩文中不時可聽到這基調的回聲，如《涉事》（2001）後記：「有限的英雄主義，無盡的悲劇意識」，「惟有詩是留下了。」楊牧，《楊牧詩集III》，臺北：洪範書店，2010，頁 507-510。

51 《疑神》封面摺頁：「《疑神》為楊牧近年所撰思維感悟之散文專集，閱讀觀書，屬於一特定的知識層次，並以融會傳統與現代之筆意檢驗宗教、神話、真理等課題，探討詩的智慧與美，試圖為現代社會提出一兼有犀利和從容的哲學認知，一種不作偽不妥協的生命情調。」楊牧，《疑神》，臺北：洪範書店，1993。此一不妥協態度，楊牧在解嚴前即有所表現，如《交流道》（1985）、《飛過火山》（1987）等，嘗試衝撞體制，爭

其二，《疑神》關懷雖以家國臺灣為主，也有溢出。遠如蘇格拉底、耶穌、孔子等舊事，近則美國百老匯、歐美漢學界、波斯灣戰爭等新聞，還有楊牧魂牽夢縈的中世紀典故，皆在《疑神》留下痕跡。這自然與楊牧職業有關，卻不如說楊牧的「用事」，隱含更高層次的追求，即文學作為一種「志業」、「信仰」或說「終極關懷」。緣此，前述體現的一種特殊而具體的真與美，在楊牧所謂「詩是我涉事的行為」語境底下，將同樣是抽象且普遍的。

綜上，為本書理解《疑神》的一個基礎。

## （二）《疑神》的研究史

臺灣學界對《疑神》的關注，或書評，或訪談，或散論，專篇討論者較少。推其原因，一是《疑神》觸及的基督教與文學典故，成為讀者理解基本門檻；二是《疑神》雖是散文體，但美學編碼具跳躍性，以詩為文，以巵言為曼衍，審美趣味與難度一併提昇；三是《疑神》思辨性亦莊亦諧，唯道德判斷多隱匿意象、情節與篇章安排裡，反覆求索能掌握二三，但也未必；四是臺灣學界對文學與宗教的興趣，迄今仍屬有限。[52]

---

取言論自由。可參賴芳伶〈介入社會與超越流俗的人文理念〉，《新詩典範的追求——以陳黎、路寒袖、楊牧為中心》（臺北：大安，2002），頁 301-331。郝譽翔也觀察到《山風海雨》（1987）、《方向歸零》（1991）、《昔我往矣》（1997），涵對政權的批判和指控，如二二八、白色恐怖、族群傾軋等議題皆有顯影。郝譽翔，〈右外野的浪漫主義者——訪問楊牧〉，《大虛構時代》，臺北：聯合文學出版社，2008，頁 337。另可注意的是《山風海雨》等三書創作時間，與《疑神》疊合。

[52] 以蕭蕭《臺灣新詩美學》的論述為例。蕭蕭以「入世與出世／現實與超現實」兩組辯證，座標現代詩之美學雙軸，其所謂「出世情懷」者，即通過佛家美學與周夢蝶詩例說明；「入世」，則儒家美學與余光中。蕭蕭，《臺灣新詩美學》，臺北：爾雅出版社，2004。但細究之，蕭蕭佛家美學限於「禪」（以禪喻詩、以禪入詩），守住文學本位，卻可能啞失關於詩「宗教性」的追索。譬如宗教是歷史的；宗教無不談論「超越」

　　底下試簡略爬梳《疑神》文獻，末再總結以提出本書的問題意識。

　　吳潛誠〈楊牧的《疑神》〉篇幅雖短，頗可觀。這篇文章指出：楊牧質疑與肯定，悉以人本觀念為依歸。楊牧對搬神弄鬼的宗教建置，發揮讀書人論辯究詰的精神。楊牧所描述「最接近神」，「接近某種奧秘」的親身經驗，類似詩的感動。楊牧把詩視同宗教或準宗（Semireligion）。吳潛誠這篇文章也建議楊牧可將堅信的「道」、「真理」、「自然」等超越指涉，一併解構為符號，則所嚮往的自由不羈，豈不更徹底？更容易減少盲點與偏執？[53]

　　何寄澎短評指出，《疑神》性質上屬感性思維，體製則延續《年輪》（1982）而微幅變化；《疑神》求索的動力是「疑」，目的是「不疑」，閱讀可感受其追尋生命本體與現象中「不疑」的熱忱。這篇文章也對《疑神》感到猶疑：是否過於抽象而妨礙讀者理解？何寄澎另文則認為從《葉珊散文集》（1966）論浪漫主義，迄《疑神》論安那其而結於雪萊，可證楊牧生命意志與信念之流轉相承。[54]

---

（Transcendent）；宗教關於冥契主義（Mysticism）；宗教還關係著人的「終極關懷」（ultimate concern），或說「安身立命」。前述諸端雖宗教學範疇，但對闡釋文學的宗教性，皆提供相當解釋力，可開發。

[53] 吳潛誠，〈楊牧的《疑神》〉，洪範季刊 52 期，1994.2.20，2 版。此校訂稿重刊，但更動不大。原為〈楊牧著《疑神》〉，《中國時報》，1993.2.26，32 版。至於吳潛誠提問「他所嚮往的自由不羈，豈不更徹底？更容易減少盲點和偏執？」乃針對楊牧《疑神》裡說「守住疑神的立場便是自由，不羈，公正，溫柔，善良。」楊牧，《疑神》，臺北：洪範書店，1993，頁 168。
另，吳潛誠謂楊牧將「詩」視同宗教，論者多持相同意見。如陳芳明指《疑神》反覆在闡釋自己的無神論，自稱無政府主義者的無神論者，楊牧的內心深處其實供奉了神，那就是詩。陳芳明，〈孤獨是一匹獸〉，《美與殉美》，臺北：聯經出版事業公司，2015，頁 99。但本書以為，與其稱《疑神》闡釋神之有／無，不若稱《疑神》揭示權威之結構／解構。蓋形而上者楊牧存而不論，冥默契之，話不說死；形而下之權威具體可議，不妨鼓而攻之。

[54] 何寄澎，〈疑神〉，《聯合報》，1993.3.4，26 版。何寄澎，〈「詩人」散文的典範——論楊牧散文之特殊格調與地位〉，《臺大中文學報》第 10 期，1998.5，頁 115-134。郝譽翔指出浪漫主義反抗精神，簡言之即「疑神」。郝譽翔，《大虛構時代》，

　　張大春就《疑神》命名、關懷、手法、主題等面向進行訪問。據楊牧回應，《疑神》所疑者取廣義，宗教、歷史、社會政治甚至文學皆可為「神」，然真假有別。楊牧承認創作背後，有種使徒或宗教性力量。楊牧斷言真與美是善的前提。《疑神》涵詩的技術，重視文字與意象的呼應，像主題音樂。[55]

　　丁存煦表達閱讀《疑神》的疑惑：《維摩經》這部經典，楊牧為何只提及「無盡燈法門」數句？楊牧為何不提臺灣民間信仰？[56]

　　《幼獅文藝》的「懷疑、探索」座談會，楊牧主持，幼獅總編陳信元、主編陳祖彥及高中職師生等人列席。該座談原訂兩個題綱，楊牧合而論之：其一，真與美成為自己信仰的歷程；其二、如何將人的幻想和經驗相激盪，勾畫出文學和藝術的「神境」。內容撮要如下：楊牧自譯《疑神》的英文名*“The Sceptic: Notes on Poetical Discrepancies”*為：「詩的牛頭不對馬嘴」。《疑神》宗旨在揭示權威的不禁檢驗。《疑神》即質疑權威。楊牧認為相對其他宗教，基督教最有趣；基督教要人信了再說，這有違一般接受知識的程序。[57]

---

　　臺北：聯合文學出版社，2008，頁 335。

[55]　王之樵，〈疑神的楊牧〉，《中時晚報》，1993.7.4，訪問於同日《談笑書聲》（臺視）播出；亦刊《洪範季刊》53 期，1994.11.20，3 版。張大春還提問如：耶穌釘十字架呼喊「你為甚麼拋棄我？」這種質疑是否貫穿《疑神》？《疑神》相當篇幅分析無政府主義「安那其」，你是嗎？但楊牧未正面回答，而是指出「受難」作為文學原型及象徵意義，也是他所關注的；至於安那其，楊牧則澄清概念，指出安那其第一原則：我絕對給你充分的自由去完成個我。

[56]　丁存煦，〈讀《疑神》〉，《洪範季刊》52 期，1994.2.20，2 版。另，丁存煦根據蘇軾〈書晁補之所藏與可畫竹三首〉裡「莊周世無有，誰知此疑神？」推敲楊牧用意或與東坡一致，即「疑神」實為「似神」？此說雖誤，方可方不可，諒楊牧也不追究，且本書認為《疑神》與《莊子》筆法與意趣有相通處，姑存而聯想玩味之。

[57]　黃智溶記錄整理，〈百年追尋——「懷疑、探索」座談會紀實〉，《幼獅文藝——懷疑、探索專輯》總號 489，1994.9，頁 24-33。此座談見報載，邱婷，〈楊牧自述文學創作理念 疑神無非一種美的提升 追求過程彷彿冒險〉，《民生報》，1994.7.14，15 版。摘要準確，供參。

　　臧蒂雯以為《疑神》承續《柏克萊精神》（1977）的積極入世，再從《搜索者》（1982）點出楊牧「探索」已預存質疑，外顯即現實批判，故斷言《疑神》結合浪漫主義求索、質疑與批判精神，是楊牧圓成之作。而神之可疑在「人偽曲事理，虛妄蔽真美」，然楊牧的「疑」以揭露、肯定公理為目的，終歸「不疑」。此外《疑神》各章以圓點分節，如樂曲之延長記號或休止符，可調節語氣、頓挫思維、多線敘述。[58]

　　陳芳明提出楊牧思維，可從「介入」與「超越」兩軌跡把握，譬如《搜索者》是現實指涉，《疑神》是心靈鑑照，但這雙軌也是辯證發展。陳芳明觀察《疑神》探測的「神」，是超乎渺小人類的存在，卻也是謙卑生命的反射，超越且世俗，虛妄且希望，空洞且力量。《疑神》不僅確立真與美作為信仰，亦楊牧辯證發展的最清楚證據。[59]

　　張依蘋除考慮《疑神》隱喻繼往開來，承續《年輪》、《搜索者》，也轉軸般迎向《星圖》（1995）、《亭午之鷹》（1996）。張依蘋同樣關注楊牧辯證性，指出《疑神》將真與美複沓為許多隱喻，並揭示：真理能區分藝術與非藝術、文學與非文學、詩與非詩；詩是可檢驗的，永恆的美；懷疑精神使詩無限擴充。[60]

---

[58] 臧蒂雯，〈楊牧《疑神》側寫〉，收於陳永源總編輯：《第二屆府城文學獎得獎作品專輯》（臺南：南市文化，1996），頁 211-222。鍾怡雯也指出《疑神》可自《搜索者》找到伏線，可參鍾怡雯〈無盡的搜索──論楊牧《搜索者》〉，《無盡的追尋：當代散文的詮釋與批評》，臺北：聯合文學出版社，2004，頁 88-99。

[59] 陳芳明，〈孤獨深邃的浪漫象徵──楊牧的詩與散文〉，《深山夜讀》，臺北：聯經出版事業公司，2000，頁 171-177。該文中，陳芳明也將《疑神》與《有人》對舉，標誌楊牧的人文關懷遠甚於神的質問，並認為如將「故鄉」抽離，二書立場皆失去依據。而陳芳明論「介入」與「超越」的雙軌辯證，可與何雅雯、李秀容互參。何雅雯認為《疑神》是以超越的手法表現介入的內涵，是利用對超越事物的討論，關注並批判現實秩序和價值。何雅雯：《創作實踐與主體追尋的融攝：楊牧詩文研究》，臺北：臺大中文系碩論，2001，頁 101-107。李秀容則以「介入」與「疏離」對舉，以論楊牧詩，其說「疏離的介入」亦表現一雙軌辯證的思維。李秀容，《楊牧詩的介入與疏離》（臺南：臺南大學國文系碩論，2009），頁 174-183。

[60] 張依蘋，《隱喻的流變楊牧散文研究》（臺北：臺大中文系碩論，2001）。張依蘋論及

　　前述概為臺灣學界對《疑神》的研究成果。另，香港學者黃麗明對《疑神》的析論值得參考，要點包括：黃麗明將《疑神》定位為「詩學專著」，標舉英文副標並譯作「論詩之歧義」，突顯《疑神》與《一首詩的完成》（1989）內在相關；幽默與反諷為《疑神》主要風格；《疑神》的解構式閱讀，揭示議論「神」無限可能，而造神舉措乃一創作過程，近乎作詩。另，黃麗明以互文性談楊牧的用事，也是本書重要參考。[61]

　　下請概括前述觀點，闡發本書的問題意識。

　　首先，《疑神》質疑權威允為共識。《疑神》雖持疑神論，卻表現藝術宗教或泛神論立場，非純然解構，非無神論；斬釘截鐵地二元論神之有無，將適得其反。《疑神》的思維與隱喻有辯證性。《疑神》表現浪漫主義精神，人本觀念或人文主義色彩。問題是以上判斷，依楊牧他書與《疑神》少數敘述即可導出，則《疑神》主體不顯，細節闕如。例

---

　　《疑神》的結語，稍過度詮釋。如考慮楊牧發表時原文，會發現楊牧假柳宗元〈江雪〉發揮的「算式」，有其任意性，不宜深究。

[61]　黃麗明著；詹閔旭、施俊州譯，《搜尋的日光：楊牧的跨文化詩學》，臺北：洪範書店，2015，頁 266-277。此外，香港學者的討論，還有黎活仁〈楊牧《疑神》的善惡觀〉。該文提到楊牧的荒原意識，惜點到為止。黎活仁，《中國文化研究》第 22 期，1998.04，頁 101-107。

　　黃麗明認為互文性包含漢語文學傳統的「用事」和「事類」（提及和運用古代典故，概念可與劉勰《文心雕龍‧事類》互參），以及克莉絲蒂娃和羅蘭巴特所倡議的西方概念。一首充滿跨文化互文性的詩作不僅僅只是復誦前人之言，實際上這是詩人秉持跨脈絡性（intercontextuality）的識見，將某個事件策略性地安置於國際事務之間加以觀照，堪稱一種獨特的介入模式。（頁 22）黃麗明將互文性是為作者闢拓，並允許讀者穿行的空間：「文學的木匠」（literary carpenter）策略性地在無數先前文本揀擇，將它們置入相互對話的關係中，從而創造出所謂的「回音地」（echoland）；這回音之地迥異於後現代文本充滿自由嬉戲與匿名引文的回音室（echo chamber）。讀者須肩負起責任，在此文本互涉的空間設法獲致交互連結所隱含的意義。對老練的讀者而言，楊牧的互文性運馭將導向一種神悟（epiphany），近似於現代主義者所重視的啟明（illumination）。（頁 90）但黃麗明解這個美學手法，或可商權。一來如果該事件本身即具跨脈絡性，或說因楊牧賦予而表現出跨脈絡性，則無所謂策略性安置事件於國際事務間。

如，對於權威的構成，《疑神》有眾多事例為線索，供讀者舉一反三，前述文獻鮮有細論，殊為可惜。

次則，《疑神》脈絡分析較豐富，各有發揮。問題是，無論稱《疑神》庚續《葉珊散文集》的信念、《柏克萊精神》的入世；轉承《年輪》的隱喻、《搜索者》的伏筆；還是與《一首詩的完成》相類似的詩論，多屬點對點的作者論範疇，面的觀照不足。例如，考慮「解嚴」或「階級」等外緣條件，即開啟另個詮釋角度，有效導引更多文獻進入對話，如賴芳伶、石計生的觀點。[62]進而，讀者對《疑神》的理解也將更生動，豐潤；《疑神》的時空特殊性也更得到彰顯。

最後，關於《疑神》美學討論，雖見詩的技術、題材選取、分節設計等層面，卻點到為止，未見細膩開展。譬如《疑神》如何表現詩的技術？《疑神》的敘述結構如何經營？有何美學意義與價值？凡此《疑神》的美學編碼，下節討論。

綜上，本書的首要任務，在彰顯《疑神》的主體與美學。

## （三）《疑神》的隱喻結構

以圓點為分節，《疑神》每節猶如一則斷想，最短一句，最長達數頁，全書總計 436 則。《疑神》若干節為一集，最短 15 則，最長 32 則，總為 20 集。各集出版僅順序標號一、二、三等，未見目次；讀者儘管隨翻隨讀，前後文關係似不必然。誠如前述《疑神》第一集發表副

---

62 賴芳伶前揭文，參註 9。石計生，〈楊牧三論〉，《藝術與社會閱讀：閱讀班雅明的美學啟迪》，臺北：左岸文化事業有限公司，2003，頁 85-132。石計生以布爾喬亞批判楊牧，屬楊牧研究中罕見的批評，但其精神不正與《疑神》相呼應？另，石計生的批判，與張讓意見有某些相通處，即認為楊牧遠離社會現實而有耽美傾向；所不同者，在石計生落實其美感，為服務資產階級的。張讓，〈耽美之歌〉，《聯合報》，1996.6.10，43版。

標「仿王文興手記體」，蓋隨手記錄，無謂章法。而《疑神》第一集發表主標「疑神集」，第二集發表時為「疑神後集」，寫作時間又相距年餘，可推創作伊始，或未攢篇為巨幅之企圖。然意有未盡，憤悱間留有氣韻索求安頓，「疑神集」遂無前有後，見三望四，迤邐為《疑神》長編。[63]

　　這帶出兩個問題：一、《疑神》的結構是甚麼？二、《疑神》的結構有何美學意義？底下摘錄《疑神》連環三則，展開此節的討論：[64]

　　　　●
　　一八二一年二月間濟慈（John Keats）以病死羅馬，時雪萊與瑪麗多住比薩。雪萊與濟慈出身背景迥異，無甚交情，而且彼此也並不特別賞識對方。但濟慈以二十五歲青年猝逝，卻使雪萊大慟，尤其因為他聽說濟慈之所以沉疴不起，乃為批評家攻擊其詩作所以致之，因作長詩「亞多奈士」（Adonais）悼之。

　　　　●
　　批評家能把一個詩人罵病罵死？
　　不可能。

　　　　●
　　我曾作詩，合稱寓言若干首，其中有題「黃雀」者頭兩行如後：

　　有人從黍稷田裡歸來
　　告訴我一件驚人的事——

---

[63] 楊牧編選唐詩的情況亦然：長夏無事，取《全唐詩》瀏覽，數年於茲，隨讀隨記，積稿漸多。楊牧，《唐詩選集》，臺北：洪範書店，1993，頁 13-15。而附帶一提，《疑神》裡部分用典，如韋莊〈金天神〉、曹鄴曹唐曹松等處，皆見於《唐詩選集》。

[64] 楊牧，《疑神》，臺北：洪範書店，1993，頁 201-202。

講古代的事。所謂「事」本身沒甚麼值得覆述，要之，神祕，怪異，危險而已，落在一般比較不為人知曉的浪漫主義範疇內。惟發端筆路暗含機關，其實來自雪萊一首詩。一八一八年一月瑪麗・烏俄斯東克拉夫特・戈登・雪萊出版《弗蘭肯西戴恩》，不久與詩人出發去義大利。這一年雪萊始寫詩劇《普羅米修斯被釋》……

　　三則合觀，敘述主線似為雪萊（Percy Shelley, 1792-1822）。首則卻從濟慈起筆，帶出雪萊為濟慈作詩悼亡一事。隨即牽連瑪麗（Mary Shelley, 1797-1851），這位雪萊之妻，其小說《弗蘭肯西戴恩》副標為「現代的普羅米修斯」，其父為無政府主義先驅戈登（Wiliam Godwin, 1756-1836），其母為女性主義先驅（Mary Wollstonecraft, 1759-1797）。[65]再圓點分節，敘述者跳出 1821 年，彷彿 1992 年即時轉播，插科打諢，解構首則濟慈為惡評致死之傳聞。再分節，內心獨白轉為現身援引，以〈寓言・黃雀〉詩二句斷續，故弄玄虛後謎底揭曉：該詩典故源於雪萊詩劇《普羅米修斯被釋》。時間又前溯至 1818 年。

　　這是《疑神》典型編碼過程，繁瑣，連動，結構上充滿機關與縫隙，「螳螂捕蟬，黃雀在後」。這影響《疑神》的結構儼若懷德海（Whitehead, 1861-1947）的「機體」，意義不斷活動、生成。例如前述第二則，表層意義是楊牧「否定」詩人會為批評家罵病罵死，破斥兩者具因果關係；深層意義卻是一種浮動狀態。試想，雪萊為荒誕不經的傳聞作文章，豈不顢頇？楊牧多次表達對雪萊的傾慕，豈不矛盾？《疑神》何不批判雪萊無知？又為何要寫進這個「破綻」？[66]

---

[65] 根據曾珍珍老師口試意見，楊牧著眼瑪麗雪萊，可視為《疑神》對女性主義批評的一種回應，並顛覆男性的文學經典，突顯女性在文學上的創造與貢獻。

[66] 賴芳伶指出楊牧費時選擇一些不太相干的次要的課題，假裝著迷，去誤導讀者。賴芳

　　考慮《疑神》整體，將對這種結構掌握得更清楚。以「普羅米修斯」為例，全書共四處安插這個符號，第一次講雅典娜旁及；第二次講雪萊帶出普羅米修斯盜火始末，並以雪萊詩〈普羅米修斯被釋〉，對舉雅典詩人愛斯吉洛思（Aischylos, 525BC-?）作〈普羅米修斯被執〉；第三次以瑪麗《弗蘭肯西戴恩》副標呼應之；第四次再提普羅米修斯被釋，卻轉錄雪萊一首變體十四行〈窩基曼迪亞士〉（Ozymardias），關於荒漠巍巍殘骸石雕，確證一位功蹟豐偉的王者曾降臨。[67]

　　先是結構鬆散的表象下，符號似有發展。「普羅米修斯」因為盜火而受罰，故有雅典詩人吟詠被執一事。直至浪漫主義興起，才見雪萊無懼觸犯眾神，逕自釋放普羅米修斯。至於獲釋走進「現代」，普羅米修斯化身弗蘭肯西戴恩，再次挑戰眾神創造的權柄，也合情合理。不過，前述詮釋，或閱讀趣味爾，《疑神》在此最緊要的想像與寄託，無寧是假雪萊詩「窩基曼迪亞士」之意象，收束前述符號的展延與不確定性，一個隱喻於焉成形。

　　這個隱喻，疊合普羅米修斯、愛斯吉洛思、雪萊、瑪麗、弗蘭肯西戴恩及窩基曼迪亞士等形象，用來影射人類文明的鷹揚與輝煌，也暗示死滅的無可避免。於是，當荒漠疊疊漫向遠方，雪萊詩中雕塑座上的字跡，猶歌頌事功何其雄偉，讀者隨《疑神》目光，看見的無非是普羅米修斯等，人類神話與歷史中的英雄們，如何創造一時代之光芒，又隨即為光芒所吞噬。

　　這種隱喻結構，即《疑神》透過這許多「斷簡」營造的美感形式。[68]

---

伶，〈楊牧「奇萊」意象的隱喻和實現〉，《文學詮釋新視野》。李奭學指出《星圖》與《年輪》敘述「每混淆殊相與共相，在指涉上可謂極盡迂迴之能事。李奭學，〈雪虹鱒的旅程〉，收入《書話臺灣：1991-2003 文學印象》（臺北：九歌，2004）。李奭學的論斷，同樣適用於《疑神》。

[67]　普羅米修斯，散見《疑神》第八、十一、十二、十三集。

[68]　楊牧自稱《疑神》雖以短的段落組成，卻非鬆散的，而是一種有機的形式，每一章皆自

## （四）《疑神》的互文性

　　「互文性」（intertextuality）則是描繪《疑神》結構的適當概念。[69]
　　前例說明，《疑神》每個斷簡間如何有機互動，促成隱喻。掌握這點，《疑神》的閱讀，確實對讀者是種挑戰。讀者須對前後文有相當掌握，且敏銳於各小文本、大文本間隱喻活動的可能，更咀嚼得出《疑神》的審美趣味，妙喻幽默。

　　例如《疑神》有三處提到曹唐，一是晚唐懿宗時，曹唐倒楣遇女鬼為鬼詩之傳說；二是從《全唐詩》、《四庫全書總目》論曹唐乏善可陳，唯作鬼詩一事堪茶餘飯後笑話爾，但有西方漢學家專著研究，楊牧亦諧擬漢學家進行論證；三是論高棅《唐詩品彙》體例之偏頗，列旁流為九品，指方外異人如曹唐者。[70]其中，《疑神》假曹唐論及西方漢學界一段，談到 1985 年美國加州大學出版曹唐的研究專著《時間海洋裡的幻象：曹唐道家詩歌論》，作者即所謂的漢學家。[71]而這裡的互文性，便在通過前後文呼應使漢學家書名的引用，促成一深具反諷的隱

---

有呼應、錯落有致。張娟芬，〈楊牧疑神疑權〉。實則不僅各集自身見此有機形式，各集間亦然。故陳芳明稱閱讀《疑神》，須視為一個整體。陳芳明，《深山夜讀》，臺北：聯經出版事業公司，2000，頁 173。

[69] 「互文性」強調作者主體的消褪，或「互為主體」；文本方面則意義的不確定性／開放性，與「能指的遊戲」；至於讀者則對文本意義生產具參與權，與自由活動的合法性。參汪民安主編，《文化研究關鍵詞》，臺北：麥田出版股份有限公司，2013，頁 221-224。互文性也是利用文本交織，產生新的文本，無論引用或採片段零碎的方式，對其他文本加以修正、扭曲與再現，都是具顛覆性的「文本政治」。廖炳惠編著，《關鍵詞 200：文學與批評研究的通用辭彙編》，臺北：麥田出版股份有限公司，2003，頁 143。本書對互文性的討論，側重文本結構立論。另，黃麗明則從讀者論互文性的效果，認為楊牧藉此將讀者導向一種神悟（epiphany），近於現代主義者所重視的啟明（illumination）。黃麗明著，詹閔旭、施俊州譯，《搜尋的日光：楊牧的跨文化詩學》，臺北：洪範書店，2015，頁 90。

[70] 曹唐，散見《疑神》第四、十八、十九集。

[71] 楊牧，《疑神》，臺北：洪範書店，1993，頁 266-267。

喻，進而瓦解、顛覆漢學家的權威形象。

　　讀者參照前後文後儘管展開聯想：如果曹唐只與鬼打過交道，則研究曹唐的專家如何自處？如果曹唐是九流的「方外異人」，則西方漢學界是否方外？其自成體系會否如《唐詩品彙》有些瘋狂？倘若考慮前後文的篇幅寬些，《疑神》提到曹唐的第一處，為何接續韋莊〈秦婦吟〉的討論：「難得看到一位有羞恥心的神」？是否有意透過語意的延宕，造成轉喻與反諷的效果？倘若考慮得再寬些，《疑神》為何在第十八集討論漢學界重視的敦煌古籍時，藉解讀〈秦婦吟〉「殿上金鑪生暗塵」一句，謂「而所謂金鑪何嘗只生暗塵而已，說不定還積水住著些青蛙了」？《疑神》之譏諷，或可謂在它的系統裡也左右逢源？是以，「時間海洋裡的幻象」一語即現成的諷諭，指涉學術權威的虛妄與自我消遣，無怪《疑神》接著詫異，彼書名為何不是「井底的幻象」。

　　凡此，皆見《疑神》透過互文性扭曲其意，「新編」才營造出的美學效果。而這種隱喻結構，也是《疑神》賴以質疑、顛覆權威的主要手法。

## （五）《疑神》裡的超越者

　　以「權威」理解《疑神》，則「超越者」道貌岸然的形象躍然紙面，絲毫不抽象，一種煞有介事論證的真理，證據總要可親可觸地羅列讀者眼前。《疑神》裡超越者的形象，主要是宗教的、政治的與學術的。前節已見學術權威，此節先論宗教方面，並挑揀個案分析。政治者下節討論。

　　宗教的超越者，《疑神》呈顯兩層次，形而上者如神、佛、道、天與真理，形而下者神職人員、僧侶之屬，蓋因中介聖俗而有超越意涵。宗教神話、典籍教義、教會信徒、儀軌及建築器物等，《疑神》也有反

映，然圍繞在具體典故軼事，以發揮主體的觀察、省思、批判與追求，不輕易進行概念論爭。而綜覽全書，不難察覺《疑神》關注的多是神職人員。這與楊牧人文關懷有關，下試申論之。

首先，《疑神》在基督宗教的討論最為豐富。形上者有：上帝、聖母瑪麗亞、耶穌及魔鬼等。神職人員形象：明義國小（1946-1952）的同學父親（長老教會牧師）；花蓮中學（1952-1957）時認識的法國神父與美國傳教士，大學時期（1959-1963）耶穌會法國神父、西班牙神父，東海大學校牧，東海同學父親（花蓮牧師）；赴美後所見華人教會主持婚禮的牧師，美國陸軍軍牧普洛布士特，及論證童貞受孕無稽的麥爾神父（John Meier, 1942-）等。《疑神》也關注典籍裡的神職人員，例如莎翁劇作替羅密歐求愛的修士羅倫斯，又如神學家亞伯臘德（Abelard, 1079-1142）與哀綠依絲（Heloise, 1100-1164）。而前述事例，以耶穌會神父、亞伯臘德與哀綠依絲二者，最能表現《疑神》的人文關懷。

《疑神》裡楊牧東海大學結識的耶穌會神父，即雷煥章（Jean Lefeuvre，1922-2010）。[72]這個形象《葉珊散文集》便登場，《奇萊後書》（2009）猶獨立一篇追憶，足可雷神父在楊牧心底份量。[73]而《疑神》有五處提到雷神父，先是大學時神父告誡「多多想念耶穌」；二是楊牧客座臺大（1975-1976）偶遇但錯過；三是楊牧讚賞雷神父博學慎

---

[72] 雷煥章神父，1940 年法國入耶穌會，後中國宣教。1952 年上海授司鐸職，1955 年來臺，居臺大附近伯達書院。1956 派駐臺中，成立磊思學生活動中心，適東海大學創校，於該學教授法文，又於校門對面購地興建小教堂，名「善牧天主堂」。曾獲法國文化部頒發文藝騎士勳章，亦甲骨文、金文專家。事跡可參梅謙立、黃雄銘，《巴黎‧北京‧臺北 迷人的老魔鬼》，臺北：光啟文化事業，2002；羅文森，《懷念大學歲月：與我的良師益友》，臺北：至潔出版社，2014。另，楊牧《水之湄》後記，亦對雷神父「奔走協助」表達感謝。楊牧，《水之湄》，臺北：藍星詩社，1960，頁 95。

[73] 楊牧，〈教堂外的風景〉，《葉珊散文集》，臺北：洪範書店，1977，頁 129-133。楊牧，〈神父〉，《奇萊後書》，臺北：洪範書店，2009，頁 135-152。

思，甚至置身事外欣賞起雷神父，與彼時東海中文系哲學教授、校牧室間的三角矛盾；四是略及雷神父與小教堂；五是從耶穌會傳道技巧，追述雷神父與楊牧談論起波特萊爾，存在主義。[74]合觀五處描寫，皆正面肯定，難道雷神父不構成宗教的權威？怎麼不為楊牧質疑、挑戰、解構？

至於亞伯臘德與哀綠依絲的故事，見《疑神》第三集，前文銜接喇嘛轉世，帶出宗教究竟教人孤寂苦行、斷絕情慾，抑或圓融完滿的疑問。緊接二則為：[75]

●

從前的新文藝小說動輒以靈與肉相反對，輪流支配了一個人有限的生命。現在不太流行靈與肉之說，倒時常看到「性靈」二字，令人莞爾。

●

十二世紀法蘭西有神學家名亞伯臘德者，以學識淵博風姿雋逸知名全歐，後因與少女弟子哀綠依絲相戀，私自結婚生子，違犯了清規，各自被遣禁於修道院中，終生不得相見。一說亞伯臘德晚年致函友人，痛惜舊情渺茫；事為哀綠依絲所悉，乃修書亞伯臘德表達繾綣之思……

通過亞伯臘德與哀綠依絲的故事，《疑神》質疑的宗教權威相對明朗。所謂清規，成為宗教權威迫害人性自然的遁辭。同理，普羅米修斯不也觸犯眾神「清規」？濟慈不也觸犯文學批評家「清規」（文學作為

---

[74] 雷神父，見《疑神》第一、二、四、七、二十集。

[75] 楊牧，《疑神》，臺北：洪範書店，1993，頁 36-37。

彼此信仰）？楊牧在此表露的思維，頗近彌爾（John Mill, 1806-1873）
論個性為幸福的因素。彌爾說：「凡摧殘個性的就是專制，不管用甚麼
名義去稱它，也不管它是否自稱是執行上帝的意旨，還是人的命令。」
[76]故《疑神》追問：皈依宗教能摒棄情慾？為甚麼奉事神就須禁慾？這
單數的不可分析的神，也禁慾嗎？

　　事實上，楊牧曾以亞伯臘德事追問雷神父，神父不正面回答。後來
楊牧認為這個愛情悲劇，對修道士而言不過風塵湏洞微不足道小故事罷
了，何況其後黑僧侶聖多彌尼各教派出現，弗蘭係對萬物摯愛與奉獻，
「想必是更深而浩瀚的愛」。[77]但論楊牧所以不譏諷雷神父這位宗教權
威，如挖苦曹唐專家，最根本原因，或雷神父不曾像壓迫亞伯臘德的修
道士，以宗教之名規訓他人。

　　權威構成的專制獨裁，即隱含《疑神》所謂「認知之橫暴」
（epistemological tyranny）。[78]

## （六）《疑神》對超越者的回應

　　「認知之橫暴」很能挑人情緒，楊牧亦不例外。楊牧在〈致余光中
書〉抨擊某數學博士「極權」，影射其為「假先知」，儘在羣眾與貴族

---

[76]　約翰・彌爾（John Stuart Mill），郭志嵩譯，《論自由》，臺北：臉譜出版社，2004，
　　　頁 98。

[77]　縱語氣中略遺憾，楊牧接著剖白：「在那威權，陰暗的時代，血腥而愚昧的世界，總有
　　　些秉持超越的心靈就選擇了救世的主，為那虛無縹緲，至少是抽象少根據的啟示，承
　　　諾，便無猶豫地把自己的現實和理想付出⋯⋯若是我，我會追隨他們的感召去接受那救
　　　世主嗎？稍縱即逝的榮光⋯⋯」。顯然對彼等超越心靈的虔信，有肯定與嚮往。楊牧，
　　　《奇萊後書》，臺北：洪範書店，2009，頁 143-144。再者，楊牧《燈船》第一輯即名
　　　為「歌贈哀綠依」，可見這個故事對楊牧別具意義。另，這個故事最早由梁實秋翻譯為
　　　中文，名譯為《阿伯拉與哀綠綺思的情書》。

[78]　楊牧，《疑神》，臺北：洪範書店，1993，頁 280。

間鼓譟，卻無法走進羣眾，一同提升。[79]而這篇文章很直率地表露楊牧對認知橫暴之不耐，情緒措辭都少見的強烈，或以此楊牧文集不收錄。楊牧〈文學的辯護〉可與前文合觀。[80]除學術界與文學界，政治與宗教的「認知之橫暴」尤其為楊牧反感與質疑。楊牧對於政治與宗教的高度關心，佐證如楊牧曾為美麗島事件不能自制地「放聲痛哭」；[81]後與陳若曦等海外學人連署，向時任總統的蔣經國表達關切；[82]《柏克萊精神》、《交流道》、《飛過火山》這類專欄文章的撰寫；[83]強調「知識

---

[79]　楊牧，〈致余光中書〉，《中外文學》第 25 期，1974.6，頁 226-231。該文引阿諾德，言 19 世紀英國社會有三種人：野蠻、羣眾，非力士丁人。所謂非力士丁人（Philistines），即野蠻（貴族）與羣眾（人民）間者，「喜歡集會結社，能坐而言，不能起而行，凡事多慮，以辯為消遣」。阿諾德以為這群人實乃文化寄託。但楊牧假其言卻反諷 1970 年代臺灣文壇，可憐如喪家犬的非力士丁們，「在棒光棍影下，確實是失落了。」有趣的是，楊牧自認也是非力士丁人，藉機宣稱「詩人是橋樑，有責任把野蠻和羣眾間的橫溝連接起來，為文明的社會盡力協調」；「詩的永恆，非在卓然提升的精神世界裡尋找規範不可」；「非力士丁人應該自動走到羣眾裡去，揭發一名假先知的陰謀。」（頁 227）

[80]　楊牧，《文學知識》，臺北：洪範書店，1979。

[81]　郭麗娟，〈禁忌與猜疑　楊牧寫來唏噓〉，《新臺灣新聞週刊》第 577 期，2007.4。

[82]　1980 年 1 月 8 日，陳若曦帶著一封阮大仁擬稿，莊因毛筆謄的連署信函，面呈蔣經國，表達海外學人對美麗島事件的憂心，並為民運人士求情。27 位連署人是莊因、杜維明、阮大仁、李歐梵、張系國、許文雄、鄭愁予、鄭樹森、楊牧、許芥昱、歐陽子、葉維廉、田弘茂、張富美、白先勇、謝錦章、余英時、許倬雲、陳文雄、張灝、劉紹銘、石清正、林毓生、水晶、楊小佩、洪銘水。

[83]　可參賴芳伶，〈介入社會與超越流俗的人文理念〉，《新詩典範的追求——以陳黎、路寒袖、楊牧為中心》，臺北：大安出版社，2002，頁 301-331。此外本書撰寫過程中，閱讀到陳黎指出楊牧，「為了臺灣首屆總統民選他從美國返鄉」。投票一事原為楊牧關心政治的佐證，但根據曾珍珍老師意見，楊牧回臺原因，實為受曾珍珍邀請擔任中正大學研討會會議主講人，論文集後出版為江寶釵、施懿琳、曾珍珍編，《臺灣的文學與環境》，高雄：麗文化，1996 年。楊牧於會議中以〈俯視〉、〈仰望〉為例闡明自己與花蓮地景相關的詩歌創作意象，時間湊巧與第一次總統民選疊合。至於楊牧投給彭明敏，這點他不諱言。

陳黎，〈掌故俱樂部——楊牧拿掉飛彈再說〉，《中國時報》，2010.9.23，E4 版。該文中提到「楊牧在書中自許為無政府主義者，但一九九六年三月，為了臺灣首屆總統民選他從美國返鄉，二十三日早上我看到他拿著新發的身份證，在一隊尼姑之後走進我們共同的母校明義國小的活動中心，投下他生平第一張選票。候選人有李登輝、彭明敏、林

必須釋放，放到現實社會裡，方才是力量」。[84]但回到文學性較高的作品，楊牧如何表達這份關心？

例如楊牧《疑神》針對百老匯劇作「萬世巨星」，一場由黑人擔綱猶大的選角爭議，提問「上帝當初不知道考慮到沒有，膚色居然可以決定一個人的命運。」並從芝加哥黑人運動省思美國民主體制的侷限：「自由？民主？這一切為甚麼只限於白人而不與你們黑人同胞共享呢？」[85]又或者楊牧在《亭午之鷹》提到一個場景：「他們在頂樓談言論自由的問題。／其實沒有甚麼可談的，因為他們彼此同意。」楊牧接著說「我已經很久沒有碰到這種場面了，自從我由陸軍退伍之後，就不曾看過一羣人在正式的集會裡討論點甚麼，而彼此竟如此的同意，完全沒有異議。這整個過程對我說來，就有點像做夢。他們和諧一致地攻擊著某一個對象，不可思議。」[86]由之，可見楊牧清楚認識到當「自由」與「民主」，成為「認知之橫暴」的藉口，一言堂總是令人懷疑。

「認知之橫暴」抹殺人的主體性與自由意志，摧折一個人的個性，無論假借社會國家之名或宗教學術之名，都是野蠻教人不敢領教。楊牧標舉無政府主義的首要目的，即可謂確保個性的真自由。[87]

---

洋港、陳履安四位。我不知道他怎麼圈選他新國家的總統，或者他還是無政府主義者。但我看到他愉快走出童年的小學，並且留在家鄉擔任新創立的大學的文學院長。那些年常有機會在花蓮中學旁海濱露天茶座，聽他邊喝啤酒邊閒聊。我問他為什麼不同意中國大陸出版他的書或轉載其作品。他說，除非他們先把瞄向臺灣的飛彈拿掉。」有意思的是，2015 年《楊牧詩選 1956-2013》簡體版，由楊牧授權於中國廣西師範大學出版發行。

[84] 楊牧，《柏克萊精神》，臺北：洪範書店，1977，頁 88。

[85] 楊牧，《葉珊散文集》，臺北：洪範書店，1977，頁 174。

[86] 楊牧，《亭午之鷹》，臺北：洪範書店，1996，頁 57-58。

[87] 儘管如此，楊牧對「無神」與「無政府」偶爾也有感慨：「無神或無政府終於還是不行的。神，歸根究柢可能大概還是有才對，只是很難遇見。至於政府，一說是人世間最大的亂源，但我們好像並不能完全將它消滅——總是要讓它繼續存在下去，繼續混亂下去的吧！」楊牧，《完整的寓言》，臺北：洪範書店，1991，頁 159-160。

## （七）歌德認同

　　楊牧對認知橫暴的批判，或能從他的歌德認同與浮士德精神得到進一步說明。

　　歌德（Goethe, 1749-1832）的《浮士德》，根據德國一鍊金術士向魔鬼出賣靈魂換取知識和青春的古老傳說，反其意用之，歌謳人類自強不息的進取精神。[88]全篇兩人物猶「浮士德精神」註腳，一是瑪格麗特，一是主人翁浮士德。前者天真無瑕，卻受浮士德與梅非斯特（魔鬼）慫恿，謀害親母，又肩負刺殺親兄、溺死私生子的悲劇。但在罪無可赦的絕境裡，歌德安排一個神秘聲音從天而降，教瑪格麗特因信稱義，「被拯救了！」這情節實也暗示自然狀態下，人類最終救贖的代價與契機。後者則表徵一永不停止的知識與經驗探求，且在不間歇的試煉中，向權威挑戰，關心社會集體福祉。有意思的是，縱浮士德最終「契約」上輸給魔鬼，他的靈魂畢竟為上帝悅納。換言之，即便社會狀態下，人類再逾矩與叛道，靈魂也不致墮落，只要他始終樂觀進取，勇於承擔。[89]

　　通過「浮士德精神」，浪漫主義的重點有二：①理性須要經驗，抽象思辨將引向虛無，虛無主義使靈魂的救贖無望。②靈魂的普世救贖是可能的，或如瑪格麗特因信稱義，或如浮士德離開書齋，在社會中實踐

---

[88] 綠原（劉仁甫）《浮士德》導論。歌德著；綠原譯：《浮士德》，臺北：貓頭鷹出版社，1999，頁7。

[89] 吳雅鳳指出「歌德塑造浮士德這樣一位逾越者與反判者，幾近於尼采的超人，也夾雜了悲憫與嘲諷。《浮士德》以象徵的手法，探究自我實踐與社會責任間的永恆掙扎。」吳雅鳳導讀，《浪漫主義》，臺北：行政院文化建設委員會，2010，頁81。另，浮士德與魔鬼簽訂的契約，是個意蘊深長的象徵，尤其人類社會發展，受契約行為而趨於穩固的社會組織，並逐漸克服自然規律導致的矛盾衝突。是以，無妨將契約視為人類自然與文明的一種界線。進而，一部分奠基於盧梭（Rousseau, 1712-1778）《社會契約論》的近現代資本主義社會，在樂觀的歌德，即便步履蹣跚艱困，救贖依舊可能。

其理性。而通過前述兩點，則浪漫主義為啟蒙運動後，對理性主義的一種補充，及一份更積極的現實參與感。[90]儘管其語境不能脫離基督教文化背景，但「浪漫」這概念的豐富性應獲得開展，如：樂觀進取；強調感性但不排斥理性，理性須要經驗／實踐；重視個體性，勇於挑戰權威，但個體性的理想完成不能脫離集體福祉等等。

「浮士德精神」，敢於向極限禁忌挑戰，強調知識與經驗並重，關心個體幸福與集體福祉，敢於質疑上帝，亦無懼撒旦與地獄。

《疑神》是否表現浮士德精神？從前述討論，《疑神》讚賞普羅米修斯、挑戰西方漢學的文化霸權、質疑神是否禁慾等態度，確實可見浮士德精神之發揚。至於《疑神》對權威的回應，通過前文也已然可見二者：一是某方面權威但真材實料，不表現認知橫暴者，如雷神父，《疑神》多能欣賞。二是某方面權威但不禁檢驗，或表現認知橫暴者，《疑神》多藉隱喻結構以譏嘲、反諷、抗議或顛覆之。這個人文關懷的理念，可謂與楊牧的歌德認同相互呼應。

歌德是楊牧作品中的「常客」，有時舉例朋友讀其詩聯想到歌德，以二者皆喜草木蟲魚鳥獸入詩；[91]有時把歌德放在浪漫主義與自身創作脈絡裡談，如接受楊照採訪時提到：「我所強調的浪漫主義，並非如〈歸來〉詩中所呈現偏重於人的感情的浪漫主義，我真正嚮往的是浪漫主義反抗的精神，以抵抗、反抗的方式去求新求變，有時是向大自然回歸，或是對古代社會的某一理想、制度回歸，主要是像華滋華斯、雪萊、歌德等的浪漫主義」；或回憶大二、大三因為讀濟慈詩，逐漸形成

---

[90]　正如浮士德堅持的，智慧的最後演繹，將是「只有每天重新爭取自由和生存的人，才配有享受二者的權利！……我真想看見這樣一群人，在自由的土地上和自由的人民站成一堆！那時，我才可以對正在逝去的瞬間說：『逗留一下吧，你是那樣美！』」歌德著，綠原譯，《浮士德》，臺北：貓頭鷹出版社，1999，頁 485。

[91]　曾珍珍，〈多識草木蟲魚鳥獸──訪楊牧談解識自然〉，《新地文學》，2009.1，頁284。

較有自覺的浪漫主義見解：「另有一種較陽剛的，如對法國大革命、希臘爭取獨立的感覺、歌德所講浮士德的精神等，須靠自己去尋找，好幾年才整理出頭緒來。」[92]此外，楊牧論宗白華的歌德認同，彷彿也帶點自我投射的意味。[93]楊牧的歌德認同已為學界討論，例如鄭智仁認為楊牧「古典認同」重要性大過其「歌德認同」，並引葉珊時期瘂弦之評語為證，「以萬千驚喜投向詩，並願意以身殉美。」[94]而學者即指出楊牧藉「歌德認同」，把握現實與理想的疊合。[95]

　　有趣的是，因為《疑神》選擇藉隱喻結構質疑權威，使「權威」所指清楚，也顯得曖昧。這種隱喻筆法，使《疑神》宛若一則則寓言。例如《疑神》裡美軍中牧師普洛布士特的形象，一位因軍中福利社購買勳章以受崇拜，被控詐欺卻不必坐牢的軍官；考據彰化秀水陝西村的臺灣教育廳督學的形象，一位斷言陝西村來自中國陝西的陝西人[96]；儘管實

---

[92] 楊照採訪，王妙如記錄整理，〈一位詩人的完成——專訪楊牧〉，《中國時報》，1999.12.18-23，37 版。

[93] 「細讀宗白華的美學探索，不禁感到我的見解既然如此，能共享這種知識趣味的，也許正是前輩一位宗白華。……在德國美學古典方面，我發覺宗白華所讀之書，大半都是我一度日夜流連的大著作。」楊牧，〈宗白華的美學與歌德〉，《文學的源流》，臺北：洪範書店，1984，頁 150。此文亦收於《失去的樂土》，但前引文字已刪。

[94] 鄭智仁，〈寧靜致和——論楊牧詩中的樂土意識〉，《臺灣詩學學刊》第 20 期，2012.11，頁 127-160。鄭智仁該文又提到「然而作為一個浪漫主義者，楊牧在信仰上也有過疑神的態度。」但此說法可商榷，浪漫主義就不會疑神嗎？瘂弦語出處，張默、瘂弦編：《六十年詩選》，高雄，大業書店，1961，頁 144。

[95] 王正良，《戰後臺灣現代詩論研究》，臺中：中興大學中國文學系博論，2007，頁 97。

[96] 該督學斷定陝西村村民為中國陝西後裔，其考證中最科學的證據在，督學觀察到陝西村村民下顎骨較寬，與他一樣，保存陝西人體質特徵，《疑神》回應：「可惜沒有人告訴他，下顎骨最寬的不是他，是河馬」。楊牧，《疑神》，臺北：洪範書店，1993，頁 69。經查此人為徐秉琰。1976 年徐秉琰視察彰化陝西村，見陝西國小對面「烏面將軍廟」，認為此為紀念鄭成功部將陝西人馬信開墾彰化，遂大加宣傳，並引發臺灣外省族群中陝西人的尋根熱潮。而中國《人民日報》1979 年 5 月 1 日亦轉載此消息，稱「反映了在臺灣的大陸籍人士思鄉心切」。又查今日彰化縣秀水鄉官網，仍置此說為主。2008 年徐秉琰猶作〈水有源，樹有根 陝西村民數點不忘宗〉，發表於《陝西文獻》。

有其人，會否也是一個隱喻？一則宗教或政治的寓言？本書以為《疑神》是期待這般詮釋的。畢竟，既然楊牧自許安那其，則一位無政府主義者怎能不對政治權威敏感？怎能不對臺灣政治普遍的造神運動有所討論？再看《疑神》接續教育廳督學的敘述：[97]

> ●
>
> 烏面將軍本來不知何許人，或鬼，或神，在督學的結構主義裡，
> 變成鄭成功的部將馬信，因為馬信傳說是督學同鄉，陝西人。
> 現在專家斷定馬信從來沒有到達過彰化。
> 正如鄭成功從來沒到達過臺北的劍潭一樣。
>
> ●
>
> 神因附會而生。

這裡所標舉陝西村與劍潭二事，皆臺灣戒嚴時期國民黨政府藉以塑造國族與文化認同的「結構主義」。依本書對《疑神》隱喻結構分析，則與此二事並置所論之「神」，不僅指涉宗教權威，應涵臺灣政治權威如蔣氏政權。然終究有些曖昧，《疑神》所挑戰的政治權威究竟為何，到底不如宗教權威明朗。從這點看《疑神》，與前章討論許地山的「寓言點化」，有些類似的審美趣味。

儘管《疑神》藉安那其無政府主義的討論，直言民主代議制的缺憾，感嘆直接選舉的可悲，倡言梭羅「公民不服從」主張，在政治上《疑神》始終抱持相對素樸的人文關懷，企慕一個獨立的人類形象：「自由，高尚的，不可驅使奴役，洞悉謊言伎倆，而且勇於無情地反擊任何欺凌侮辱。這樣的人智慧，果敢，有力，每個單獨都像古典神話裡

---

[97] 楊牧，《疑神》，臺北：洪範書店，1993，頁 70-71。

的神祇，傳說的王冑，平等，獨立，堅持。」[98]

　　楊牧說：「我堅持這世界仍然是有秩序的，誰來安排這個秩序呢？是我們自己的心靈，這種追求真和美的心靈在安排這個世界。」[99]楊牧以詩為信仰，追求更合理社會，追求更莊嚴的人格。確然如此，如果臺灣文學中的浪漫主義，僅是反抗精神而不知反抗者何？僅抒情語調與華美詞藻，而非昂揚上下求索的浮士德精神，則徒論美學或喪失楊牧精彩之處。尤其後現代主義風潮掀起，戲耍與諧擬這種精神勝利的無奈表現，詩，如何保有它的溫度與高度？楊牧不斷言說，銘記生命軌跡，其詩人與知識份子姿態教人凜然於胸。

　　為邀請讀者從不同角度貼近楊牧的關懷，本書以《疑神》為討論對像，嘗試通過創作緣起、文獻探討、形式與內容四個層面，讓《疑神》主體與美學獲得較細緻的展演。初步的結果，包含概略廓清創作動機、目的與背景，順序地爬梳過相關文獻並嘗試對話，從《疑神》編排趨近它的隱喻結構，並以「互文性」補充美學內涵，以迄整理《疑神》超越者的形象，突顯人文關懷，說明《疑神》的浮士德精神。《疑神》思辯與隱喻的靈動，亦「到達啟示錄」。本書對於《疑神》第三集喇嘛轉世事雖不及處理，然此事極趣味。舉個旁證，撰寫過程中，原以為一切都是隱喻，遽而讀到資料如下：2014 年，達賴喇嘛稱死後不再轉世，轉世制度將結束。中國政協委員某隨即駁斥：「轉世的決定權在中央。」

---

[98] 楊牧，《疑神》，臺北：洪範書店，1993，頁 166。

[99] 楊牧，《楊牧詩集I》，臺北：洪範，1978，頁 607。

# 三、楊牧散文的「虛構敘事」

## （一）《葉珊散文集》的書信體

　　《葉珊散文集》（1966）是把握楊牧散文基調的重要文獻。《葉珊散文集》是楊牧第一本散文集，分為《陽光海岸》、《給濟慈的信》、《陌生的平原》三輯，記載楊牧 19 至 25 歲的生活，包含東海大學讀書、金門服役、美國愛荷華大學讀書三個階段。至於《葉珊散文集》內容與形式，基本符合 50 至 70 年代臺灣散文發展趨勢，即「抒情美文」。[100]

　　例如，楊牧在第一輯《陽光海岸》裡的〈自剖〉：「我在心中有一種完整的憧憬，那是對一個歡樂，無憂的樂土的憧憬。那種聆聽晚鐘似的心情；肅穆，淒冷，我就這樣冥想著，如何企及那片夢幻中的樂土？」[101]

　　第二輯《給濟慈的信》裡的〈第十二信〉：「而我們追求的到底是甚麼？美的事務是永恆的歡愉，像夏季溫婉的涼亭，我們捨舟去到它的芳香裡。」[102]

　　第三輯《陌生的平原》裡的〈田園風的樂章〉：「夜鶯開始唱了，在一座大森林的邊緣上唱，從枝頭跳到腐朽的欄杆，似乎只為多踢幾顆暴風雨後的水點。地平線的烏雲很快地撤離，把天邊的平靜讓出來，教

---

[100] 吳孟昌指出臺灣散文大量出現抒情美文，「並非自然形成的現象，而是文化乃至教育政策由上而下扶掖與翼護的結果」，「著力於抒發作者個人內心的感受，而與複雜多音的社會語境保持疏離。」吳孟昌，〈後現代之外：九〇年代臺灣散文現象析論〉，《東海中文學報》第 27 期，2014，頁 193。

[101] 楊牧，《葉珊散文集》，臺北：洪範書店，1977，頁 31。楊牧《葉珊散文集》有四個版本，1966 年的大林版、文星版；1977 年的洪範版；1994 年的洪範版（二十五開本）。1977 年洪範版始增列〈第十二信〉並為日後流通定本。

[102] 楊牧，《葉珊散文集》，臺北：洪範書店，1977，頁 127。

黃昏星開始閃爍。」[103]

　　楊牧的抒情語調，具有濃厚的浪漫主義色彩，多令論者聯想到五四文人留下的文學典型。何寄澎指出楊牧散文受到徐志摩「精麗」與周作人「疏淡」兩派的影響。[104]陳芳明指出楊牧「飄逸遐思」類似何其芳。[105]方忠指出「早期楊牧的散文偏於徐志摩式的浪漫與唯美，染濃麗之風，其後期的散文在承周作人之博雅老練的同時，別具一番『甜美精麗與感性』」。[106]

　　有意思的是，楊牧的創作背景與五四文人不同。楊牧是面對現代主義思潮的一代，五四文人則更多面對寫實主義的衝擊。[107]這個歷史條件，使《葉珊散文集》第二輯 15 封《給濟慈的信》顯得特殊。五四文學中的書信體散文，絕大多數如郭沫若（1892-1978）《三葉集》（1920）、周作人《周作人書信》（1933）、徐志摩《愛眉小箚》（1936）等作品，都是文學的書信。[108]這類兼具交際功能與文學價值的應用文，與其稱「書信體散文」，不如稱「書信」直截。五四文學中，也有少數作品是寫給想像讀者的，例如冰心（1900-1999）《寄小讀者》（1927）、朱光潛（1897-1986）《給青年的十二封信》（1929）。但冰心與朱光潛可能收到「小讀者」或「青年」回信，楊牧

---

[103] 楊牧，《葉珊散文集》，臺北：洪範書店，1977，頁 165。

[104] 何寄澎，〈永遠的搜索者——論楊牧散文的求變與求新〉，《臺大中文學報》第 4 期，1991.6，頁 176。

[105] 陳芳明，《典範的追求》，臺北：聯合文學出版社，1994 年，頁 205-211.

[106] 方忠，《臺灣當代文學與五四新文學傳統》，南京:江蘇鳳凰教育出版社，2016，頁 381。

[107] 馬森「二度西潮說」關注臺灣文學的歷史地位，突出臺灣文學與五四文學的連續性，論及臺灣文學在 1949 年後更多要面對西方「現代主義」而非「寫實主義」的衝擊。馬森，《世界華文新文學史》，臺北：印刻文學生活雜誌出版有限公司，2015。

[108] 韓蕊，《從文學的書信到書信的文學》，長春：吉林大學中國現當代文學專業博論，2007。

《給濟慈的信》卻是一種收不到回信的「虛構敘事」。

　　利用特定文體的虛構來進行敘事，構成楊牧散文技藝的重要一環。楊牧《給濟慈的信》不是書信，而是書信體的虛構；敘事目的不在交際，而在抒情。這種藝術手法，更趨近現代主義而非寫實主義。黃麗明指出「本質屬乎抒情，楊牧的書簡展現一種『渾忘時間的臨即感』，其實乃『虛構的臨即感』。」[109]例如《寫給濟慈的信》第九信〈向虛無沉沒〉：「你沒想到吧，直到有一天我翻開卡謬的書，我忽然慢慢的冷淡了你」。[110]卡謬（Camus, 1913-1960）是 20 世紀的法國作家，19 世紀的濟慈自然不會「想到」。但關鍵不在楊牧的後設語法，而在書信體的虛構敘事，一人分飾兩角，於是發信者與收信者界線變得模糊。這點使得《給濟慈的信》的敘事交流，始終隱含現代主義美學常見的「反身性」或說「自我指涉」，從而拓展了抒情主體的表現空間。

## （二）《年輪》的雜文體

　　《年輪》（1976）是楊牧散文虛構敘事一次更為徹底的實踐。

　　楊牧《年輪》分為《柏克萊》、《一九七一至一九七二》、《北西北》三輯，記載楊牧 25 歲至 44 歲間的生活，包含柏克萊大學讀書、麻州大學任教、華盛頓大學任教初期三個階段。《年輪》的內容與《葉珊散文集》相接續，抒情主體的日常感觸依舊表現突出，唯社會意識比較強。[111]《年輪》在形式上，則通過雜文體的虛構進行散文實驗，展示

---

[109] 黃麗明著，詹閔旭、施俊州譯，《搜尋的日光：楊牧的跨文化詩學》，臺北：洪範書店，2015，頁 237。

[110] 楊牧，《葉珊散文集》，臺北：洪範書店，1977，頁 109。

[111] 楊牧就讀柏克萊大學時經歷了柏克萊學運、保釣運動，啟發了楊牧的現實關懷。影響所及，楊牧創作了《柏克萊精神》（1977）、《交流道》（1985）、《飛過火山》（1987）等報章體散文。賴芳伶，《新詩典範的追求：以陳黎、路寒袖、楊牧為中

楊牧開創現代散文新局的雄心。

　　例如《年輪》第一部《柏克萊》，佈局結構明顯複雜化，有大量文體混雜的現象。首先，《柏克萊》裡 20 篇「散文」不設標題，一律阿拉伯數字標號，但各篇區分段落的標號形式不一致，包含：■、（1）、甲乙丙丁、子丑寅卯、……等。這些抽象符號使得《柏克萊》的佈局結構，在沒有明確標題收束的前提下，雜亂無章。再次，《柏克萊》雜文體的虛構，集中表現在散文形式的「陌生化」，散文混雜大量喧賓奪主的詩歌、小說、戲劇體敘事，已超出傳統意義上的「雜文」。《柏克萊》的雜文體，雖有楊牧的抒情語調作為統攝，但敘述人稱的頻繁轉換，思維不斷跳躍，場景、動作與事件皆非線性發展，容有敘事失控的風險與質疑。最後，《柏克萊》筆法也有複雜化傾向，少見平鋪直敘，多見隱喻、換喻、象徵、用典等修辭技巧，處處精雕細琢，高強度壓縮語意。

　　總體而言，楊牧《柏克萊》雜文體的虛構，一方面使《柏克萊》表現的生命經驗支離破碎，另方面《柏克萊》繁複的美學編碼也使得讀者難以接近。[112]然而，楊牧《年輪》不止於挑戰現代散文的既有形式，還從更大的角度思考並創造散文結構。楊牧將舊作「改編」進《柏克萊》即是例證。

　　《柏克萊》標號 10，原先是一篇名為〈逃出鳳凰城〉的散文。[113]這篇散文在 1966 年寫成，1969 年發表，屬於舊作。楊牧卻在不易一字的情況下，刪去標題，編進《柏克萊》，再通過新的結構賦予舊作「新

---

心》，臺北：大安出版社，2002，頁 301-331。

[112] 溫任平指出「《年輪》是一部相當難讀的散文集」、「絕非輕鬆雋永的小品文。」溫任平，〈從楊牧的《年輪》看現代散文的變〉，《中外文學》第 8 卷第 3 期，1979，頁 112-118.

[113] 葉珊，〈逃出鳳凰城〉，《中國時報》，1969.8.2，11 版。

生」。

　　單獨看楊牧〈逃出鳳凰城〉這篇散文，是遊記，記敘 1966 年楊牧
與第一任妻子陳少聰（1941-）結婚前夕，「從加里福尼亞到內伐達到
猶他到阿里桑那」的旅遊經驗。主要敘事者為「我們」，敘事時空鎖定
旅途中兩個網站，一是小山城「比爾・威廉斯」（Bill Williams），一
是鳳凰城（Phoenix）。〈逃出鳳凰城〉最末，描述「我們這兩隻不情
願火化的中國鳳凰」，耐不住鳳凰城的高溫，連夜逃離，詎料「在高溫
的黑夜裡出城。逃亡的節奏猶夾雜著震撼天地的恫嚇。才離城界，復入
荒原，忽然雷電大作，荒原的雷電是不帶一滴水的，這一刻我乃體會艾
略特的準確，雷電說些甚麼？」[114]

　　但當〈逃出鳳凰城〉變成《柏克萊》標號 10，這篇散文與標號 9、
標號 11 的前後文關係，影響著意義的輸出。通過《柏克萊》前後文對
照與創作背景考察，不難發現散文主旨已經「改編」，這篇遊記變成一
篇寓言。

　　《柏克萊》標號 9 最末，寫一對小情人划船，旁觀的敘事者說：
「隔得太遠，我覺得那滑行是無聲的，和平的，充滿愛情而不畏懼命運
的。」緊接另起一段，單句收尾，「Here ends the Epithalamion for S. K.
and T. C.」（這是婚禮頌歌的結束。）《柏克萊》標號 11 開頭則是四
行詩，「不要試探你的慾，捲起夜風如捲起／一張被汗水浸濕濕透的草
席／吹著口哨關窗，把月亮衰弱地／交給十里以外的海浪去處理」。是
以，順序地閱讀《柏克萊》標號 9、10、11，敘事線圍繞著愛情開展，
剛完婚的愛侶，卻走進鳳凰城這「火勢威烈的葬場」，逃離後的結論則
是「不要試探你的慾」。而如此敘事，莫非暗示「婚姻是愛情的墳
墓」？

---

[114] 楊牧，《年輪》，臺北：四季出版公司，1976，頁 32-41。

　　〈逃出鳳凰城〉顯然不預期有這個指涉。楊牧所以通過《柏克萊》的結構，賦予舊作新的意涵，反映楊牧心境有了轉變。因為楊牧創作《柏克萊》時，與陳少聰的婚姻很可能已觸礁；兩人 1976 年離婚。於是，《柏克萊》不無反諷意味地，寄寓楊牧與陳少聰終將各自東西的命運。

　　由此可見，楊牧《年輪》作為散文實驗，可說極力證明散文形式的虛構性：任何文體都隱含後設概念，任何語言都可以重生，隨物賦形，散文能否表現當下真實的生命感才是重點。

## （三）《疑神》的筆記體

　　楊牧的散文創作，涵蓋書信體、雜文體、報章體、自傳體、筆記體、論文體、序跋體等不同文體實踐，例如雜文體《搜索者》（1982）、《星圖》（1995）；報章體《柏克萊精神》（1977）、《交流道》（1985）；論文體《傳統的與現代的》（1974）、《文學知識》（1979）；自傳體《山風海雨》（1987）、《方向歸零》（1991）、《昔我往矣》（1997）與《奇萊後書》（2009）等。

　　有趣的是，楊牧筆記體散文《疑神》的出現有點突兀，發展脈絡不很清楚。《疑神》的抒情語調相對不明顯，敘事以議論為目的。然而，《疑神》是楊牧散文創作一個階段性的經驗歸整，有里程碑意義，反映楊牧長期在實踐虛構敘事而錘煉出的散文技藝，即通過「互文性」（intertextuality），一種文本間的有機互動來創造美感經驗。本書稱為「斷簡新編」。

　　首先，《疑神》各輯不列標題，僅標號，總計 20 輯，收錄 436 則筆記。每輯收錄的筆記數量不一，最短 15 則，最長 32 則。每則篇幅不一，最短一句，最長數頁。每則筆記間僅以「‧」作為區隔。《疑神》

第一輯發表時有副標題「仿王文興手記體」，似乎說明這是隨手記錄的「斷簡」，無所謂主題章法。實則《疑神》與《年輪》相類似，隨機鬆散的佈局結構裡，埋藏著楊牧的巧思。所謂「新編」，即楊牧從結構上創造語言的新意。

　　例如《疑神》第 18 輯第 5 則：「說起來難以置信。／一九八五年美國加州大學出版部竟然印了一本研究曹唐的英文專書：『時間海洋裡的幻象：曹唐道家詩歌論』，作者是一個狂妄得不得了的美國（所謂）漢學家，前此也出了幾本書，大都講些稀奇荒誕的事，頗能鼓噪作蛙鳴聲。至於為甚麼是時間海洋裡的幻象，而不是井底的幻象，我也覺得很詫異。」[115]單獨看這則斷簡，楊牧通過「蛙鳴」、「井底的幻象」，嘲諷一位漢學家像井底之蛙。對照前後文，可發現楊牧還通過斷簡互文性來鬆動語言，製造語意的延宕與交響。

　　《疑神》第 18 輯第 4 則寫曹唐評價不高，「真所謂乏善可陳，沒什麼可記誦的事，有之則曹唐作鬼詩『井底有天春寂寂，人間無路月茫茫』而已，往往被當作茶餘飯後的笑話。」兩則合觀，《疑神》的審美趣味昭然若揭。前文挑明曹唐詩原有「井底」，後文質疑「為甚麼不是井底的幻象」就更顯得諷刺，指曹唐專家連曹唐詩都讀不通。同理，曹唐寫「春寂寂」，曹唐專家卻「鼓噪蛙鳴聲」，諷喻張冠李戴；曹唐鬼詩落人笑柄，諷喻二者恐怕殊途同歸。而通過前述討論，即見《疑神》斷簡間的「有機互動」。

　　應當指出的是，楊牧《疑神》結構刻意碎片化，有些斷簡佈置得集中，有些斷簡佈置鬆散，卻說明楊牧對於散文的隱喻結構把握得爐火純青。例如《疑神》共 3 輯 7 則明確提到曹唐。在《疑神》第 4 輯第 7 則中，楊牧舉證唐朝詩人如何與神鬼交涉，寫錢起以鬼詩應試登進士，曹

---

[115] 楊牧，《疑神》，臺北：洪範書店，1993，頁 266-267。

唐以鬼詩枉死二事。同理，第 5 則寫韋莊《秦婦吟》裡的金天神，第 7 則寫韓愈《論佛骨表》。這幾則斷簡主旨皆在舉證神鬼「不可測度」（inscrutable），諷喻神鬼之荒謬不可信。《疑神》第 19 輯第 18、21 則，主旨在評議高棅《唐詩品匯》的「瘋狂」，略及曹唐。

通過這幾處的對照，可發現《疑神》語意的延宕與交響受到控制，統籌在一個隱喻結構裡。透過這個隱喻結構，「曹唐」被符號化，指涉荒謬、乏善可陳、瘋狂等意涵，並且與「上帝」、「金天神」、「女鬼」、「佛」、「漢學家」、「選學專家」等符號形成隱喻的共構關係，由《疑神》全書的主題思考加以收束：「我關注的畢竟是真與美」，「然而生命中比較經常遭遇的不免還是些沒有詩，缺少那無限擴充的力，卻僭取文學和藝術之名的各種詞藻與聲色的末流。」[116]

綜上，楊牧《疑神》可說再次證明，文體不妨礙作家表現真性情。《疑神》不是「筆記」，而是筆記體的虛構敘事。至於《疑神》斷簡新編與《年輪》舊作改編，在利用互文性創造美感經驗的邏輯上是相通的，唯《疑神》相對操作得更純熟合理。

## （四）「楊牧體」與一代先進奮揚的精神

楊牧對自身散文技藝的切磋琢磨，可說與五四精神交相輝映。

首先，楊牧對五四文學的意見，比較集中表現在《一首詩的完成》裡〈現代文學〉一文。在這篇文章中，楊牧高度肯定五四運動以降，新文學的「介入參與」，「讀那些作品的目的是尋覓一代先進奮揚的精神」，「以文學喚醒民族的靈魂，而他們永遠是浪漫的，進取的」。

---

[116] 楊牧，《疑神》，臺北：洪範書店，1993，頁①。

117楊牧標舉出五四一代「先進奮揚的精神」，也即一種浪漫主義的抒情精神。楊牧〈右外野的浪漫主義者〉一文提到浪漫主義四層意涵，第三層是「山海浪迹上下求索的抒情精神」，「為人類創造一種好奇冒險的典型──五四以來所瞭解的所謂『浪漫』大抵在此」。118

　　進而，楊牧對五四文人中，尤其肯定徐志摩與周作人的典範意義。楊牧認為「徐志摩代表一種精神，一種個人的，獨立，自主的精神。」119楊牧推崇周作人反對暴力，強調科學，提倡自由與民主，「是一個相當完整的新時代的知識分子，一個博大精深的『文藝復興人』」。120由此不難發現，楊牧的五四精神，可說比較接近胡適（1891-1962）的自由主義立場。胡適強調五四運動的「個人自由與社會進步」，亦屢屢宣揚五四是「一場中國文藝復興運動」。121

　　值得注意的是，楊牧所以肯定徐志摩與周作人，不僅因為神志情調有共鳴，更因為徐志摩與周作人提供的文學範式，極可能對於楊牧散文技藝先後起著指導作用。楊牧自稱初中國文課閱讀徐志摩〈我所知道的康橋〉，對於徐志摩散文的音韻節奏印象深刻。122楊牧對周作人的閱讀則較晚，1973 年楊牧寫成〈周作人與古典希臘〉，極力讚揚周作人「樂意並能夠引用希臘的事物」乃至「隨意引證以達修飾的效果」，是「現代文體家」。123事實上，音韻節奏與互文修辭，也經常是楊牧散

---

117 楊牧，《一首詩的完成》，臺北：洪範書店，1989，頁 79-88。

118 楊牧，《葉珊散文集》，臺北：洪範書店，1977，頁⑦-⑧。

119 楊牧編校，《徐志摩散文選》，臺北：洪範書店，1997，頁①。

120 楊牧編，《周作人文選》，臺北：洪範書店，1983，頁四-五。

121 歐陽哲生，〈胡適在不同時期對「五四」的評價〉，《二十一世紀》第 34 期，1996.4，頁 37-46。

122 楊牧，《柏克萊精神》，臺北：洪範書店，1977，頁 103。

123 楊牧，《文學的源流》，臺北：洪範書店，1984，頁 91-141。

文苦心造詣處，《年輪》與《疑神》皆是例證。前述評語容或學習心得爾。

最後，通過前述討論可見文學創作確然存在一條定理：作家應該創造文體，而不被文體局限。楊牧追求的毋寧是像徐志摩、周作人等前輩，「為新文學的開闢以及拓寬樹立卓犖，發光的標桿」。[124]

楊牧散文延續五四文學傳統，對現代散文做出重要貢獻。通過《葉珊散文集》、《年輪》、《疑神》的相關性，可見楊牧善於擬仿各種文體，以「虛構敘事」挑戰現代散文期待視野；自覺利用互文性經營散文的隱喻結構，突圍現代散文格局，也展現了超越徐志摩抒情美文與周作人小品文的雄心。

楊牧散文由《葉珊散文集》出發，繼而《年輪》開始大規模的文體實驗，以至於《疑神》作為階段性總結。這條軌跡頗能反映楊牧散文的特性。楊牧勇於嘗試不同文體，不斷累積經驗，培養散文大局觀，終而錘煉出一家之風神。楊牧奮揚的精神，與五四先進如出一轍，無疑也將啟發當代散文家，勤勉創作足為下一個世代楷模的文學範式。

---

[124] 轉用自楊牧評徐志摩語。楊牧編校，《徐志摩散文選》，臺北：洪範書店，1997，頁①。

# 第三章　楊牧的神秘詩學與終極關懷

## 一、詩的神秘經驗

> 起初，無非就是想把胸臆裡一磅礴充斥的戀慕之情尋到可以付託
> 的位置，那些嵯峨，蒙翳，漸淺，浩瀚無垠的感召，呼喚，如此
> 靠近，何等遙遠，在我們僥倖的生命裡，一天比一天突兀有力地
> 提醒著，和人情一樣令人不安，甚至和我們對知識的熱誠，或某
> 些慾望，以及形而上，令人為之獻身的信仰一樣教你為之迷失，
> 必須尋到一個供奉的龕。[1]

　　儘管楊牧說「神是我們內心創造的，鬼也是。」對基督教信仰與民
間信仰，楊牧始終若即若離。國小因學校讓給來臺國軍，不得已到城隍
廟上課，而倍感恐懼的童年陰影，或起作用的。但他在〈詩的端倪〉這
篇散文也說：「我真正確定天地有神，冥冥造化可以和我交感回應。」
「那次大地震坍毀了無數房子，可是沒有聽說那一座寺廟或教堂倒塌
的。這其中必定有點道理，神聖的玄機，豈是任何人都可以詮釋的？」[2]

　　對那些餘震的感應是一種天人交涉的經驗，使我真正發覺蒼茫不

---

[1]　楊牧，〈序〉，《奇萊前書》，臺北：洪範書店，2003，頁 2-3。

[2]　楊牧，〈詩的端倪〉，《奇萊前書》，臺北：洪範書店，2003，頁 126-145。

可辨識的太空以外，顯然存在一個（或者多個）超凡的神。……
那追趕的呼嘯令人顫慄，證明天地間是有種形而上的威嚴。

　　楊牧接著將之視為古典神話的起源和成熟，動力源於恐怖感。詩是
神話的解說。楊牧自況為眾神授意的祭司，中介聖俗。前章討論楊牧的
《疑神》，對創作緣起雖有些說明，但「疑神」這個概念，楊牧甚麼時
候開始有些掌握？21 歲的散文〈昨日以前的星光〉或許是個起點。楊
牧說：

> 童年的溫馨突然變成一種負荷……終於有一天我發現，過去的真
> 已經過去了，他們不再出現了，同時我被擊倒，從那時起我開始
> 懷疑這世界的真實性，開始懷疑造物者被恭維，被歌頌的
> Omnipresence, Omnipresence, Omnipresence。從那時候起，我開
> 始把自己視為宇宙的中心，我信仰自己，極端地崇拜自己，我常
> 驕傲地對旁人說，「我心中自有一個上帝，他才是無所不在，無
> 所不能，無所不曉的主宰」[3]

　　值得注意的是，童年的逝去，竟與對造物者的懷疑，似乎有些因果
關係。這彷彿是說：倘若造物主無所不能，為何不讓童年的溫馨長存？
既然造物主不是無所不能的，信仰這個上帝就顯得令人懷疑。而甚麼能
令童年的記憶留下？時間停止呢？19 歲的楊牧喜歡教堂，喜歡它的色
澤與彌撒，也喜歡神父的博學與誠實。[4]楊牧從大一學妹摘花看見「人

---

[3] 楊牧，《葉珊散文集》，臺北：洪範書店，1977，頁 24。

[4] 楊牧，《葉珊散文集》，臺北：洪範書店，1977，頁 129。另，楊牧《奇萊後書》也寫到
這段大學時光，更簡鍊描述教堂做為建築的宗教力量：「小天主堂庭院四周一圈圍籬，
只有靠馬路這一邊設了大門，遠遠望進去，你能想像有一天當那花木長好的時候，必然

性內部最精美的跳動，和平歡愉的真諦，宗教性的虔誠。」[5]楊牧大學詩友黃用也是教徒。儘管如此，楊牧依舊以旁觀的角度，寫到：

> 在彌撒進行的時候，你似乎甚麼也看不見，只有大幅耶穌牧羊的彩瓷像，和白燭，鮮花，鈴聲，酒杯，聖餅，經典，拉丁文，聖歌，讚美詩，黑袍，十字架苦像，以及頭上披著白紗，手上抓著念珠穿得很體面的女學生和男學生。大家都太虔誠了；在神面前，全像著了魔的綿羊，匍匐，膜拜，嘴裡不停地念，像綿羊在嚙草，在反芻甚麼秣料似的。他們忘了建築物的美。……他們都忘了，他們只有神；我不能忍受他們對大地本身的淡漠，所以離開那個天主堂。我變成一個很徬徨無依靠的人。[6]

　　楊牧認為 19、20 世紀全世界的人類，都掉入一種造物主不能處理的困厄中，而人類的悲劇是全面展開的，沒有僥倖。楊牧不知道造物主解釋「教堂外的風景」？[7]他在教堂長坐，不過為了排遣寂寞；[8]他會語帶諷刺地以「感謝主，全能的主」為頌辭，調侃大學生不知人間疾苦[9]；他也會將「神愛世人」與戰後初期那些標語口號（他稱為可恥的謊言），並置[10]。凡此，與其認為楊牧傾向無神論，不如說他意欲一個對

---

　　就會有一種深而肅靜的情調，穿過綠葉樹蔭看那掩映的西方建築，淡淡絳紅的色調堅忍地升起提示著信仰，奉獻，崇拜，和心靈的投靠。每一次走近它，我就這樣想。」楊牧，《奇萊後書》，臺北：洪範書店，2009，頁 137-138。

[5]　楊牧，《葉珊散文集》，臺北：洪範書店，1977，頁 53。

[6]　楊牧，《葉珊散文集》，臺北：洪範書店，1977，頁 129。

[7]　楊牧，《葉珊散文集》，臺北：洪範書店，1977，頁 133。

[8]　楊牧，《葉珊散文集》，臺北：洪範書店，1977，頁 -33-35。

[9]　楊牧，《葉珊散文集》，臺北：洪範書店，1977，頁 58-60。

[10]　楊牧，《奇萊前書》，臺北：洪範書店，2003，頁 158。

宗教更深刻的理解，讓教堂禮拜、讓感恩謝典不淪為架空形式，讓真與美不被人們遺忘。[11]這無怪乎楊牧大學時代，會提到卡萊爾（Thomas Carlyle, 1795-1881）《衣裳哲學》（*Sartor Resartus*）[12]；徬徨無依靠的他，似乎已開始追隨一些大問題，例如神是否存在？救贖如何可能？這與當時存在主義思潮的流行，或不無關係。儘管如此，楊牧依舊時不時會感覺到神的存在，甚至在文章中流露出感謝與讚嘆之情：

　　在大學讀書的時候，曾經看到一個西班牙神父如何輕易地在一間

---

[11] 這或與楊牧童年旁觀阿美族生活中的宗教經驗有關。一方面，在阿美族傳統祭典中，楊牧那時看到的是歡愉、簡樸而自然，那種時間與生活，是永恆，是肯定了而不須選擇的世界。二方面，阿美族族人彌撒時的莊嚴肅穆，也在楊牧心中留下痕跡。進而，儘管天主教與阿美族的並置，造成楊牧內心的疑惑，他說：「惟有教堂背後筆直的檳榔和成林的麻竹，能教我確信這裡還是荳蘭或薄薄或是里漏的部落，證明那聳高千萬尺的山是我們的七腳川山脈」。然阿美族的經驗，天主教與祖靈信仰的和諧共存，都向楊牧揭示一個充滿美善卻「永遠不知道如何去進去入的世界。」楊牧，《奇萊前書》，臺北：洪範書店，2003，頁 60-64。有趣的是，相較楊牧寫東海大學的同學望彌撒，這裡的宗教修辭，顯然溫和寬容許多，可見楊牧的疑神，在以城市為背景時，措辭較尖銳；在以鄉村、部落乃至自然為背景時，則漸轉溫和。在這點上，楊牧所排斥與質疑的，與其說是神，不如說是人——人的盲從與淡漠。

[12] 楊牧，《葉珊散文集》，臺北：洪範書店，1977，頁 27。另，以《英雄與英雄崇拜》聞名的卡萊爾，在《衣裳哲學》一書中虛構一位德國教授以表述其宗教觀，簡言之，一從喪失信仰的「永遠的否定」（Everlasting No），再認識到上帝作為「無關心的中心」（Center of Indifference），迄於一「永遠的肯定」（Everlasting Yes）。Carlyle, Thomas. *Sartor Resartus: The Life and Opinions of Herr Teufelsdröckh*. Ed. Charles Frederick Harrold. NewYork: Odyssey, 1937. 此外，將此書視為青少年「轉大人」資糧是相當有趣的。例如此書被臺灣前總統李登輝視為影響最深的三部書之一。李登輝自言在他年輕時，當思索人生意義與生死問題時，是《衣裳哲學》給出直接的答案。李登輝，〈影響我最大的三本書之《衣裳哲學》〉http://m.advo.tw/node/274，（2002.2 發表，2013.3.17 查詢）。
那麼，在少年楊牧疑神之初，《衣裳哲學》起了甚麼作用？事實上，楊牧對於辯解神存在與否，無甚興趣。「我往往停止在一般的辯論核心之外，或甚至就拒絕進入那激越的門檻，當我感受到那來回的文本或口語集中在探索著神的存在，或不存在。」楊牧應是不願用肯定否定，二元論方式給出武斷。再者，他自承閱讀卡萊爾時，無論他立意多崇高且聲勢浩大，「我總是進不去他的世界」。楊牧，《奇萊後書》，臺北：洪範書店，2009，頁 147、150。然前述討論，不妨視為楊牧宗教態度一旁證。

墨西哥式的小教堂裡點氣燈，他的手背上閃著地中海的傳奇和耶路撒冷的神話，我沉醉在全無宗教的寧靜中。那時我想，有一天我必將能夠親手點一次馬燈。如今我每天都同馬燈在一起了，我的生命真是最仁慈的神的安排，我不知道怎麼感謝。[13]

　　表面上楊牧堅守疑神的立場，然而這或許是「一個說法」。《疑神》最末段寫一座英格蘭教堂的奇異色彩，「事過多年我還記得那細碎的光芒，甚至可以說是神秘：我久久凝望，不能釋然」。[14]莫非暗示他又體會「神的安排」？楊牧也說過「看到的全是假象，看不到的才是真象。」[15]楊牧作品裡有時顯得相當篤定且盈滿神諭。楊牧認為葉慈比華茨華斯偉大之處，在於他中年後「擴充深入，提昇他的浪漫精神，進入神人關係的探討，並且評判現實社會的是非」。[16]楊牧對葉慈的這段描述，不啻也是一種自我宣言。

## 二、楊牧詩的美學特徵

### （一）隨機拆解

　　楊牧認為「詩質」包含意象、譬喻、象徵、主題、自然聲籟等，但總歸「必須是思惟感情進行轉化過程中的圓融結構。」[17]從語言操作的

---

[13] 楊牧，《葉珊散文集》，臺北：洪範書店，1977，頁 45。

[14] 楊牧，《疑神》，臺北：洪範書店，1993，頁 302-304。

[15] 楊牧，《奇萊後書》，臺北：洪範書店，2009，頁 363。

[16] 楊牧，《葉珊散文集》，臺北：洪範書店，1977，頁 10。

[17] 楊牧認為：「詩的質地，包括通過意象和譬諭的準確運用，通過純淨適當的象徵技巧，

角度，楊牧所謂的圓融結構，或能由語法、語意、語境三面向給予基礎的描繪。首先，在語法結構的佈置與組織，楊牧有相當鮮明的特徵，諸如：重視句型的完整與自然、節制標點符號與空格的使用、高度自覺於斷句後的節奏與聲響等。楊牧說：「在文字方面，我主張最大的寬容」。[18] 這種寬容，卻不是後現代常見的文字遊戲，更多是照顧到音韻、節奏、聲響而有的斷句，或句型的調整。

例如〈希臘〉（2009）：

01　諸神不再為爭坐位齟齬
02　群峰高處鑴琢的石磈上深刻
03　顯示一種介乎行草的字體
04　乃是他（她）們既有之名，永遠的
05　浮雲飄流成短暫的殿堂，各自
06　占有著，俯視遠處海水洶湧
07　發光，讓我們揣測那激盪的心
08　惟此刻一切都歸於平淡，就像
09　右前方那安詳坐著的小覡且依靠
10　一株海棠近乎透明地存在著（象
11　徵遺忘）對過去和未來
12　聽到的和看到的都不再關心，縱使
13　早期凡事擾攘遠近馳驟的赫密士

---

以揭示恆久動人的主題為基礎，而且更有待自然聲籟的音響原則加以扶持推動，於跌宕承轉之間，獲取內外意義的均衡。質言之，現代詩追求的詩質不是古代騷人墨客的風雅感歎，春愁秋興，或送別傷逝的連鎖反應，更不是典故的精巧運用，而必須是思惟感情進行轉化過程中的圓融結構，求新求變，發前人之所未發，求通篇作品的準確和完整。」楊牧，《失去的樂土》，臺北：洪範書店，2002，頁 81。

[18] 楊牧，〈散文的創作與欣賞〉，《文學的源流》，臺北：洪範書店，1984，頁 85。

14　曾經奔走把彼此不安的底細說分明[19]


　　這首詩首句語意完整，斷句的斟酌自二行開始，「群峰高處鐫琢的石磋上深刻／顯示一種介乎行草的字體」。這長句斷在「深刻」，既回應「鐫琢」一語（雕刻），亦讓接續的「顯示」獲得突顯，讓詩的表述因為斷行而簡潔。這首詩的標點運用也很有趣味，第四至七句連用逗點隔開「永遠的」、「各自」、「占有著」、「發光」這幾個詞語，頓挫詩行行進，交錯語氣的律動，並猶如另一組暗示，指涉諸神是永恆發光的個體。然這個涵義，又受到語法的牽制，「永遠的」雖彷彿補述修飾著諸神之名，但接續的「浮雲」，隨即解構這樣的詩想，並召喚後續「短暫的殿堂」、「海水洶湧」出現。進而，逗引讀者聯想，詩中「我們」揣測那激盪的心，是否即相應浮雲這個殿堂供奉著的峰頂？再若第八、十句，前者藉逗點落在「就像」，後者藉括號斷開「象徵」二字，或為協韻，或為避免語意太快落實，或讓「徵遺忘」諧音而諧「真遺忘」之義，但語氣因此不歇止，持續滑動猶疑，卻是明顯的效果。

　　楊牧認為：「現代詩的音調節奏，也不是平仄黏拗的規矩一端而已，須於字句的妥貼安排和佈置中，確定詩的音響隨內容主旨而有所變化，求取二者自然而互為因果的平衡。」[20]通過〈希臘〉這首詩，則可注意楊牧字句的安排與佈置，在平衡「詩的音響」與「內容主旨」外，多少還有些隨機，甚至帶點文字的嬉戲感。又像是〈琴操變奏九首・其一〉（2013）：


　　是誰率先指出那遠距浮動的是晨光

---

19　楊牧，《長短歌行》，臺北：洪範書店，2013，頁 4-5。詩行前標號為方便討論所加。
20　楊牧，《失去的樂土》，臺北：洪範書店，2002，頁 81。

無時不向我們枯坐的位置湧近

一種壓迫，如賁然奮起的馬隊

以號角，鞭笙，和鐵蹄

放縱馳驟，齊其鮮潔之毛色

教我們不能或忘，未免其威嚴與輝煌

復展開於暴戾的意志前上方

旋轉衝刺，定位在太陽穴間

如疑似失蹤的文字飄搖進行過未來

直到我出手攔截，籠絡於你心曲之中？[21]

　　誠如馬悅然（Goran Malmqvist, 1924-2019）指出：「楊牧的詩特色在於語言縝密多姿，句構隨機拆解，變化有致，而主詞的省略和行尾標點符號的闕如更平添耐人尋味的多義性。」[22]前引詩行的頭兩句，「是誰」勾起的問句在省略標點符號後，落在「是晨光」，產生豐富效果。一來「是……」與「是……」句型反覆出現在同行，一前一後猶如兩個重音，語氣的頓點；中間一句相較平滑。這賦予詩行輕重，起伏的律動。二來「是誰」聲音先抑後揚，像兩個單音先低後高，「是晨光」情況類似，但因複數高音而語氣延宕，語音既呼應迴響，語義又相照顧，見巧思趣味。三來這句詩行，如稍簡化為「誰率先指出那遠距浮動的晨光？」更可清楚看見楊牧的語法運作，前後加入一個「是」，破壞句型，以騰出語詞重組的空間；再利用「的」結束語氣，使句子「是誰率先指出那遠距浮動的」似斷非斷，「是晨光」已呼喚下句如「是晨光／無時不向我們枯坐的位置湧進」。這有點類似海浪的運動，表面是一道

---

[21] 楊牧，《長短歌行》，臺北：洪範書店，2013，頁 72-73。

[22] 馬悅然著，曾珍珍譯，〈楊牧與西方〉，《中國時報》，2013.3.6。

浪覆蓋另一道浪，但每一道浪前進，實則隱伏前一道浪的後退。這效果類似陳世驤「反覆迴增法」（incremental repetition），能構成詩的韻式，增進詩的和諧。[23]

## （二）聲色呼應

　　楊牧在語意運動的安排，特徵是重視語意接續與前後呼應、少於矛盾與斷裂、重視概念語造成的跳躍等。楊牧自稱：「我對詩的表達方式很在意，很有信心。……通常我能隨意摘取一個意象或意象語，加以擴大，渲染，迅速定型，難免就喜歡，於是我為它尋找外在的框架，以特定主題範疇加以界定，並努力將那框架一一充實起來，使他左右前後的意義，聲色都能呼應，甚至上下裡外也能呼應而無扞格牴觸。」[24]例如〈主題〉（1998），在語法結構既見反覆迴增，在語意又見前後呼應。全詩三節，複沓三次「不要問」：

　　　　不要問我那是什麼，岩石
　　　　隙縫裡迸生的地丁風信子──
　　　　或許是春光的假象，我只能說
　　　　牆腳下濃密的舊苔無比潮溼

　　　　靠近池塘那水缸一夜間解凍

---

[23] 依陳世驤的定義，《詩經》賦比興三義中，「興」以迴覆和提示鞏固詩型，時而奠定韻律，時而決定節奏，時而完遂氣氛；「反覆迴增法」則尤其是興體的特殊功能，構成一首詩的韻式，增進一首詩的和諧完整。陳世驤：《陳世驤文存》，頁 219-266。「反覆迴增法」原為龐德（Louis Pound）用以談論民謠語法，陳世驤轉以講述《詩經》。楊牧，《傳統的與現代的》，臺北：洪範書店，1979，頁 125。

[24] 楊牧，《奇萊前書》，臺北：洪範書店，2003，頁 299。

憂鬱維持原來的高度，水位降低
斜斜一條裂罅警示了冬之不滿
不要問我吹動浮萍的是什麼風

蝸牛在睡覺，薯甲蟲躲在土裡
悲觀的人有思維深刻的權利
但不要問我小蠋蛹在繭裡等待
什麼，蝶的生機不是我的主題[25]

　　這首詩開頭的語氣頗逗趣，詩中人先是拒絕「不要問我那是什麼」，卻隨即以意象語回答「岩石」，再將詩的鏡頭推近，聚焦「隙縫裡迸生的地丁風信子」。顯然詩中人似迴避著某種提問，不願說破，且由於問題最末才點出，此時僅製造懸念。這個懸念以「春光」與「舊苔」的並置造成張力：春天象徵著新生，詩中人卻只能答覆「牆腳下濃密的舊苔無比潮溼」。二節繼續渲染這個季節交替的想像，「水缸一夜間解凍」，呼應石縫迸生的風信子，但詩中人不改憂鬱，因水缸出現「斜斜一條裂罅」。這個意象強化首節張力，岩石／水缸的隙縫，突顯著不只是生機，也是警訊。故而詩中人再次表態：「不要問我吹動浮萍的是什麼風」。浮萍常是人生無寄的象徵，「風」則隱喻時間，同時做為浮萍並不自主的動機。進而，三節睡覺的蝸牛、躲在土裡的薯甲蟲，儼若詩中人的自我投射，也表達對舊時光的留戀與不捨，是以再次強調「不要問我小蠋蛹在繭裡等待／什麼」，並揭曉答案：「蝶的生機不是我的主題」。是以，楊牧〈主題〉很有意思的是，詩中人始終迴避正面答覆，而透過意象點染，呼應，迂迴暗示著韶光易逝的憂思。

---

[25]　楊牧，《楊牧詩集III》，臺北：洪範書店，2010，頁 318-319。

　　楊牧在〈主題〉這首詩表現出詩「言說」的特質，即不說破，反藉意象迂迴流轉詩想，讓語意運動並不像散文直線衝刺，而有姿態，身段，意義始終有曖昧的聯想空間。而楊牧在這點的表現，在學界已有討論，例如向陽即結合符號學、神話學角度討論楊牧詩藝基礎，突顯楊牧詩的曖昧與豐饒。[26]

## （三）戲劇性

　　語境調度最為楊牧強項，學者喜用「戲劇獨白體」論楊牧亦以此，其特徵為：重視敘述觀點且喜用第一人稱發聲、重視意象指涉語境的功能與效果、重視詩中人的動作等等。葉維廉很早就注意到楊牧詩「敘事」的興趣，稱楊牧「很早就迷事件的詩」，例如〈消息〉即有「敘事的意味」，至於〈山洪〉則為透過聲音的姿式構成的敘事詩。葉維廉點出敘事與抒情差異，在敘事詩中，詩人總是站在詩中人的經驗外「旁白」；抒情詩則不可分，通過「面具」發聲。[27]吳潛誠曾就「假面」有過討論；賴芳伶也有相當詳細的論證。[28]楊牧自己則提到對故事詩很感興趣。如故事裡誰在發言？並以李白〈長干行〉為例，說明這是從抒情詩步入敘事詩的境界，且快達到戲劇的層次。[29]試看楊牧早期的詩作〈教堂的黃昏〉（1962），敘事者猶以全知觀點看著詩中人，並為之旁

---

[26] 向陽，〈「傳說」楊牧的詩〉，收於須文蔚編選，《楊牧》，臺南：臺灣文學館，2013，頁 129-132。

[27] 葉維廉，《秩序的生長》，臺北：志文出版社，1971。葉維廉更細緻區分，白朗寧「獨白」、葉慈「面具」之間，一種早期龐德式的 Persona，人格面具。

[28] 吳潛誠，〈假面之魅惑：楊牧翻譯《葉慈詩選》〉，《中國時報》，1997.4.2-3，27版。賴芳伶，〈孤傲深隱與曖昧激情——試論《紅樓夢》和楊牧的〈妙玉坐禪〉〉，《文學詮釋新視野》，臺北：里仁書局，2014，頁 499-537。

[29] 黃千芳，〈王文興與楊牧對談詩詞〉，《中外文學》第 31 卷第 8 期，2003.1，頁 78。

白：

　　教堂的黃昏敲著無聲的鐘
　　（耶和華是我的巖石，我的山寨）
　　藤花綴滿中世紀的磚牆
　　十二使徒的血是來自十二個方位的夕陽
　　在七彩的玻璃窗上注視著一個悄悄爬進來的魅魎

　　疲乏的土地啊，磐石的陰影下繁榮著罪惡的罌粟花
　　草地上躺著一個唱過聖詩的漢子
　　他昨夜歸來，像一個受傷的鏢客
　　落荒奔離撕殺的沮洳場
　　帽子掛在樹上，又像一個異教的僧侶
　　把馬匹繫在路上，繫住沿途的猶豫和不安
　　耶和華是我的巖石，我的山寨──他念道
　　教堂的黃昏敲著無聲的鐘，敲著末落[30]

　　楊牧這首詩的寫法，可謂充滿戲劇性的想像。先是引舊約箴言起興：「投靠祂的，祂便作他們的盾牌。」詩行卻寫道：「疲乏的土地啊，磐石的陰影下繁榮著罪惡的罌粟花／草地上躺著一個唱過聖詩的漢子／他昨夜歸來，像一個受傷的鏢客／落荒奔離撕殺的沮洳場」。換言之，詩中人儘管口誦舊約詩篇「耶和華是我的巖石，我的山寨」，但他在詩中困頓潰敗之形象，暗指主之盾牌不堪防禦，凱歌不脫陰霾；沮洳場終不為安樂國，救贖亦不在教堂。不怪詩裡鐘聲只能無聲敲著，「敲

[30] 楊牧，《楊牧詩集I》，臺北：洪範書店，1978，頁 171-172。

著末落」。這首詩並非直率批判神，而是留有餘地，轉呈人與上帝的關係：雖稱盾牌畢竟不防刀槍，即便負傷也歸趨教堂，縱遍地罪愆也呢喃記唸著神是巖石是山寨。話說回頭，楊牧〈教堂的黃昏〉以全知觀點描寫詩中人心境的疲困，在語境的營造上，儘可能調度相關意象，佈置「使徒」、「罪惡」、「聖歌」、「僧侶」、「鐘」等符號。這一方面可見五、六〇年代臺灣現代詩壇某種習尚與陌生化美感，如洛夫、瘂弦皆善從基督宗教尋求靈感；另方面，也可見楊牧早期調度詩中戲劇空間的嘗試，即想像一個詩中人展演自身的舞臺。

　　而楊牧通過想像力，對於戲劇舞臺的營造，把握愈見不同。倘若〈教堂的黃昏〉裡意象結構，如舞臺劇使用的各種象徵性道具，去指涉詩中人的心境與處境，楊牧經過〈延陵季子掛劍〉（1969）、〈林沖夜奔〉（1974）、〈馬羅飲酒〉（1977）等詩作發展出的戲劇獨白體，則讓詩人與詩中人的距離，進一步突破空間限制。這也使得詩中戲劇空間的營造很不同。例如〈失落的指環〉（2000）的語境調度，其戲劇性即堪比電影運鏡與剪輯。試看首二節，不僅考慮語法的隨機拆解與語意的聲色呼應，更透過詩中人的觀點，選擇應該「入鏡」者，使詩行行進步步驚心：

　　　　直對這罅隙，微光反射的街口
　　　　我認得清楚——開放的空間
　　　　種植一排無花果和寺院窗下的
　　　　紅薔薇，我狙擊的準星對準

　　　　他們無處閃避每當走到我童年
　　　　候車樹下進入我的射程，殘暴的
　　　　蓓蕾迎聲開放，隨即向南

疾行四條巷子登樓就位新據點[31]

# 三、《海岸七疊》與《禁忌的遊戲》的主題辯證

## （一）愛與慾

> 無非是生長的活力陪伴著我，彷彿走向一條無止境的愛與慾的，
> 宗教的歷程，無非生死，死的溫存招喚我，一步一步解卸我多年
> 累積的神秘經驗，我逐漸成形的不可知論。[32]

　　曾珍珍觀察到楊牧有四個母題：開創性的命名者、年輪、星圖與魚
類的洄游。[33]李奭學論楊牧《星圖》的三重主題。[34]陳芳明則認為「流
亡的主題，將是楊牧文學不變的主題。除非他決心回歸，否則他則延續
長年以來累積的雙重鄉愁，亦即空間的鄉愁與時間的鄉愁。」[35]許又方
則討論楊牧詩經研究時指出「主題」，乃引導詩人的思維在快速的創作
過程中構築「神話」以形成更大結構；而楊牧揭示者，即主題適為中國
傳統詩歌觀念中的「興」。[36]奚密則稱「抒情一向是楊牧的主調，自我

---

[31] 楊牧，〈失落的指環〉，《楊牧詩集III》，臺北：洪範書店，2010，頁 366。

[32] 楊牧，《奇萊後書》，臺北：洪範書店，2009，頁 359。

[33] 曾珍珍，〈生態楊牧──析論生態意象在楊牧詩歌中的運用〉，《中外文學》第 31 卷第 8 期，2003.1，頁 161-191。

[34] 李奭學，〈雪虹鱒的旅程〉，《書話臺灣：1991-2003 文學印象》，臺北：九歌出版社，2004。

[35] 陳芳明，〈永恆的鄉愁──楊牧文學的花蓮情結〉，《第一屆花蓮文學研討會論文集》，花蓮：花蓮縣立文化中心，1998。

[36] 許又方，〈讀楊牧《鐘與鼓》及其《詩經》研究〉，收於陳芳明主編，《練習曲的演奏與變奏：詩人楊牧》，臺北：聯經出版事業公司，2012，頁 250。這篇文章指出楊牧結

是他的主題。」[37]第13屆吳三連文藝獎評定書，肯定楊牧在主題意識方面，關懷鄉土、社會、世界，揭露問題也提出理想；在藝術技巧，兼採西方文學、中國古典文學、現代詩於散文創製，屢有新格。[38]

　　但楊牧對愛與慾為主題的思考，更是綿延數十年，〈歌贈哀綠依〉（1963）在《疑神》也有迴響即為例證。此外，像是廖咸浩注意到楊牧自傳散文中，對於性的啟蒙幾無著墨，並推估是種「內在躊躇」。[39]陳芳明談楊牧1974年垂危的婚姻，「詩是他僅有的救贖」。[40]張芬齡、陳

---

合美國學者彌爾曼培里、羅爾等西方學者研究荷馬史詩所得到的結論：古代詩歌基本性質口述，其語言特徵為「套語化與傳統性」，主要體現三種創作模式：習語的襲用、套語系統、主題創作。進而，楊牧用以討論《詩經》並指出主題（theme）創作，指的在詩歌中經常反覆出現的事件、場景或具描述作用的段落。「主題」式創作在基本原理與「套語」相仿，同為詩人「記憶的手段」之一。套語通常依循「詩律—句法」以構成詩句，主題則引導詩人的思維在快速的創作過程中構築「神話」以形成更大結構。

[37] 奚密，〈抒情的雙簧管：讀楊牧《涉事》〉，《中外文學》，第31卷第8期，2003.1，頁208-216。

[38] 第13屆吳三連文藝獎散文得主評定書寫到：「在主題意識方面，他關懷鄉土，關懷社會，關懷整個世界。無論是論時事、談文學、紀遊覽、憶往事，無不含蘊有以上種種關懷。他揭露問題，也往往提出理想，他關懷的範圍由小而大，思考的層面由淺而深，從三十年來的散文作品中顯然可見。在藝術技巧方面，他多年來致力的是突破散文形式上的窠臼，別創新格，為此他不斷的在嘗試，嘗試從西方文學、中國古典文學、現代詩中汲取各種藝術技巧，融入散文之中。同時他也不斷的在回顧，檢視種種嘗試的得失。因此，他的散文集每一集都有進境，有新的風恪。」附帶一提，楊牧在詩的創格，王文興序《北斗行》提到，現代詩發展的困難，在新秩序尚未建立，最嚴重的一點，在「主題發展所必需的完整性」，但楊牧已向此新秩序邁進一步。另外，新秩序應有的「前後呼應」、「韻律學」，楊牧努力也十分顯著。王文興，〈北斗行序〉，收於楊牧，《北斗行》，臺北：洪範書店，1978，頁5。

[39] 廖咸浩評介《時光命題》與《昔我往矣》，見《中國時報》，1998.3.12，42版。該短文指出楊牧在《昔我往矣》有種隱約的緊張，一種在細瑣與龐大、刻意與質樸、私情與公眾、想像與土地、文字與人間的輕微猶疑。

[40] 陳芳明，《昨夜雪深幾許》，臺北：印刻文學生活雜誌出版有限公司，2008，頁140-141。陳芳明側寫楊牧1970年代中後期：「每當重讀這個時期意象相剋相生的詩作，楊牧獨來獨往的身影又浮現在我的記憶。最熟悉的一幕，是他在好幾次的黃昏，提著啤酒來到我家客廳，整晚坐在那裡獨飲，無語面對窗外的黑夜。妻和我有時陪他說話，偶爾會有笑語，卻可感覺一股揮之不去的低盪情緒在室內徘徊。後來才知道他已遷至城北海邊，獨居在密林中的一間公寓。那可能是他生命中非常困頓的時期，垂危的婚姻使他必

　　黎注意到楊牧《瓶中稿》時期的失落與受苦，「一直要到《海岸七疊》，當往昔的記憶和新生的愛情在家鄉的土地上找到方位，他飄泊的靈魂才像離弦的箭找到了落實的標的，他的情詩也才綻放出清朗的微笑。」[41]然而，愛與慾究竟是矛盾關係、辯證相容還是同實異名？楊牧是如何思維這個生命課題？同年出版的詩集《禁忌的遊戲》與《海岸七疊》不僅透露端倪，亦是一組有力的象徵。

　　楊牧曾以《禁忌的遊戲》談〈詩的自由與限制〉，指出《禁忌的遊戲》主題約分為外在與內在世界，但兩者相互為用。楊牧說：「我對於生命的膠著狀態是具有充分認識的」，但「這本詩集最終的主題是我對於精神生命的突破，還是堅持著，期待著。」[42]楊牧也曾在訪談中提到《海岸七疊》和《禁忌的遊戲》：前者作於兒子剛出生，也是美麗島事

須收拾無可收拾的哀傷。詩是他僅有的救贖。」

另，楊牧 36 歲離婚，同年陳芳明所謂楊牧「重要轉折」的《年輪》（1976）出版。陳芳明認為此書「文字不僅注入現實關懷，而且也對戰爭與性的主題進行質疑。」陳芳明，〈抒情的奧祕——「楊牧七十大壽學術研討會」前言〉，收於陳芳明主編，《練習曲的演奏與變奏：詩人楊牧》，臺北：聯經出版事業公司，2012，頁 ii。事實上，這個重要轉折，或也暗示人生旅程的變化。但楊牧詩文是否有那麼戲劇性的發展？可以討論。因為楊牧隨時都在微調創作，每首詩主題、意象、落詞、錯句、語調、韻律大抵都文思縝密，甚至單一詩集內彼此詩作還在出版前修訂以求連貫性與同質性。縱三不五時，大開大闔寫些長詩，畢竟醞釀良多，適時而發。所以，對於每首詩都不縱放的作者而言，要出現重要轉折，除非頓悟今是昨非，以致於本質上不蹈覆轍。而綜觀楊牧詩文，26 歲初到柏克萊，也就是與濟慈作別後的 1966 年，或許對掌握楊牧詩文轉變更具指標意義。楊牧自己也說：「從我早期的創作到愛荷華階段，一直在找尋可行的創作之道，確實也獲得了一些不錯的回應，但真正有所收穫要到了在柏克萊唸研究所之時，將一些原本看似外形浪漫的部分，與知性相結合，亦即增添了哲學、知識等內涵。那段時間在我的創作過程是個轉折」。楊照採訪，王妙如記錄整理，〈一位詩人的完成——專訪楊牧〉，《中國時報》，1999.12.18-23，37 版。

41　張芬齡、陳黎，〈楊牧詩藝備忘錄〉，收於林明德編，《台灣現代詩經緯》，臺北：聯合文學出版社，2001，頁 239-265。然而，楊牧早期作品中也有甜蜜的。例如〈秋天的樹〉（1963）：「雲自小路飛起來了，愛是輭軟的歌／當我們年輕愛笑，坐在簷下看雨／當星空用幸福的微光把我們接去／有一棵樹，是一個象徵／生長在每一個夢境，是我的愛」。

42　楊牧，〈詩的自由與限制〉，《文學的源流》，臺北：洪範書店，1984，頁 17-20。

件之際;後者則是「生命裡極不快樂的一段時期」。[43]而這裡所謂的「膠著」、「極不快樂」,是否指涉前述觸礁的婚姻?楊牧詩中一些陰霾,是否源自楊牧與陳少聰的緊張無奈,又或者別有所指?[44]《禁忌的遊戲》壓卷組詩〈九辯〉(1978),共九首,試看第八首〈我們〉前段:

> 天明以前,我們總能夠
> 將錙重拋棄,決心兒子
> 下完一盤棋。車靁馬殤
> 僅剩一步卒掩護火炮
> 涉水前進。楓葉在窗前

---

[43] 楊照採訪,王妙如記錄整理,〈一位詩人的完成——專訪楊牧〉,《中國時報》,1999.12.18-23,37 版。楊牧說:「寫《禁忌的遊戲》時是我個人生命裡極不快樂的一段時期,但我試圖去隱藏,因此《禁忌的遊戲》裡,我把場景搬到西班牙;但《海岸七疊》主要寫兒子出生,寫法、心境不同,當時正好也遇到了美麗島事件的發生,全台灣的政治情況,文化前途面臨空前的變動,而在我個人方面,感受之強烈,是生平第一次,所未曾有。大審中的辯論,使得全台的人都接受到一次有意義的政治教育。而我們在美國教書的一批朋友,也聯名寫了一封信給蔣經國,由陳若曦帶回台灣,力言為事件被捕的人絕非『叛亂份子』云云。《禁忌的遊戲》確實和我早年較傾向個人的寫作風格不同,呈現了另一種思考。過了兩三年,我在台大客座,有感於台灣的省籍問題,因此寫下〈有人問我〉,〈公理和正義的問題〉等詩。由於當時是戒嚴時代,有些作品作了未發表,或是以點到的方式來作,就像十多年前寫〈航向愛爾蘭〉一樣。」

[44] 《禁忌的遊戲》裡多首詩作,成於楊牧首度客座臺大外文系,教授楊澤、廖咸浩、羅曼菲等人莎士比亞期間。而《禁忌的遊戲》可能涉及楊牧與羅曼菲(1955-2006)一段沒有結局的師生戀,而非陳少聰。楊澤悼羅曼菲文曾帶到這件事,楊澤,〈現代舞的家庭傳奇——回憶羅曼菲與伍國柱〉,《中國時報》,2006.5.1。這篇文章提到:「在我記憶中,那個純真的年代,先後有好些個詩人追過曼菲。在我們台大外文系的年代,已故攝影家謝筱良曾率先為她寫下兩首英文十四行詩。當年台大現代詩社的兩員大將羅智成、廖咸浩,我得說,當然還有——最最具有家庭傳奇魅力的,尋求詩與舞蹈與音樂的結合,為她寫下一系列美好情詩的楊牧老師。今天的人也許會懷疑,為什麼會有這麼多同年代的詩人同時仰慕曼菲?他們仰慕的是曼菲,還是舞者,還是舞者無窮變幻的身體?葉慈的答案,應該也是楊牧老師的答案:就像我們無法辨別,大樹精靈到底棲息在枝葉、花朵還是樹幹之中,我們也無法區分舞與舞者本身。」

搖擺，鏗然落地一聲
兩聲三聲。士相紛紛走避


是下完一盤棋了[45]


　　開頭棋盤廝殺成為感情衝突的喻依，錙重拋棄或指涉分手時丟棄的
物品，但或是一種交換，車霾馬殤自是整個協議分手過程造成的心靈創
傷，「僅剩一步卒」猶若臨終局只差幾手，而卒後的火炮伺機待發，殺
局將成。這時詩行跳接楓葉搖擺的意象，緊接「落地一聲」，既是葉
落，也是火炮發動攻擊，一輕一重，催對方將軍束手就擒，勝負已定。
然這首詩最教人心折的，並非感情中分出勝敗，而是詩中人在宣告勝利
後，開始回想當初，並將「對手」比擬為一條蜿蜒羞赧於楚河的小蛇，
將自己比喻為畏水的象（象棋遊戲規則裡，「象」無法過河），曾鼓足
勇氣試探對方虛實，但小蛇仍無動於衷。進而，詩中人在回憶中得到同
情與力量，遂把「棋盤倒轉，決心妥協」。前段決心兌子是爭勝負，末
了決心妥協，不僅是投降還有點求饒的意思，畢竟對弈間的烽火，並不
因棋盤翻轉而消逝。但「秋蛇仰翻，蛻落一層皮／晨光打散了棋子」，
對方並不領這個情。如果將這首詩導入楊牧與陳少聰為對位，則詩的想
像還有些空隙可填補。

　　前述曾提過陳少聰家臺北淡水，《葉珊散文集》開篇的〈陽光海
岸〉即可能寫楊牧從臺中北上，與陳少聰約會的情景。換言之，〈我
們〉裡一條在微曦裡閃閃發光的楚河，或影射淡水；〈陽光海岸〉則寫
有一條小划舟在河口盪著：「假如我們向他招手，你說，它就會為我們
引渡。但我不想渡，我喜歡此岸。」〈我們〉裡詩中人坐在佈滿菊花的

---

[45] 楊牧，《楊牧詩集Ⅱ》，臺北：洪範書店，1995，頁 255。

陽臺上；〈陽光海岸〉則說：「假如我也有一片海岸光輝如你的就好了。」[46]然而逝者如斯，往年的溫馨不再，〈我們〉這首詩終召喚出〈九辯〉的下一首〈再度迂迴〉，且錄首二節詩行如下：

> 春天，我再度迂迴
> 行過一座熟悉的森林
> 鷓鴣的聲音藏在小雨中
> 低垂的雲層是我的寺廟
> 我昂然面對鐘鼓，摩挲
> 龜裂的木魚和塵封的香爐
> 且讓我在蒲團上冷冷長坐
>
> 蜘蛛在菩薩的手勢中經營
> 結出一張生死慾望的網
> 我聽到笑謔和呻吟
> 在八卦圖裡旋轉；哭聲
> 和喘息在空虛的籤筒中
> 激盪。潮濕的夏天──
> 誓言熄滅如短暫的香火[47]

　　再度迂迴於熟悉的森林，既指陳駕車蜿蜒於林間山路，追憶一同度過的時光，也暗示感情的空窗，故詩中人以「我」發聲，而非「我們」。而兜風療傷的車窗外，有小雨襯托心底的惆悵，但詩的幻想隨之

---

[46] 楊牧，〈陽光海岸〉，《葉珊散文集》，臺北：洪範書店，1977，頁 3-6。

[47] 楊牧，《楊牧詩集II》，臺北：洪範書店，1995，頁 257-258。

啟動，低垂的雲靄，原可象徵是心理的陰霾，詩中人卻說這是「寺廟」。無聲的鐘鼓、龜裂的木魚及塵封的香爐，樹倒猢猻散似的，只剩「我」在蒲團上冷冷長考（蒲團或實指駕駛座的椅墊）。進而，在這個想像中，蜘蛛竟在菩薩手勢中經營一張生死慾望的網。「蜘蛛」自然是詩中人的暗喻，生死慾望與笑謔呻吟，自然影射男歡女愛，但這些過往雲煙，隨即帶出哭聲與喘息，「空虛的籤筒」意味再沒有解答，神佛無言以對，在一間已然敗壞廢墟的古剎。緊接再破出詩中人的感慨：誓言熄滅如短暫的香火。於是可注意到慾望，及那潮濕的夏天，如何便從詩中人眼前抽離，但愛呢？

　　同理，倘若導入楊牧與羅曼菲為對位，詩的詮釋也出現不同空隙。羅曼菲，臺灣宜蘭人，1977 年臺灣大學外文系畢業，1985 年紐約大學舞蹈碩士，同年返臺任教國立藝術學院舞蹈系；為國內知名舞者，曾在雲門舞集《白蛇傳》中飾演白蛇（1980），舞蹈作品有「輓歌」（1989）、「蘆葦地帶」（2002）等；2006 年因肺腺癌辭世。以羅曼菲為線索，則楊牧 1975 年客座臺大後的詩中如「蛇」、「舞」等意象的描寫（甚至《疑神》裡對白蛇的討論），也有些聯想空間。例如〈問舞〉（1976）、〈答舞〉（1976）二詩。〈問舞〉將「你」比擬為「黃昏七點鐘的蓮」、「左右晃動如曩昔之舞」，〈答舞〉的末段詩行則寫道：「你將單獨詮釋這短暫的時刻／以具象詮釋抽象，右手一翻／使用的是我佛大悲的手勢／這是你一生之舞」。

　　綜合前述，無論這些情詩傾訴的對象是誰，《禁忌的遊戲》裡，如〈九辯〉裡的愛慾可謂是矛盾衝突，以迄無解的。但有意思的是，當一段感情走到終點，往日的甜蜜雖顯得有點諷刺，對詩人依舊起著撫慰的作用。是故在詩人眼中，「她」，猶如神話中一永恆的女性，其燦爛多光澤的形象並未稍減。儘管〈再度迂迴〉裡亦有詩行「我施捨如仰臥的秋天／聽任你撲殺如饕餮」，或如〈禁忌的遊戲 4〉（1976）無奈叩

問：「愛難道也是生命的裝飾而已？」「愛，當愛逸失的時候，生命還
有可能繼續？」詩中所謂快樂地朝向結論：「愛逸失的時候，生命應當
還可以完成。」接續的卻是「吉他聲忽然中斷／一排槍聲……」。[48]

　　不過，愛慾間不總是衝突無解的。倘若遇見對的人，希望還是能夠
重新燃起。1978 年夏天，楊牧返臺結識夏盈盈，《禁忌的遊戲》裡抑
鬱的生命繼而重見曙光。楊牧與夏盈盈 1978 年 10 月 31 於臺北天吉飯
店訂婚，1979 年 1 月 2 日臺北完婚。[49]〈海岸七疊〉寫於 1980 年 1 月，
妻子即將臨盆；3 月獨子王常名誕生。試看〈海岸七疊〉首段：


　　　在一個黑潮洶湧的海岸
　　　我們尋到歇息生聚的地方
　　　（你曾經長期隨我流浪
　　　帶著雙鞭，和一對刀槍）
　　　俯視溪谷草原的山坡上
　　　我們尋到了喬木和果樹
　　　練武的院子，和書房


　　　並且我們驚喜地發覺
　　　在一個黑潮洶湧的海岸
　　　有生命比陽光還亮，比白雪

---

[48] 楊牧，《楊牧詩集 II》，臺北：洪範書店，1995，頁 164-167。須文蔚解〈禁忌的遊
　　戲〉：「楊牧的〈禁忌的遊戲〉系列，如何在充滿禁忌的年代，把台灣的苦楝移植到安
　　達盧西亞的平野上，見證著獨裁者謀殺詩人與論辯，抒發著台灣詩人心中憤怒與企求改
　　革的心志。」須文蔚，〈服下詩還痛嗎？〉，《聯合報》，2016.3.7，D3 版。

[49] 邱彥明，〈詩人的喜訊——楊牧夏盈盈閃電訂婚〉，《聯合報》，1978.11.1，12 版。聯
　　合報訊，〈詩人楊牧娶嬌妻 同文即興賦新詞：牧牧含情・一把攬過刀馬旦 盈盈來也・
　　愛情牆上自由談〉，《聯合報》，1979.1.3，3 版。

清潔，比風雪勇敢。這一切
北極星是這一切的見證
無論從哪一個方向觀察
凜凜巍峨，喜悅，堅強[50]


這首詩開頭寫「黑潮洶湧」，除指涉楊牧老家花蓮瀕臨的太平洋（楊牧執教的華盛頓大學則在「對岸」），亦隱喻剛發生美麗島事件的臺灣。但很有意思的是，詩中人對於政治的洶湧竟顯得無所畏懼，「我們」驚喜的發現有生命值得期待，比陽光還亮，永恆貞定如北極星。

## （二）和平與戰爭

楊牧對戰爭的經驗與想像，首先來自童年逃避盟軍轟炸；再是國民黨軍於花蓮進駐學校而楊牧與其他學生改至廟宇上課；接著以國共內戰、韓戰後冷戰為背景的肅殺氣氛，緊繃著的中學生涯，中學老師因同事告密而失蹤；而楊牧東海大學一年級，為成功嶺受訓的第一批大專生；畢業後至金門服役，一邊寫信濟慈，一邊親身體驗「單打雙不打」的共軍砲擊，是以楊牧曾提到濟慈的早逝教他「怕怕的」，又寫料羅灣，實有所以；之後赴美留學，戰爭雖陰霾般縈迴心頭，或親聞親睹美國反越戰聲浪，或在荷馬史詩、中國《詩經》與五四文獻中想像兵戈戎馬，但時代的戰火在遠方，對現實生活已不構成具體威脅。於是可以說，在臺灣的童年與在美國的生活，無寧是楊牧所理解和平歲月的基礎；縱然美國以其對外武力、霸道與種族歧視等問題，引發楊牧對民主制度的辯證思惟，稱美國啟發楊牧對自由與民主價值的肯認與維護，仍

---

[50] 楊牧，《楊牧詩集II》，臺北：洪範書店，1995，頁 263-264。

不無道理。畢竟胡適、徐志摩、梁實秋、周作人等前輩，亦可謂經此洗禮後積極宣張「德先生」的可貴。

　　楊牧對戰爭的經驗與想像也反映在他的作品中。[51]越戰在〈十二星象練習曲〉與《年輪》留下跡痕，車臣獨立運動在〈失落的指環〉獲得迴響，南斯拉夫執行秘密任務的友人以〈以撒斥堠〉為見證等，都有戰爭及其隱喻的，對和平的渴望，為詩興的內容。以至於研究詩經，史詩與抒情詩的討論，促發楊牧對於英雄主義不同的想像，成〈武宿夜組曲〉。凡此，皆表現楊牧對於戰爭的觀照。試看前節提到的〈禁忌的遊戲4〉裡的詩行：

　　　我思索著，坐在
　　　格倫那達的邊緣
　　　一匹毛驢自街道那頭走來
　　　後面跟著一名惺忪的男子──
　　　他昨夜曾經散佈了六個謠言。然而
　　　「愛佚失的時候，生命應當還可以
　　　完成。」我快樂地朝向這個結論進行
　　　英雄還在學習越野和爆破
　　　即使他在異鄉陣亡，或僅祗
　　　被早晨的馬隊格殺，那一度躍動的
　　　生命活在比格倫那達更遠的地方[52]

[51] 可參曾珍珍，〈花蓮是我的秘密武器──楊牧《涉事》以來的戰爭想像〉，《第三屆花蓮文學研討會論文集》，花蓮：花蓮縣文化中心，2006。頁 168-191。

[52] 楊牧，《楊牧詩集Ⅱ》，臺北：洪範書店，1995，頁 166。

　　反觀《海岸七疊》裡，即便戰爭的陰影還是存在，如〈花蓮〉（1978）一詩，窗外濤聲幻化的「他」，請詩中人莫要傷感「淚必須為他人不要為自己流」，「戰爭未曾改變我們，所以／任何挫折都不許改變你」。[53]但面對戰爭的荒謬暴戾，卻顯得心志篤定，對生命懷抱的希望不曾稍減。試看〈給名名的十四行詩〉（1980）組詩第七首，名名即楊牧獨子王常名的暱稱：

> 雲霓忽遠忽近，在雨後搬弄
> 一些樓臺和城堡，嘽嘽揚塵的
> 馬匹，武士的旗幟——瞬息間
> 化為古琴，團扇，刀尺，秋千
> 或者這些將證實為經驗以外
> 帶著夢幻色彩的現狀，然而
> 透過落花的小院，北窗高處
> 若無聲息一架軍機，筆直
> 由西向東飛行，穿破解散的
> 秋千影，讓我們神馳傾聽[54]

# 四、《時光命題》與《涉事》的象徵演繹

## （一）蛇與鷹

---

[53] 楊牧，《楊牧詩集II》，臺北：洪範書店，1995，頁 281-282。

[54] 楊牧，《楊牧詩集II》，臺北：洪範書店，1995，頁 304-305。

　　蛇的意象很早就在楊牧詩作中出現,但直至〈蛇的迴旋曲〉（1969）方有明顯聚焦。而蛇的意涵相當豐富,除了作為自然物,在神話層面,既是誘使人類遭伊甸園放逐的推手,也是宇宙循環生滅的象徵;在心理學層面,隱喻人類最原初的恐懼,一股無窮大的欲力。例如〈蛇的練習三種〉（1988）,根據奚密的解讀,這首詩呈現楊牧對伊甸園神話顛覆性的詮釋。蛇不但與原罪無涉,反成為美的象徵;超越基督教善惡二元,與美一樣非關道德。奚密指出,楊牧「充分體認人的經驗與自然宇宙的律動合拍。若說這樣的觀點與中國天人合一的哲學傳統互相呼應,它卻也同時崇尚浪漫主義追求與超越的精神」[55]這樣的意涵,更早在〈蛇的迴旋曲〉已有表現。此外,楊牧將自我投射為蛇也有過許多表述,如「覺得自己是一條蛇,喜歡人間愛情的擁抱」[56],亦曾描述與一條小蛇相遇的經驗,皆說明楊牧更傾向將蛇視為美的自然象徵。[57]底下試從〈蛇的迴旋曲〉談起:


A

虛弱,冰涼地從胸口游出,纏在

蠟燭臺上。憮然,我開始思索,思索

你那種紋身的風格如何提供我們肌膚不斷

---

[55] Yeh, Michelle and Lawrence R. Smith. *No Trace of the Gardener: Poems of Yang Mu.* New Haven: Yale UP, 1998.

[56] 楊牧,《年輪》,臺北:洪範書店,1982,頁 150。

[57] 楊牧,〈後記〉,《完整的寓言》,臺北:洪範書店,1991,頁 155-156。楊牧的描述如下:「有一年夏天在一小島上度假。近午時刻,我獨坐離木屋不遠板椅上望海,樹蔭濃密,陽光破碎灑落,而四下除偶爾鳥聲傳呼之外是靜到了極點。我久久望著閃光的海灣,有意無意地數著瀰漫煙波外,一座比一座更小的小島,看水鳥浮沉,潮來潮去。我陷進一種夢幻的境界,知覺和感覺兩端空白,神魂膠著於虛無之中。忽然腳跟一步之外傳來沙沙聲響,我遽爾醒轉,直覺以為我空虛的世界已不空虛,必有不速闖入之來者。我低頭尋視,遂於長短野草間瞅見了它,一條斑斕的小蛇。」

　　　給出的快感。假如你曾經在一個

　　　缺乏交通設施的土地——

　　　如瘟疫於我體內的三十座城池——

　　　忍耐過卑微的卵子時代，且勇猛地

　　　脫胎，遊戲於血管和骨結的河山

　　　你已經嗅到我腐化的氣息了

　　　你是我潰爛的先知

　　〈蛇的迴旋曲〉此詩三節，節名分別是 A、B、A'，詩中人以第一人稱「我」，向第二人稱「你」也即是「蛇」發聲。詩題名為迴旋曲，暗示 ABA 之間猶有一段主旋律，輪舞反踏；既然是蛇的迴旋曲，舞者應即為蛇，詩中人則是觀舞者。有趣的是，這條「蛇」在 A 節首句乃「從胸口遊出」，是以蛇雖「纏在蠟燭臺上」，亦詩中人心象的具體外顯。想像的實景，或為詩中人深夜對鏤飾蛇紋蛇形的燭臺無言，燭火閃爍如蛇信。故緊接「嘸然」，借字面（口無）點出彼此面面相覷，於是詩中人開始思索，以蛇「紋身的風俗」為肌膚不斷的快感。當主體慾望，客觀化為「蛇」的內涵，不僅賦予主體思惟反身性的審美距離，也讓詩的旋律開始推展，逐步擴充蛇的內涵，如「忍耐過卑微的卵子」、「勇猛地脫胎」、「遊戲於血管和骨結的河山」。於是，「蛇」反而獲得相對詩中人「缺乏交通設施的土地」、「瘟疫於我體內三十座城池」，一個較高的位階，故言「先知」，能「嗅到我腐化的氣息」。B節首句「偉大的先知！」即緣此為基礎。精彩的是，兩者存在的相依，透過 A 節末句「你是我潰爛的先知」一句再次證立。這個句型涵雙向指涉，一者你預知我的潰爛，二者歷時性閱讀，除「潰爛的」同時修飾「先知」，「你是我」的語意也留下暗示。

B

偉大的先知！我十分驚訝

你居然與我保有共同的鄉音

而且奉行素食，畏懼星象

雖然，你爬行的謙遜竟也譏嘲著

我失血的注視，唉故人！

我本來就是一支洗得很乾淨的

化學試管，容納過強酸暴鹹……

雨夜應能見證些重逢的歡喜

我來不及為你熱酒驅寒

你已經愀愴地病了

　　B 節繼續處理這種相依關係，遂見你與我有「共同的鄉音／而且奉行素食，畏懼星象」。但蛇如何鄉音？如何素食？如何畏懼星象？似略顯突兀，然視之為詩中人自我投射未嘗不可；蓋蛇的意象原寄寓著主體意識，後雖稱「故人」，實也「故我」，詩中人此刻與過去相對，鄉音素食星象，乃跳接經記憶點選的幾個細節；表面偶發性的聯想，留給讀者想像空間：蛇難道是因為吃素而「虛弱」，而「愀愴地病了」？還是因為思鄉？還是預知此刻與將來的「腐化」，積憂成疾？儘管 B 節後段言「雨夜應能見證些重逢的歡喜」，即一種主體確認把握到自我同一與連續性的存在感，但這種存在感隨即自我消解，為「強酸暴鹹」的雨夜抵消，為此刻「失血的注視」與過去「爬行的謙遜」抵銷，更呼應 A 節潰爛云者。故詩中人說「我本來就是一支洗得很乾淨的／化學試管」，這裡「乾淨」與前述「歡喜」都是反向修辭，因為容納過強酸才顯乾淨，因為別離才有重逢，都是詩／思所暴顯的人生弔詭。

　　A'

　　害病的蛇我要對你說秋天可有多寂寞

　　總是他在假日裡追捕山賊於沼澤

　　咻咻的擁抱驚走蘋果樹好看的垂纍

　　你繾而綣之用那低度的溫度，唉蛇

　　做他情人的鐲子唉唉我求你

　　他的情人本是常常遺失玉鐲的婦女

　　不善刺繡，不善採擷，卻懂得蒐集；總之

　　你悄悄回歸，仍是我最後的

　　伙伴──你是我走向墳地的一條路

　　清潔，涼爽，深為送葬的行列所讚歎

　　A'節即延續這種生之落寞，首句「害病的蛇我要對你說秋天可有
多寂寞」，回應 A 節與燭臺對望的形單影隻。但詩的趣味在二句橫出
「總是他在假日裡追捕山賊於沼澤」，第三人稱「他」的登場，或即燭
火對影三人，或另有實指。而讀者如加以玩味：「追捕山賊」的他「咻
咻的擁抱」，是否暗指射箭的聲音？所謂「驚走蘋果樹好看的垂纍／你
繾而綣之用那低度的溫度，唉蛇／做他情人的鐲子唉唉我求你」，垂纍
的既指果實，也指可能圈圍果實的蛇，稱「好看」自延續A節較高的位
階，而詩中人連三嘆請求蛇用牠身軀做「情人的手鐲」，彷彿暗示
「他」假日奔波沼澤有其動機：為何不在假日與情人廝守？再者，蛇與
蘋果的並置，則轉喻詩空間如伊甸園，知善惡果與亞當夏娃舊帳，召喚
詩中人與之對位：蛇領受神的詛咒從樹上垂纍轉為地面爬行，人類吃了
知善惡果後有了「死亡」，亦A節「潰爛」引申義，《創世紀》的語音
便可導入──神對亞當說「你必終身勞苦，纔能從地裡得喫的」
（3:17），「直到你歸了土」（3:19）。這種生命的苦役，假日也不得

安息，自可與薛斯佛斯神話互文，然 A'節後段的設想並不落往虛無。
一來，「他的情人本是常常遺失玉鐲的婦女／不善刺繡，不善採擷，卻
懂得蒐集」，若邀請讀者推想夏娃摘果實的動機究竟為何？《創世紀》
記載「女人見那棵樹的果子好作食物，也悅人眼目，且是可喜愛的，能
使人有智慧。」（3:6）可食與好看，原是夏娃直觀判斷的動機，初無
這麼多的顧慮，一如「他的情人」健忘，不善針線與摘取，只是蒐集
（一種美感的行為）。因此，在替情人辯護後，詩中「我」續言蛇已
「悄悄回歸，仍是我最後的伙伴」，暗示潰爛的先知，同樣早一步理解
救贖必然，「你是我走向墳地的一條路／清潔，涼爽，深為送葬的行列
所讚歎」，則 A 節裡靈肉與愛慾的衝突，隨之伏下和解的契機：慾望縱
然指向生滅，但這條道路原為神規劃，且欣然迎向它因為目的地並非未
知。

　　蛇的討論，可置於楊牧詩文中生態象徵的脈絡裡談，如曾珍珍的研
究。曾珍珍以生態詩點出楊牧詩裡的關懷倫理（ethics of care），「關
懷自然，卻極少寫作環保詩。基本上，這與楊牧迴避書寫露骨的政治諷
諭詩反映了同樣的美學信念。」

　　然而楊牧除了蛇，也寫鷹，詩如〈心之鷹〉（1992）、〈鷹〉
（2000），散文集《亭午之鷹》。論者或指出《亭午之鷹》就時間、內
容、形式和精神，可說是一年前出版的《搜索者》的延續，正如《方向
歸零》承繼《山風海雨》，《星圖》承繼《疑神》。唯本書更內趨，更
抽象，也就是更唯我。表面上看起來模擬具象的自然，彷彿畫家描繪風
景，而事實上，就像《疑神》不關乎宗教，《亭午之鷹》也不關乎鷹，
兩者最終都關乎美的感動。[58]然此說可商榷，即便最終都關乎美的感

---

[58] 張騄，〈耽美之歌〉，《聯合報》，1996.6.10，43 版。附帶一提，何寄澎認為《山風海雨》畢竟表述的只是早熟幼穉的心靈，「宜置而不論。」何寄澎，〈「詩人」散文的典範——論楊牧散文之特殊格調與地位〉，《臺大中文學報》第 10 期，1998.5，頁 115-

動，自然作為走向此目的的途徑，是不能略為「模擬」而輕筆帶過的。

楊牧說：「這是我的寓言，以鳥獸蟲魚為象徵」，也曾宣稱要以「寓言和比喻」的形式，探索人類表裡差異的問題。[59]例如〈說鳥〉一文以鳥獸蟲魚為理想人格的投射，解「鴞」為「蛇鷹」，言「屈原選定了鴞，拒斥了鳩，或許因為世人皆樂鳩而惡鴞，使他自比為遭嫉的蛇鷹。他的命運幾乎和鴞相似，國人皆曰可殺，他是社會的毒鳥，眾人皆醉惟他獨醒……他寧為不群的鷹鷲，為社會所誤解，不願為佻巧的斑鳩，取寵於天下。這是他的人格，也是他失敗的原因。崇高的人格，往往，反而摧倒自我一己的生命，蘇格拉底亦復如此。」[60]

試看〈心之鷹〉（1992）：

　　鷹往日照多處飛去
　　沒入大島向我的投影
　　陽台上幾片落葉窸窣
　　像去年秋天刪去的詩

---

134。此說亦可討論。例如賴芳伶在討論奇萊意象時，提到《前書》所記虛構成份較濃，但也不一定削弱作品本身隱涵的大企圖。賴芳伶，〈楊牧「奇萊」意象的隱喻和實現〉，《文學詮釋新視野》，臺北：里仁書局，2014。

[59]　楊牧，《完整的寓言》，臺北：洪範書店，1991，頁 152。楊牧，〈後記〉，《年輪》，臺北：洪範書店，1982，頁 215-222。另，可參栩栩，〈未知者的抒情，專訪楊牧〉，《風球詩雜誌》第 2 期，2009.6，頁 13-16。楊牧在該篇訪談指出：「我把我的主題分配給不同的文類……這也很可能確實是其詩中多有花草樹木蟲鳥，但少見時事動態之故。不過偶爾也會有幾樁例外，例如 1984 年在臺大任客座教授一職，時近解嚴，政治局勢衝撞詭譎，因緣際會他接觸了不少對政治、學理與未來充滿茫然的學生，知道了這些人背後許多奇特的遭遇，他們正要占有下一個時代，卻不知該以怎樣的姿態應對課堂與社會的差距。前者不可追，後者仍未至。於是，他擬說故事的聲腔寫下〈有人問我公理與正義的問題〉一詩。」

[60]　楊牧，《失去的樂土》，臺北：洪範書店，2002，頁 250。「蛇鷹」一詞，據楊牧〈說鳥〉一文引自鄭作新的〈中國鳥類系統簡說〉，但未標出版資訊。鄭作新（1906-1998）有「中國鳥類學之父」美譽，引文或出自 1955 年《中國鳥類分布名錄》1 版。

　　而鷹現在朝南盤旋

　　漸遠。我站起來

　　面對著海


　　於是我失去了它

　　想像是鼓翼亡走了

　　或許折返山林

　　如我此刻竟對真理等等感到厭倦

　　但願低飛在人少，近水的臨界，

　　且頻頻俯見自己以黯然之姿

　　起落於廓大的寂靜，我丘壑凜凜的心[61]


　　　　這首詩與〈孤獨〉（1976）參看，也饒有趣味。〈孤獨〉名句「孤
獨是一匹衰老的獸，潛伏在我亂石磊磊的心裡。」[62]這個心境已變成
「起落於廓大的寂靜，我丘壑凜凜的心」。這種心之鷹的精神昂揚，在
〈戰爭〉（2002）一詩也有表現。全詩分兩節，試看第一節：


　　戰爭在你灰暗的心中進行也已

　　經多年，橋樑和風車坍塌

　　一眼望去，胸懷少有

　　人蹤，只見老山羊淺沙河邊飲水

　　殘柳為幾枝新葉堅持一整個春天

　　螞蟻窩反覆搬演著同樣的

---

[61]　楊牧，《楊牧詩集III》，臺北：洪範書店，2010，頁 148-149。

[62]　楊牧，《楊牧詩集II》，臺北：洪範書店，1995，頁 19。

劇情，關於虛無

和實有，獨鷹慢飛在暴風雨之前[63]

## （二）劍與旗幟

「劍」的意涵，在楊牧早期作品即有反映。但初期多是以刀、匕首的形象，如〈禁酒令〉（1957）裡的緬甸刀、〈默罕默德〉（1958）裡的腰刀、〈港的苦悶〉（1957）裡的水手刀，〈梯〉（1959）將「風，月，刀，馬」放進你上衣的口袋，〈岸上的結語〉（1959）泥土地上的「刀痕」、〈星河渡〉（1961）「掛著匕首／躍馬走茫茫的江湖」、〈淡水河岸〉（1961）「我仍以雕花的小刀照亮自己」、〈鬼火〉（1962）「在死亡中接受刀尖和火焰的蹂躪」；〈夢中〉（1958）「匕首把眸子分割」，〈午之焚〉（1958）裡的匕首等等。1960 年後才收錄「劍」意象，如〈在旋轉旋轉之中〉（1960）裡「沉劍的巨洋」，〈秋霜〉（1962）「石像的長劍扎裂青天了」，〈給死亡〉（1964）裡「憂鬱的杖劍人」、〈延陵季子掛劍〉（1969）裡「荒廢的劍術」等等。

列舉前述早期作品，乃為說明楊牧在葉珊時期雖常被視為婉約詩人，他另有一種較為陽剛的發展。這先與楊牧的英雄想像、武俠小說的閱讀經驗相關。楊牧稱周作人為「豪傑之士」，多少有點江湖味。[64]後來更成為詩的隱喻。這使得「劍」的意象在楊牧的文學本體論也有象徵性，派生如楊牧詩是「矛」與「盾」等說法。[65]又如楊牧舉阮籍詩「揮

---

[63] 楊牧，《楊牧詩集III》，臺北：洪範書店，2010，頁 422。

[64] 楊牧，〈周作人論〉，《失去的樂土》，臺北：洪範書店，2002，頁 375。楊牧說：「讀周作人的散文，我們深覺這正是豪傑之士的創作，博大謙和，精深敦厚」。

[65] 楊牧，〈序〉，《非渡集》，臺北：仙人掌出版社，1969，頁三。楊牧說：「詩人之雄

袂撫長劍，仰觀浮雲征」論社會性。[66]此外，也教人想起五四青年的抱負與口氣，如羅家倫《新人生觀》宣稱「我們要揮著慧劍，割去陳腐。」一派開創新時代的氣象；即便楊牧相對於此，顯得收斂許多。是以，楊牧能從〈雨意〉（1968）想見「憤怒復悲傷的武士」，便相當合理。賴芳伶即認為楊牧混合「常人，武士，英雄與詩人氣格」[67]這個氣格延伸為「旗幟」，早期〈海市〉（1958）裡「紅裙子作我的旗」，〈浪人和他的懷念〉（1958）裡「鷹旗」、「酒旗」，〈我的子夜歌〉（1960）裡「南歐洲的船舶沒有旗」，〈在旋轉旋轉之中〉（1960）裡「黃旗飄揚」，前述〈星河渡〉（1961）裡「酒旗古典地招著」等等皆是例證。

　　「騎士精神」（Chivalry）也是描繪楊牧心靈世界的一條路徑。楊牧在愛荷華時開始研讀西方中古騎士傳奇，到了柏克萊更深入研讀。到了晚年，除了在《英詩漢譯》中選擇貝奧武夫（Beowulf）段落，追索西方融合異教史詩和基督教信仰的英雄形象。近來更潛心翻譯中古英雄傳奇 Sir Gawain and　the Green Knight（所以馬悅然將楊牧瑞典文譯詩集題為《綠騎》）。騎士的意象從《涉事》後就屢次出現在他的詩作中，包括悼念吳潛誠的輓歌。[68]楊牧《涉事》後記亦以詩人與武士對位，「旗幟與劍是他挺進的姿勢，詩是我涉事的行為。」[69]

　　班雅明說：「英雄是現代主義的真正主題。」[70]英雄（Hero）原指

---

　　辯在於他無須使用詩以外的東西保衛自己，詩人只有詩：詩是他的矛，詩是他的盾。」

[66] 楊牧，〈後記〉，《瓶中稿》，臺北：志文出版社，1975，頁 166。

[67] 賴芳伶，《新詩典範的追求：以陳黎、路寒袖、楊牧為中心》，臺北：大安出版社，2002，頁 239。

[68] 這段討論，根據曾珍珍老師意見補充。

[69] 楊牧，《涉事》，臺北：洪範書店，2001，頁 138。

[70] 班雅明著，張旭東、魏文生譯，《發達資本主義時代的抒情詩人：論波特萊爾》，臺北：臉譜文化出版社，頁 149。

希臘神話與史詩裡，與諸神或與命運擷抗的半神半人形象，例如為人類盜火而受極刑的普羅米修士（Prometheus）。但本書這裡意欲討論的英雄主義，是人人皆可體驗的一種神話歷程，即坎伯（Campbell, 1904-1987）所稱道的，完成「啟程、啟蒙與回歸」的「千面英雄」。[71]楊牧啟程、啟蒙與回歸的歷程，是貫串其創作歷程的，例如〈我的航行〉[72]，又如詩文中反覆出現的河川／海洋、渡河／海、乘船、彼岸／此岸的意象。《葉珊散文集》分三輯，陽光海岸、給濟慈的信與陌生的平原。前二者可說是啟程、陌生的平原為啟蒙，但瀰漫試煉相隨的迷惘。

　　戰後初期，楊牧經驗著日本人撤離後，種種社會環境的改變。他回憶自己當時「正處在一個絕對沒有幻想，沒有英雄崇拜的真空狀態。」然後，「接下來的就是詩，詩的端倪。」[73]楊牧回憶高中枋寮之旅，稱英雄氣概地，但自覺「我零碎，清脆的人生經驗和稀薄的閱讀無從讓我推演如何才是合宜地如一冒險橫海的英雄主角」[74]楊牧出國後則對希臘神話中普羅米修士盜火格外著迷。[75]

　　雖然五〇末楊牧說「大半我想知道的，都知道了。淺薄，片面。聽說全世界到處都是戰爭，所以，他們強調，這是一個烽火饑饉的時代。」「早已不見任何浪漫，英雄主義了。」[76]但自己楊牧詩中卻絕少小人物。楊牧〈論一種英雄主義〉裡區別英雄主義，一種是尚「武」自持的英雄主義，一種是中國傳統備受推崇，含「文」概念與悔憾之勇的英雄主義。後者是「其始也臨之以勇，其末也臨之以智」的真英雄，猶

---

[71] 坎伯著，朱侃如譯，《千面英雄》，臺北：立緒文化公司，1997。

[72] 楊牧，《葉珊散文集》，臺北：洪範書店，1977，頁 39-41。

[73] 楊牧，《奇萊前書》，臺北：洪範書店，2003，頁 122-123、126。

[74] 楊牧，《奇萊前書》，臺北：洪範書店，2003，頁 334。

[75] 楊牧，《葉珊散文集》，臺北：洪範書店，1977，頁 8-9。

[76] 楊牧，《奇萊前書》，臺北：洪範書店，2003，頁 296。

如布雷克（Blake, 1757-1827）也必然相信美國獨立革命與法國大革命，挾其「天啟聖言」的重要性。[77]

楊牧將季節之神比喻為園丁，在為自然進行一「慈和的殺戮」同時，也「在試探我以一樣的鋒芒與耐性。」[78]一雕像的完成，證明自我的創造力。楊牧要：

> 我將以全部火熱的心血投入一件藝術品的工作，我把我的精神貫注於那創造的對象，日以繼夜地追踪搜索，如此虔誠如此懇切，面對我的素材如帶有預言靈視的祭司透視了宇宙的奧秘，看到了凡人永遠看不見的層次和範疇，並且將那一切圓融地表達出來……我要為自己，也為別人，再現神聖的光采。[79]

楊牧又說這或許就是搜索，是追求，而我們所有的追求，都指向一曾經的源頭，即使在連續襲來拂逆的風沙之後顯得模糊，這追求或就是回歸。回歸自然，傾訴的對象。[80]張錯指出浪漫主義者崇尚自然，對機械社會保持戒心但不抗拒，中產階級發達後，浪漫主義者對「豪奪與淫逸」充滿矛盾，因而浪漫主義筆下的英雄，經常與社會疏離而落落寡

---

[77] 楊牧，《文學知識》，臺北：洪範書店，1979，頁 206-212。楊牧這裡對英雄主義的看法，證諸〈武宿夜組曲〉。是詩所以勸誡口吻，要「孀婦／莫為凱歸的隊伍釀酒織布」，即諷喻勝者「其末也臨之以智」；對於戰爭，總哀矜慎勿喜，才是真英雄。故陳義芝稱此詩為延續詩經傳統的反戰詩，允當，但稱為英雄主義詩，不夠準確。陳義芝，〈住在一千個世界上——楊牧詩與中國古典〉，收於陳芳明主編，《練習曲的演奏與變奏：詩人楊牧》，臺北：聯經出版事業公司，頁 305。楊牧所反對的英雄主義，嚴格說是尚武好戰的英雄。

[78] 楊牧，〈序〉，《奇萊前書》，臺北：洪範書店，2003，頁 4-5。楊牧也將這段經驗化為〈秋探〉（1985）一詩。

[79] 楊牧，《奇萊前書》，臺北：洪範書店，2003，頁 136-137。

[80] 楊牧，《奇萊後書》，臺北：洪範書店，2009，頁 370。

歡。[81]若如前述討論，再引楊牧詩中英雄形象來看，可發現楊牧的英雄雖始終落寞如〈延陵季子掛劍〉（1969）裡：「自從夫子在陳在蔡／子路暴死，子夏入魏／我們都悽惶地奔走於公侯的院宅／所以我封了劍，束了髮，誦詩三百／儼然一能言善道的儒者了……」，也始終留一傲骨天地間，如〈以撒斥堠〉（2001）：「保有基本的正義嚮往即令人／精神亢奮，飽滿。切‧格伐拉萬歲／靈感如泉湧的切‧格伐拉！／徹底打倒帝國主義，以及／消滅危害無窮的無政府主義等／等，做一個有擔當的無神論者／在酒和大麻迸裂的子夜交響／燈影迫擊靈魂解除革命武裝／裸裎戰鬥在我們交纏的年代」。

《星圖》：「等待著。我想我是等待著，在日光和風和魚之後，在那沉著，不相干，更無從詮釋的感官現象之後，等待一更悠遠，深邃的清音對我傳來，一形象對我顯示，在蕩漾瀰漫的水勢，層層綿密的漣漪上，清潔，純粹，完美，我等待一永恆靈異的啟迪，對我揭發，生命，時間，創造，以幼稚的嬰啼。」[82]

楊牧在《星圖》裡的這段描述，曾珍珍稱為「搜神之旅」，並注意到類似經驗，在《搜索者》也有表現，那是 1977 年春天，楊牧雪中開車迷入溫哥華島橫貫公路的巔峰。楊牧說：[83]

雪太大，我的速度不得不繼續降低，幸虧新雪到地上就融化了，路並不滑。但我自忖，這樣低速前進也還是危險，乃將車子挪到

---

[81] 張錯，《西洋文學術語手冊：文學詮釋舉隅》，臺北：書林出版社，2005，頁 253。另，除筆下的英雄疏離而鬱鬱，浪漫主義者自身亦然，盧梭晚年《一個孤獨漫步者的遐想》裡那自憐自艾的形象即一例。盧梭著，袁筱一譯，《一個孤獨漫步者的遐想》，新北市：自由之丘文創事業，2011。

[82] 楊牧，《星圖》，臺北：洪範書店，1995，頁 58-59。

[83] 楊牧，《搜索者》，臺北：洪範書店，1982，頁 7-8。

路邊停下，因為我相信這雪不會下太久。我熄了引擎，注意看四週，原來我正好停在一棵巨大的松樹下，前後白茫茫一片，而松樹外竟是懸崖，谷底的森林大多遮在雪後。我索性點上一支菸，盡量教自己悠閑下來，埋在烟氣中休息。這時我想：誰也不會知道我在甚麼地方，誰也找不到我了。我在溫哥華島中央山脈的一個小角落，在初春的雪花中，完全自由，完全獨立。

半個鐘頭以後，雪漸漸小了，天色廓清。在神聖的寂靜中，我搖下窗戶外望，覺得天地純粹的寧謐裡帶著激越的啟示，好像將有甚麼偉大的真理，關於時間，關於生命，正透過小寒的山林，即將對我宣示。

　　類似的神秘經驗，《疑神》最後一節。又或《山風海雨》「那追趕的呼嘯令人顫慄，證明天地間是有種形而上的威嚴。」[84]另外，「有時我也同那神祕的靈魂說話，喃喃地叩問生命和詩篇的意義。我幾乎不認識自己，只知道人世間至美的就是詩，就是偉大的心靈，就是追求『美』的精神。」曾珍珍認為 1977 年是楊牧個人生命史一段黑暗期，〈輓歌一百二十行〉，正表現楊牧如何從自然生態尋找一股拔舉、超升的力量。[85]

---

[84] 楊牧，〈詩的端倪〉，《奇萊前書》，臺北：洪範書店，2003，頁 130。

[85] 曾珍珍指出〈輓歌一百二十行〉寫於 1977 年 9 月，正是楊牧個人生命史的一段黑暗期，臺灣文壇當時充滿鄉土文學與現代文學論戰的殺伐之聲，政治上則瀰漫著中美斷交前夕黨外民主訴求受到鎮壓威脅的白色恐怖。曾珍珍，〈生態楊牧──析論生態意象在楊牧詩歌中的運用〉，《中外文學》第 31 卷第 8 期，2003.1，頁 161-191。

# 五、《一首詩的完成》

## （一）文學本體論

> 詩是不會自動發生的，詩必須追求；詩也許曾經對我承諾過一個
> 世界，那世界的秩序有待我來賦予。[86]

　　楊牧《一首詩的完成》創作歷時四年（1984-1988），各篇曾發表於《聯合報》、《聯合文學》與《中國時報》。副標「給青年詩人的信」，指稱全書 18 篇書信體；但各篇無稱謂與開頭應酬語，且另起篇名，暗示此書容為另一次寫作計畫的執行，一如前章所論《疑神》。[87]各篇標題依序於〈抱負〉、〈大自然〉、〈記憶〉、〈生存環境〉、〈壯遊〉、〈歷史意識〉、〈古典〉、〈現代文學〉、〈外國文學〉、〈社會參與〉、〈閑適〉、〈形式與內容〉、〈音樂性〉、〈論修改〉、〈發表〉、〈朋友〉、〈聲名〉、〈詩與真實〉。由於最末篇〈詩與真實〉，與歌德自傳互文，《一首詩的完成》目次猶可視為繁複多層的隱喻，不唯指涉一首詩從無到有的創作過程，也隱喻一位詩人從萌芽到熟成的生命歷程；更重要的是，這裡所謂「詩人」儘管可視為全稱，但逕與楊牧對位，也有相當解釋力。簡言之，置「抱負」於首篇，不啻讓人想起楊牧高中的雄心壯志[88]，接續「大自然」豈非暗示立霧

---

[86] 楊牧，〈序〉，《楊牧詩集I》，臺北：洪範書店，1978，頁 4。

[87] 黃麗明指出《一首詩的完成》其結構立意，與朱光潛《給青年的十二封信》、覃子豪《詩的解剖》、史班德《一首詩的完成》、里爾克《給青年詩人的信》相仿。黃麗明著，詹閔旭、施俊州譯，《搜尋的日光：楊牧的跨文化詩學》，臺北：洪範書店，2015，頁 252-255。

[88] 聯合報與臺灣大學 2001 年 5 月 1 日舉行楊牧歸國五年文學座談會，楊牧談到若把講題

溪、木瓜溪與奇萊山所凝視眷顧的花蓮？誠如「記憶」討論的是徜徉田野穿逡山臨的童年記憶，「生存環境」講的是臺北，「壯遊」更教人聯想楊牧初到美國時，橫跨州際的幾次長征；「歷史意識」與「古典」隱約徐復觀與陳世驤的身影；「社會參與」彷彿是柏克萊經驗、唐文標筆墨官司的迴響；以迄「詩與真實」，這個歌德暮年所擘劃的詩的頂峰。《一首詩的完成》與楊牧生命符節若合，豈是偶然？[89]

　　在楊牧的文學本體論裡，楊牧以詩為一種手段，追求更合理的社會，追求更莊嚴的人格。[90]楊牧雖稱不太用詩的形式「議論」社會事件[91]，但現實指涉卻是楊牧詩文裡經常可見的。但楊牧的文學本體論最特殊處，或因超越而顯得具有神聖性。例如楊牧序楊澤第一本詩集說：

---

「回到未來」縮小一點為「回到花蓮」，便會想到高中時代在花蓮看海的經驗，不甘心人生就此縮在花蓮，勢必要出去闖，但那時也知道，出去之後也一定會回來。另，正由於楊牧自稱想出外闖蕩，故稱其「流離」、「失根」或「放逐」，總有些不恰當。

[89] 楊牧作品的題獻、目次編排、扉頁引言、篇名、詩題引言等，常常都是充滿隱喻性的符碼，指涉楊牧的生命軌跡。是以，通過「知人論世」對解讀楊牧，確實很有幫助。例如賴芳伶指出《奇萊後書》的〈中途〉隱涵楊牧文學生命的自我定位，其中包含了詩學的文字營構，與因「涉事」所產生的「甚麼是民主，自由，勇敢？」等等叩問。可以說，整篇〈中途〉就是想要把這些連接起來。所以楊牧當時在臺大所授的抒情傳統與現代傳統的課程裡，就包含了米爾頓，艾略特，葉慈，而他的《有人》、《交流道》、《飛過火山》、《山風海雨》、《一首詩的完成》都是在一九八〇年代中下葉，緊扣時代脈搏陸續完成的。楊牧引領學生讀米爾頓，為的是希望「看前人如何從宗教困擾與政治壓力下奮起找到詩，責問，抗議，辯論，同時在憤怒和沉痛不堪的時候規劃創作，肯定古典的抒情傳統。」賴芳伶，〈楊牧「奇萊」意象的隱喻和實現——以《奇萊前書》《奇萊後書》為例〉，《文學詮釋新視野》，臺北：里仁書局，2014，頁 490-491。

[90] 楊牧，《北斗行》，臺北：洪範書店，1978，頁 210、216。例如楊牧自認寫〈吳鳳〉詩劇時，已知吳鳳故事的虛構性，但強調「我寫的吳鳳並非烈士，他就死於心裡十分害怕，因為他不知道自己的死是否有效。吳鳳其實並非那麼偉大，他只在作一種選擇。」李昂，〈且把虛幻作真實／葉珊·楊牧·王靖獻訪問記〉，收於蘇煜基主編，《當代作家對話錄》，臺北：傳記文學出版社，1986，頁 250。

[91] 栩栩，〈未知者的抒情，專訪楊牧〉，《風球詩雜誌》第 2 期，2009.6，頁 13-16。該此訪談中，楊牧坦言除了因美麗島事件而被關的林義雄事件以外，自己其實不太常用詩的形式來議論社會事件，縱使對社會與人類事件的觀察、分析和參與乃耗費他最多時間的事之一。

「詩是唯一的宗教」[92]，又像是以「神話結構」論詩的端倪[93]，楊牧談楚戈的詩用「觀想結構」[94]，楊牧以〈記憶的圖騰臺〉為題討論散文必須是精緻的結構，[95]又有說抽象結構之說。[96]論者如向陽同藉「神話結構」、曾珍珍則「象徵系統」，來指稱楊牧的詩。[97]張芬齡、陳黎除了用「迴旋式結構」論楊牧，也指出「他喜歡將事物抽象化，因為他相信在抽象的結構裡，所有的訊息可以不受限制，運作相生，綿綿互互，也因此具有普遍性。」[98]奚密談「現代漢詩的環型結構」，雖偏向形式主義，也指出楊牧藉結構呼應「存在」的絕望與倦怠感，亦見結構形式也不總是無機物的想像。[99]黃麗明則指出：「詩人的生花妙筆讓哲學論證

---

[92] 楊牧，〈我們祇擁有一個地球〉，《掠影急流》，臺北：洪範書店，2005，頁 221-233。引文出自頁 224。

[93] 楊牧說：「我警覺我從小的生命正步入一個新的無意識的階段，在恐怖懼怕之中，在那呼嘯和震動之中，孕育了一組神話結構；或者說，那神話的起源是比這地震的春天早得多，也許在風雨洪流，山林曠野，血光淚水，在這之前在我不寧的足跡裡就已經發生了——如果是這樣的，是這春天追趕的呼嘯和暈眩的震動，促成我一組神話結構的成熟。啊，春天，黑色的春天……假定這一切竟然非如此不可，那黑色的春天所提示給我的正是詩的端倪。」楊牧，〈詩的端倪〉，《奇萊前書》，臺北：洪範書店，2003，頁 182。

[94] 楊牧，《人文蹤跡》，臺北：洪範書店，2005，頁 131-140。

[95] 楊牧，《文學的源流》，臺北：洪範書店，1984，頁 75-78。

[96] 楊牧說：「我的詩嘗試將人世間一切抽象的和具象的加以抽象化，訴諸文字：我的觀念來自藝術的公理，我不違悖修辭學的一般原則，而且我講文法，注重聲韻。我不希望我一首完成了的詩只能講一件事，或一個道理。惟我們自己經營，認可的抽象結構是無窮盡的給出體；在這結構裡，所有的訊息不受限制，運作相生，綿綿互互。此之謂抽象超越。詩之有力在此。莊子曰：『寓言十九，重言十七，卮言日出，和以天倪。』」楊牧，《完整的寓言》，臺北：洪範書店，1991，頁 155。

[97] 曾珍珍指出「楊牧喜歡以生態意象入詩，而隨其創作生命的成長，一些他情有獨鍾反覆使用的生態逐漸發展並衍生出特定的寓喻象徵，成為他具有高度原創性之詩歌世界不可或缺的構成因子。」曾珍珍，〈生態楊牧——析論生態意象在楊牧詩歌中的運用〉，《中外文學》第 31 卷第 8 期，2003.1，頁 161-191。

[98] 張芬齡、陳黎，〈楊牧詩藝備忘錄〉，收於林明德編，《臺灣現代詩經緯》，臺北：聯合文學出版社，2001，頁 249。

[99] 奚密，《現代漢詩：1917 年以來的理論與實踐》，上海：上海三聯書店，2008，頁 127-

化為詩意的圖像，形而上的關懷映照於浪漫派懷疑論。儘管楊牧是疑神論者，他對時間與人類存在的觀點瀰漫著神話色彩。懷疑論調拓展了楊牧的詩歌世界，較諸任何宗教或文化系統，更形壯闊。」[100]

　　田立克《信仰的動力》（*Dynamics of Faith*）：信仰就是一種終極關懷（ultimate concern）的態度，因此，信仰的動力也就是終極關懷的動力。一旦某個問題成為一個人生命中最重要的問題時，他就必須臣服於這個最高指導原則之下，而且，即使所有其他問題都因此而退居次要或被棄置不顧，這個核心議題還是可以為他帶來高度的滿足感。信仰的絕對性不只因為人們必須視之為個人終極關懷，也因為人們既將之奉為信仰，它也必須實踐提供人們最大滿足感的承諾。承諾可以透過一些象徵（symbol）來表達。[101]

## （二）詩即是力與美

> 啊偉大的滄海之神，高山之神，我終究必須明白，完完整整地領悟你們給我的啟示，惟浩瀚不可度量，遙遠巍巍不可窮究，攀越那些是我的嚮往，我的標竿。奧秘不是人生的所有一切，雖然它鞏固了我早年為膜拜大自然之美而建立起來的一心趕赴的殿堂，原來藝術之力還來自我已經領悟了人世間一些可觸撫，可排斥，可鄙夷，可碰撞的現實，一些橫逆，衝突。[102]

---

　162。該書以楊牧〈徒然草〉（1971）範示 1940 年代中國現代漢詩大量出現的環型結構，及在臺灣的發展。

[100] 黃麗明著，詹閔旭、施俊州譯，《搜尋的日光：楊牧的跨文化詩學》，臺北：洪範書店，2015，頁 19。

[101] 保羅・田立克著，魯燕萍譯，《信仰的動力》，臺北：桂冠圖書股份有限公司，1994，頁 3-4。

[102] 楊牧，《奇萊前書》，臺北：洪範書店，2003，頁 182。

　　楊牧認為美的奧秘，「惟心靈無窮盡的探索庶可近之」。[103]然而心靈賴以無窮探索的動力，應當從何處尋？

　　楊牧經常使用「力」的概念，來講文學。而以「力」的概念描述詩，有其傳統。例如，魯迅留日期間寫下的〈摩羅詩力說〉。[104]摩羅 Mara 意指撒旦，詩力則突顯「詩」為一種生命動力。王德威指出。王德威指出魯迅從自省抒情的「意力」琢磨出撒旦式的「詩力」，且受到斯蒂納（Stirner, 1806-1856）、叔本華、尼采等影響，使魯迅所謂抒情更帶有生命「意力」的維度，由是產生的主體意識，與古典浪漫主意「知感兩性，圓滿無間」的想像自然區隔。[105] 但楊牧論詩的力與美，與前述傳統有些差異，楊牧似乎對於現代主義美學如波特萊爾楷示的「惡之華」，有所保留。倘若現代社會因遠離神，而陷入一種或名為「現代性憂鬱」的存在境況，與其往廢墟透見生命的救贖所在，不如奮起人的意志，成為英雄。英雄是力與美的具體象徵，是無懼自我犧牲而敢於永恆盼望與追索的存在。

　　是以《疑神》討論到「詩是文學和藝術所賴以無限擴充其真與美的那鉅大，不平凡的力。」[106]又例如楊牧在〈小說與救贖〉一文裡，借劉大任自勉「聚精會神」四字，直言「這豈不就是一個覺悟的藝術家賴以不斷突破，不斷超越的力？」[107]楊牧談知識必須放到社會中，才是

---

[103] 楊牧，《失去的樂土》，臺北：洪範書店，2002，頁 289。

[104] 劉正忠，《現代漢詩的魔怪書寫》，臺北：臺灣學生書局，2010。該書以「非理性視域」與「異端」切入，討論「現代中國詩」如魯迅、新月派與紀弦，「當代臺灣詩」如洛夫等人作品。而在魯迅部份，即針對〈摩羅詩力說〉及《野草》雜誌進行析論。

[105] 王德威，《現代「抒情傳統」四論》，臺北：臺灣大學出版中心，2011，頁 36。

[106] 楊牧，《疑神》，臺北：洪範書店，1993，頁 2。

[107] 楊牧，〈小說與救贖〉，《隱喻與實現》，臺北：洪範書店，2001，頁 133-134。原題「一個知識份子的自贖」，發表於《中國時報》「人間副刊」，1990.9.29，31 版。二文副標一致：「讀劉大任《晚風習習》」。楊牧此文為肯定劉大任獲第 13 屆時報文學獎「推薦獎」而作。

力量。[108]楊牧想像希臘雅典,也指出其中「釋放自金陽與陰影衝突相持剩餘的力。」[109]《新月書刊》邀請李昂訪問楊牧,楊牧指出詩是「文學中最精致,強而有力者。創作者最終,最遠的理想是詩。」[110]於論題材,楊牧說「詩處理的題材於宇宙間實鉅細靡遺,它呈現的方法或簡單或複雜,而幅度大小隨創作過程的動向在合宜,紀律的條件下取得規模,與主題制約節符,充分發揮形式和內容平衡,互補,進而彼此詮釋的功能,即藝術構成最基本,潛在的力。」[111]進而「若心念與身體竟然如一,從感覺出發便適足以扶搖直上,與精神撞擊於縹緲繽紛而終於轉為透明的世界,產生無邊震撼的力。」[112]

綜上,楊牧這樣論詩的力與美,詩自然「不是吟詠助興的小調,詩是心血精力的凝聚;詩不是風流自賞的花箋,詩是干預氣象的洪鐘;詩不是個人起居的流水帳,詩是我們用以詮釋宇宙的一份主觀的、真實的紀錄。」[113]

---

[108] 楊牧,《柏克萊精神》,臺北:洪範書店,1977,頁 87-88。

[109] 楊牧,〈奎澤石頭記〉,《人文踪跡》,臺北:洪範書店,2005,頁 99。

[110] 李昂,〈且把虛幻作真實/葉珊·楊牧·王靖獻訪問記〉,收於蘇墱基主編,《當代作家對話錄》,臺北:傳記文學出版社,1992,頁 233-253。這篇文章中楊牧還談到他的預設讀者,應是「教育程度約國中以上,對現代詩有興趣,在離開大學前,在 25 歲前,在還沒到貿易公司打字前,會有人喜歡看。」而李昂訪問楊牧詩與專欄如何兼顧(前者極端個人主義,後者關懷主義)?又問楊牧有無想過將關懷化作「實際行動」?楊牧則先反問「革命嗎?選舉嗎?」接著說:「我以為關懷有第三種表現方式,第一種坐下來聊天、批評,第二種是文章的關懷,希望有影響力,第三種是行動的關懷。第三種大概 35 歲前較可能作到。」

[111] 楊牧,《隱喻與實現》,臺北:洪範書店,2001,頁 149。

[112] 楊牧,《隱喻與實現》,臺北:洪範書店,2001,頁 151-152。

[113] 楊牧,《一首詩的完成》,臺北:洪範書店,1989,頁 72。

# 第四章　楊牧的文藝復興與五四精神

## 一、「編者楊牧」與洪範書店

> 我對大學的精神和所謂「學院」的理念有絕對的信仰，例如學術
> 自由、倫理，專業的研究、交流、發表和傳授等，都是我奉為無
> 上崇高的行事原則。[1]

　　楊牧的文學活動相當多元，有詩、散文、學術、翻譯、專欄、編輯、出版、教學、辦學等面向。這些面向如何彼此影響作用？

　　1983 年楊牧客座臺大外文系，當時臺灣社會充滿活力。1982 年《光陰的故事》揭開臺灣新電影序幕；性別文學經典白先勇《孽子》，李昂《殺夫》，廖輝英《不歸路》接連出版；1984 年賴聲川、李立群與李國修籌組表演工作坊，開創臺灣劇場新紀元。楊牧對戲劇也曾有過想像，唯因緣較短，如曾與戲劇圈合作〈祭塔〉未果。[2]但楊牧對戲劇的興趣始終有的，楊牧〈蘭陵劇坊的一夜〉講到林懷民邀請看劇。[3]楊牧對戲劇的興趣，與他開發出的戲劇獨白體，應有一定關連。至於楊牧

---

[1] 李宛澍訪談，〈文學是我安身立命的地方〉，《遠見雜誌》第 179 期，2001.5.5，頁 296-300。

[2] 楊牧自認國劇腳本沒有作成，原因是對國劇學術不足，自己脾氣太壞，包袱太重。李昂，〈且把虛幻作真實／葉珊·楊牧·王靖獻訪問記〉，收於蘇燈基主編，《當代作家對話錄》，臺北：傳記文學出版社，1986，頁 250。然楊牧顯然對劇場很有情感，1996 年應允擔任「花蓮縣兒童劇團」藝術總監，並為之擬妥「迴瀾劇場」計劃，參《中國時報》，1996.10.30。

[3] 楊牧，〈蘭陵劇坊的一夜〉，《聯合報》，1980.9.21，8 版。

廣泛交遊與興趣，還有個側面可稍加描繪，例如楊牧作品的美編。

　　楊牧作品的美編充滿故事性。例如封面繪圖有楊英風（《水之湄》）、楊維中（《傳說》、《傳統的與現代的》、《葉珊散文集1994》、《北斗行》、《年輪》、《文學知識》、《周作人文選》、《搜索者》、《交流道》、《葉慈詩選》、《現代散文選續編》、《奇萊前書》、《人文踪跡》、《奇萊後書》、《介殼蟲》）、羅智成（《一首詩的完成》、《完整的寓言》、《時光命題》、《涉事》、《長短歌行》）、劉國松（《中國近代散文選 I》）、韓舞麟（《中國近代散文選 II》、《徐志摩散文選》）、林崇漢（《許地山小說選》、《許地山散文選》、《徐志摩詩選》、《疑神》）、李蘭舫（《亭午之鷹》）、裴在美（《失去的樂土》）、龐禕（《掠影急流》）、李惠芳（《下一次假如你去舊金山》）。封面攝影有阮義忠（《方向歸零》）、邱上林（《昔我往矣》）、童大龍（《有人》）。

　　封面設計則有楊維中（《傳統與現代》）、楊國台（《柏克萊精神》）、夏盈盈（《海岸七疊》）、李男（《現代中國散文選》、《搜索者》、《山風海雨》、《徐志摩詩選》、《一首詩的完成》、《疑神》、《星圖》、《亭午之鷹》、《昔我往矣》、《暴風雨》、《徐志摩散文集》、《葉慈詩選》、《失去的樂土》、《現代散文選續編》、《時光命題》、《涉事》、《奇萊前書》、《人文踪跡》、《掠影急流》、《英詩漢譯集》、《奇萊後書》、《楊牧詩選 1956-2013》）、王景苹（《隱喻與實現》）、王愷（《吳鳳》）、陳天授（《介殼蟲》、《長短歌行》）、郭承豐（《楊牧自選集》，有林惺嶽的作家素描；曾麗華校對。曾麗華，沈君山妻，散文家）、何華仁（《現代中國詩選》）。部分封面則採用古圖或西洋畫，有臺灣府古圖（《文學源流》）、Alessandro D'Anna (Eruption du Mont Etna de 1766，《飛過火山》)、金鳳凰（《唐詩選集》）、羅梭（Henri Rousseau，隱喻與實

現》）、Portrait of Ellen Terry (by George Frederick Watts，《英詩漢譯集》)、豐子愷自畫像（《豐子愷文選》）等。

　　這些人名、書名的羅列與對應，與書籍內容的交互影涉，充滿想像的趣味。像是楊牧眾多作品繪畫，交由胞弟維中，令人想起這位長兄出國前，猶帶著弟弟至淡江中學報到學畫，手足提攜之情。同徐復觀論戰過現代藝術的劉國松，除與楊牧在愛荷華大學有往來，還「有圖為證」，但不知楊牧居間是否表態？《海岸七疊》封面設計為妻夏盈盈，封面圖則為獨子常名，鶼鰈情深自可意會。林崇漢這位索寞的天才型畫家，曾稱他畫的圖，太太看得懂就好，不知他與楊牧的論交如何？而後輩詩人文人如羅智成、童大龍（夏宇），王景苹（瘂弦女），也同樣在封面有了曝光。阮義忠這樣人文寫實的鄉土攝影家，或因《幼獅文藝》也與楊牧建立關係。李男和羅青、詹澈創立「草根詩社」，封面美術設計多次獲金鼎獎；但李男與洪範出版社有長期的合作關係，這因緣何人促成？凡此總總，既顯楊牧人情網絡，也讓人想起楊牧高中想當畫家，還曾將一幀炭筆素描的「蘇格拉底」，用圖釘釘在房間淡花紋紙門上。通過前述文學因緣的鋪展，可見楊牧這樣一位文藝人並非孤軍奮戰，而是在一個複雜的人際網絡、社群間發揮他的作用。

　　楊牧的編輯工作也是如此。楊牧的編輯經驗豐富。高中時期，楊牧與高他 2 屆的陳錦標辦詩社，《海鷗詩刊》收讀整理編輯校對就是楊牧。[4]《海鷗詩刊》，救國團青年寫作協會活動，商得《東臺日報》總編曾紀棠支持，該報每週刊出一期。[5]楊牧還曾因要求改革學校審查學生刊物的制度，被記三支大過。[6]東海大學東風社刊物，也是楊牧任編

[4]　賴秀美，〈詩人的父親：楊水盛與東益印書館點滴〉，《東海岸評論》第 197 期，2004.12，頁 11-24。

[5]　陳錦標，〈又見楊牧〉，《更生日報》，1994.8.13，11 版。

[6]　李昂，〈且把虛幻作真實／葉珊‧楊牧‧王靖獻訪問記〉，收於蘇燈基主編，《當代作

輯；相對於白先勇與陳若曦、歐陽子等人組織的南北社，楊牧在臺中的東風與原人，也有類似旨趣，既切磋問學也聯絡感情。1967 年楊牧與林衡哲創志文出版社，1970 年代出版的「新潮叢書」，為戒嚴時代的臺灣開啟一扇世界之窗。[7]1976 年洪範書店於臺北市廈門街創立之後，楊牧更與戰友瘂弦執行一系列五四文學編選計畫：楊牧編選豐子愷、周作人、許地山、徐志摩；瘂弦則劉半農、戴望舒。[8]以上，也印證楊牧編輯活動背後，實際有一整個文學世代的追求與風起雲湧。

　　楊牧的編輯活動還有些故事，附帶一提以見詩人性情。1970 年代中期黎明文化出版社為「中國新文學叢刊」約稿，楊牧率以《葉珊散文集》為基礎，稍加刪改，增補逸文，又擇入新作風格稍似者為定本，用酬知己。但此編還牽扯一筆與文星、大林的舊帳。因當時雖有版權概念，但無可謂尊重，楊牧自選集序言中說：「我自己寫的書重印了十二版，不知幾萬冊了，但我糊糊塗塗，蒙在鼓裡，一文錢版稅都沒有拿到，真是奇絕怪絕的事。我看到大林五版因不斷影印而致字迹漫漶骯髒，覺得這真是相當悽慘之事。當年文星書店初版出書，不但未付我版稅，甚至也未與我簽約，書店結束後，如何轉手大林，且各自高掛『有版權』的牌子，也是令我啼笑皆非之事。」[9]楊牧作品少見如此措詞強烈的文章，可見出版社未經授權盜印，確實讓楊牧起了情緒；有趣的是，儘管分文未取（本書亦未見楊牧訴諸法律途徑求償的資料），教楊牧氣急攻心的主因，或是不斷影印導致字跡「漫漶骯髒」，「真是相當

家對話錄》，臺北：傳記文學出版社，1986，頁 249。

7　郭麗娟，〈禁忌與猜疑　楊牧寫來唏噓〉，《新臺灣新聞週刊》第 577 期，2007.4。

8　巫維珍，〈永恆的風景：洪範書店〉，收於封德屏主編，《臺灣人文出版社 30 家》，臺北：文訊雜誌社，2008。洪範店址在臺北市廈門街 113 巷 17-1 號二樓。

9　楊牧，《楊牧自選集》，臺北：黎明文化公司，1975，頁 15-16。楊牧也曾對《現代文學》有過批評，諸如印製不良，校對不精等。楊牧，〈後記〉，《瓶中稿》，臺北：志文出版社，1975，頁 162。

凄慘」。對於自己的詩集如何呈獻給讀者，楊牧是極度重視的。倘若盜印的品質精美絕倫，估計楊牧自稱糊塗外，或應由衷讚嘆。

　　話說回頭，楊牧編輯理念最直接的反映，自然是編選的原則，例如《中國近代散文選》編選原則：

第一：選錄作品須為二十世紀中國作家直接以中文撰寫者，翻譯文章不錄。

第二：作品須證明我們對於白話語體文之信心，雖然我們相信新文學不必蓄意規避古典文言的技巧，也無須對外語風格懷抱絕對的敵意。

第三：作品須大體屬於文學感性，知識感悟，和社會觀察的範疇。以實用為功能的說理文章（如胡適）和偏重刺激反應的時論雜文（如魯迅）不錄。

第四：作者截然可知是為政治目的或宗教信條宣揚者，不錄。主題卓越而文筆粗糙者不錄；文筆優美而主題荒誕者不錄。

第五：作品以自原刊文集選錄為原則。其原刊文集為及見者，酌自選本錄之。作品不附寫作年代，亦不注明出處，蓋從明清選學舊例；作者各附簡介，則依當代中外出版界新例，俾供讀者參考云爾。[10]

　　閱讀這些編選原則，可注意到楊牧作為「文藝復興人」的抱負。楊牧除一面強調理想的文學應兼容古今中外，包含感性、知性與社會性，主題卓越與文筆優美不能或缺；另一面也拒斥政治八股與宗教宣導這類，傾軋文學主體性的要求。這與前章討論聶華苓編輯《自由中國》副

---

[10] 楊牧，〈前言〉，《中國近代散文選》，臺北：洪範書店，1981，頁八-九。

刊的態度，頗可參看。

　　綜合前述，為本書對楊牧文學活動的一點淺見。底下請以楊牧編選豐子愷、許地山為個案分析，末節則針對楊牧的學術研究作些討論。

## 二、編選豐子愷

## （一）茯苓糕式的童話

　　豐子愷，生於 1898 年中國浙江，1914 年入浙江第一師範學校，師從李叔同（1880-1942）與夏丏尊（1886-1946）；1919 年畢業後同門吳夢非（1893-1979）、劉質平（1894-1978）前往上海，創辦「上海專科師範學校」，參與發起中國第一個美育學術團體「中華美育會」，1920年出版《美育》雜誌，任編輯；1921 年赴日，先於東京洋畫研究會習畫，再於音樂研究會學提琴，停留約 10 個月旋即返國；1925 年與朱光潛、匡互生（1891-1933）創辦立達中學，任西洋畫科負責人；1927 年皈依佛門，法號嬰行；中日戰爭期間，任教桂林師範等校，教學內容轉向藝術理論；1949 年後歷任上海文史研究館館員、中國美協常務理事、上海美協主席、全國政協委員等職；1975 年逝於故鄉石門灣。[11]

　　至於豐子愷 1948 年曾來臺灣旅行並辦畫展，1947 年臺北開明書局出版有豐子愷著作四冊，《臺灣文化》等雜誌亦見載豐子愷訊息；此大致即豐子愷與臺灣的直接相關。由於豐子愷未隨國民政府來臺，又在中共政權下擔任要職，其著作遂在臺灣戒嚴時期為國民黨政府查禁，解嚴

---

[11] 生平文獻，參孫中峰的整理。孫中峰，〈植基於藝術教育實踐的文藝觀：豐子愷文藝思想（1919-1949）一個面向的探究〉，《高應科大人文社會科學學報》第 10 卷第 2 期，2013.12，頁 189-216。

前唯見楊牧推介。[12]

　　但楊牧為何選介豐子愷，以至於編成四冊？根據楊牧後三冊的編後記，應該為洪範書店建議。[13]但由於第一冊未見交代編選動機，最初何以選定豐子愷，便教人好奇。如根據本書所見資料推估，原因首先是1974年，楊牧曾指導華盛頓大學亞洲語文學系學生 Brenda Foster，以豐子愷為題撰寫碩論，教學與研究須要便有相當累積。再則，楊牧 1981年編選《中國近代散文選》時，由周作人而豐子愷耙梳一「小品」的散文進路，此與許地山「寓言」同為當時楊牧極感興趣者。三則臺灣國民黨政府因政治理由，箝制五四以降諸多文學作品，楊牧應有鑒於豐子愷的精采，不當為此埋沒，反須納為臺灣文學發展的資糧，故首編即從豐子愷入手；而先選豐子愷，隔年方及周作人，或以豐子愷的「政治敏感」稍低。最後，豐子愷善繪畫會善童話，楊牧本喜好美術，且 1982年楊牧獨子未滿兩歲，初為人父的楊牧所以選介豐子愷，就這點看也挺有意思。

　　除了前述推測，1979 年臺灣發生美麗島事件，楊牧顯然非常關注，甚至為此痛哭。[14]1980 年楊牧一系列的編選作業，會否也有關係？

---

[12] 張俐雯，《時尚豐子愷：跨領域的藝術典型》，臺北：秀威資訊科技股份有限公司，2010，頁 378-385、396-398。該書論及楊牧對宣揚豐子愷之貢獻，指出楊牧散文風格雖與豐子愷不相類，但皆表現強烈的理想性與社會關懷。然而，楊牧散文多變，部分作品風格與豐子愷散文有類似處，例如張俐雯點出豐子愷散文「含哲理，藏詩情，蘊畫意富藝術味，有風俗美，融酒趣，能幽默」，這幾點在楊牧《疑神》裡也能發現。

[13] 第一冊出版後，楊牧得到文學藝術界諸多前輩與讀者鼓勵，遂接受洪範書局建議，進一步蒐集資料，完成第二冊。而第二冊完成後，楊牧自覺兩冊尚不夠完整，洪範書局遂促其再編一集，故有第三冊。但三冊完成後，又收到不少讀者來信，或鼓勵或補充史料，遂決定再編一冊為完結篇。楊牧，〈「豐子愷文選 II」編後記〉，《豐子愷文選 II》，臺北：洪範書店，1982，頁 231。楊牧，〈「豐子愷文選 III」編後記〉，《豐子愷文選 III》，臺北：洪範書店，1982，頁 229。楊牧，〈「豐子愷文選 IV」編後記〉，《豐子愷文選 IV》，臺北：洪範書店，1982，頁 235。

[14] 郭麗娟，〈禁忌與猜疑 楊牧寫來唏噓〉，《新臺灣新聞週刊》第 577 期，2007.4。

　　楊牧言豐子愷童話為「茯苓糕式」，引自豐子愷兒童故事集《博士見鬼》原序〈吃糕的話〉裡：「我作畫作文，常拿茯苓糕做榜樣。茯苓糕不但甜美，又有滋補作用，能使身體健康。畫與文，最好也不但形式美麗，又有教育作用，能使精神健康。」亦即不僅不避諱，甚至主動地賦予故事以某些「教訓」，以期裨益讀者滋養精神。這點又與豐子愷「護生」思想有關。[15]而楊牧編選豐子愷童話共 12 篇，分別是第一冊 3篇：〈有情世界〉、〈種蘭不種艾〉、〈明心國〉；第二冊 4 篇：〈生死關頭〉、〈夏天的一個下午〉、〈大人國〉、〈續大人國〉；第三冊 5 篇：〈博士見鬼〉、〈伍圓的話〉、〈一簣之功〉、〈油缽〉、〈賭的故事〉。至於第四冊〈赤心國〉，楊牧稱「童話又一則」，「豐氏童話的另一種試驗」，且建議讀者可與〈明心國〉參看，以理解豐子愷思惟與關懷。[16]故本節先論豐子愷〈明心國〉與〈赤心國〉，次節則嘗試勾勒豐子愷可能影響楊牧處。[17]

　　〈明心國〉以「抗戰時期」為背景，敘述一位音樂教師為躲避空襲，迷途於無底的「多福洞」，復闖入一野人國的故事。此國與世隔絕，野人皆蓄長髮，赤腳，穿棕櫚製衣裳，胸前還浮凸一心形透明玻璃，以反映心緒，例如憤怒顯紅色，快樂顯綠色，恐怖顯黃色，悲哀顯黑色，是以「任何感情與思想，都在這裡顯出來，絕不能瞞人」。〈明

---

15　豐子愷雖有宗教信仰，但其護生觀，涵佛家與儒家思想成分。例如《護生畫集》注重藝術性而避開因果報應之說，人道主義觀念，先於宣教意味。蔣勁松，〈豐子愷護生思想的內在矛盾及其演變〉，《法印學報》第 4 期，2014.10，頁 91-107。

16　楊牧編，《豐子愷文選IV》，臺北：洪範書店，1982，頁 235。

17　豐子愷〈明心國〉收於《豐子愷文選I》，臺北：洪範書店，1982，頁 177-183；〈赤心國〉收於《豐子愷文選IV》，臺北：洪範書店，1982，頁 123-141。另，楊牧說：「我個人有幸在這艱難的時代，動手從事這件校讀選輯的工作，通過文字和繪畫以親炙大師和平的智慧與民胞物與的風範，我從他那裡汲取的知識和快樂，已經多多少少改變了我對於現實世界的態度和價值判斷，也將影響我今後一生的思想行為。」楊牧編，《豐子愷文選IV》，臺北：洪範書店，1982，頁 237-238。

心國〉且透過教師內心獨白，盛讚這是「最善良的人類社會」，「比我們文明得多，幸福得多啊！」教師還因羨慕野人「明心見性」穿起棕櫚衣，究竟因心非透明為野人疏離。故事收煞在野人趁教師熟睡，以獨木舟將其驅逐出境；教師雖為一艘大船救起，敘其經歷卻被船員視為瘋子云云。〈明心國〉通過說書人「我」第一人稱敘事且明確指出是「講給小朋友聽」，不存在死亡，語言亦直白簡樸，主題強調的是誠實不欺瞞。

　　〈赤心國〉許多設定與〈明心國〉雷同。〈赤心國〉敘述抗戰時期一位軍官因為躲避空襲遁入無底洞而誤闖野人國的故事，軍官最終為野人驅逐，又為大船救起。〈赤心國〉也有許多不同於〈明心國〉的處理。〈赤心國〉採第三人稱敘事；野人特徵改為「身上都有毛」，野人的心改為表徵社會階級的「赤心」，赤心最大最高者為「王」，次者為「官」，再次為「人民」；主題強調的是人溺己溺。此外，〈赤心國〉情節篇幅增加，筆法老練殘酷。例如主人翁被驅離的理由，〈赤心國〉的設計比較複雜：野人誤觸軍官的隨身槍械，導致軍官受傷暈厥，野人驚懼之餘決議將「這不幸的人縛在木板」，「趕快送入海中」。〈赤心國〉寫軍官入洞穴避難更是怵目驚心，「忽然一個重磅炸彈飛下」，「無數平民變成了血漿和肉塊」；「又是震天一聲響，不料洞上面的岩石壓了下來」，「只見岩石的縫隙間參差露著被壓死的人們的手，腳和小孩的頭，小手等。有的頭顱被壓碎，腦漿淋漓；有的只露著一個頭，兩個眼球彷彿兩個胡桃，向外突出；有的因為肚子和胸部被岩石突然重擊，腸胃等竟從口中吐了出來！」

　　由此可見，豐子愷童話在〈明心國〉與〈赤心國〉表現有相當差異，前者近於童話的一般理解，是說給兒童的故事，具教育作用，傳遞

道德教訓如誠實方為上策，欺瞞遠離幸福。[18]後者卻與這種童話的一般性理解有距離，尤其前段關於人們傷亡的具體與細膩描繪，與童話強調的趣味性，多少衝突。[19]楊牧稱之為另一種試驗，原因或在此。此外，這兩篇童話主人翁皆成人，故事更寄寓或隱或顯的現實批判，也是一般童話不常見的特徵。這兩篇故事，依楊牧建議，可為讀者參照尋思豐子愷思惟與關懷的線索。

## （二）赤子之心

楊牧認為茯苓糕式童話是豐子愷赤子之心的直接表現。[20]通過〈明心國〉與〈赤心國〉兩篇童話印證之，則豐子愷雖以「茯苓糕」為喻，不表示他天真爛漫，無知社會現實蹇厄多舛。細讀這兩篇童話，讀者應能體會茯苓糕原不止滋味甜美、教人身體健康，文學也不止於形式審美與教育功能；茯苓糕可能影射一個孱弱須滋補的「身體」，文學不也寄托著更理想完善的「社會」？

豐子愷〈明心國〉按楊牧編註，應完成於 1946 或 1947 年杭州。[21]〈赤心國〉則作於 1947 年 10 月杭州。彼二年中日戰爭結束，因為戰亂

---

[18] 楊牧以〈明心國〉比之《鏡花緣》與《格列佛遊記》，認為豐子愷有一種自然溫存的語氣，帶著同情與幽默，故其童話「不但兒童可讀，成年人也可讀。」楊牧，《失去的樂土》，臺北：洪範書店，2002，頁 281。

[19] 劉芳蓉整理臺灣學界對童話的定義，指出學者們無不強調：童話寫作主要以成長中兒童為對象，內容須符合兒童心性和需求，特色包含幻想性、趣味性、教育性等特質。劉芳蓉，《現代童話之主題分析——以國語日報牧笛獎得獎童話作品為例》，花蓮：花蓮師範學院國民教育研究所碩論，2005，頁 9-10。

[20] 楊牧，《失去的樂土》，臺北：洪範書店，2002，頁 280。

[21] 楊牧編，《豐子愷文選I》，臺北：洪範書店，1982，頁 183。如根據豐子愷長媳戚志蓉說法，〈明心國〉應為 1947 年作，見豐華瞻、戚志蓉，《回憶父親豐子愷》，臺北：大雁書店，1992，頁 94。豐華瞻為豐子愷長子。

逃難至四川重慶的豐子愷原欲返鄉，卻因舟車壅塞，舉家輾轉徐州、鄭州、南京、上海等地；迨至故鄉石門灣，緣緣堂舊址已廢墟一片；年近50 歲的豐子愷於親戚家痛飲一夜，次日揮別故鄉，遷居杭州，租屋靜江路 85 號，賣畫寫文著書以營生。[22]也即是說，〈明心國〉與〈赤心國〉創作於二戰結束日本投降，豐子愷親睹戰爭野蠻殘暴，生命仍流離失所的時刻。故豐子愷么女豐一吟曾回憶道：「父親的那頭白髮，是抗戰時期，全家逃難時才有的。」[23]然讀這兩篇童話，讀者感受不到戰勝國的喜悅或豐子愷精神的疲困頹靡，倒是豐子愷對理想社會的殷切盼望，與隱微憂懼，教人印象深刻。童話裡的野人國儘管與世隔絕，卻以其「明心」、「赤心」活得更善良文明。反觀音樂教師與軍官的奇遇，在獲救後卻被視為癡狂發癲，例如〈明心國〉最末人們都說教師是瘋子，「他們送他上岸，管自開走了」。儘管如此，豐子愷〈赤心國〉猶給出相當不同的結局：

> 軍官不管他們信與不信，他心裡永遠憧憬著赤心國裡的和平幸福的生活。當這大輪船泊岸之後，他便回到家鄉，把他因躲警報而得的奇遇講給人們聽，並且希望把我們的社會改成赤心國的一樣。人們聽他講到胸前那顆赤心，大家都笑他發癡。有的人說，他大約被炸彈嚇壞了，所以講這些瘋話。但他不同人爭辯，管自努力考慮改良的辦法。他到現在還努力考慮著。[24]

在這段結語裡，「永遠憧憬」首先標誌軍官心境的轉折，次則突顯

---

[22] 豐一吟等著，《豐子愷傳》，臺北：蘭亭書店，1987，頁 139-145、206-208。豐華瞻、戚志蓉，《回憶父親豐子愷》，臺北：大雁書店，1992，頁 237-238。

[23] 梁小島，〈豐一吟：父親豐子愷的情味〉，《香港文匯報》，2012.6.6，A25 版。

[24] 楊牧編，《豐子愷文選 IV》，臺北：洪範書店，1982，頁 141。

豐子愷對人類未來即便憂慮仍堅持懷抱信心：理想社會確實是存在的，須要的不是爭辯，而是管自努力改良。進而，故事開頭稱軍官有臨危不懼的鎮靜、不屈不撓的精神、愛好和平的天性，乃至於「他天天努力訓練他的軍隊，預備將來率領了去殺敵人」等描述語，原隱含的反諷意涵（愛好和平卻預備殺戮），因軍官悔悟而獲致一定程度的消解，並使主題不停留於現實批判，更肯認美德作為改良社會的依據（軍官所以能堅持努力的依據，儘管「到現在還努力考慮」一語或暗示實踐不足）。

再者，豐子愷在〈赤心國〉雖未交代坐擁美德的軍官，何以甘願獻身沙場，整個故事藉由三個經驗，鋪陳軍官解悟的契機：一是洞穴裡無辜者的大量死亡，二是洞穴外赤心國的反璞歸真，三是遭赤心國放逐（亦「失去的樂土」）以第二點來說，豐子愷藉軍官隨身物品如鑰匙、鈔票、手鎗，帶出野人的詫異與疑惑：野人不能理解鑰匙與鈔票的意義，因為野人國沒有偷盜與貨幣的概念。這猶影射豐子愷對私有財產與貨幣制度的反思。至於豐子愷在處理「手鎗」也富有寓意，例如寫軍官忽然想起褲帶裡的手鎗：「啊，還有這東西！這是何等野蠻，何等可恥的東西！幸虧這手鎗還沒被他們看見。如果給他們知道了牠的用處，他們將怎樣地笑我們，我將何等地羞恥！」接著「他覺得手鎗硬硬的在他身邊，怪不舒服。」但手鎗仍不巧為人發現，軍官遂狼狽遁辭：「這不過是一種裝飾品罷了。」凡此種種，皆見豐子愷寓言托意，曝顯人類「文明」的荒謬。

然更重要的是，豐子愷筆下軍官，並非執迷不悔；悔悟後的軍官，反成為人類希望的象徵。是以楊牧說：「童話臻於最美麗善良的時候，是一首充滿暗喻的抒情詩。」[25]又說「民胞物與，猶須經過一層廣大

---

[25] 楊牧，《失去的樂土》，臺北：洪範書店，2002，頁 73。引文出自楊牧談林泠（1938-）的詩。

的，超越親情切近的體悟。豐子愷對於昆蟲禽獸和草木如此，以赤子之心付之深愛，則他對於現實周遭社會的觀察，更表現出他不可限量的關懷。」[26]

　　豐子愷的思惟與關懷過人處，藉此略可想見；至於楊牧何以「禮讚」豐子愷，費時編選四冊以介臺灣讀者，理亦甚明。質言之，豐子愷能於個人乃至社會國家苦難之際，「勇於同情和施予」，而不為憤懣、疑惑、沮喪等情緒，阻塞對自然萬物的關心與熱忱，始終堅信人類社會是有希望的；或即豐子愷教楊牧心服，並企圖與臺灣社會分享其作品的原因。[27]文學家與社會的醫病隱喻，曾樸《孽海花》敘事者名「東亞病夫」、魯迅〈藥〉反諷的社會病態、蔣渭水〈臨床講義〉裡的時政處方皆顯例，指涉文學家如何在創作寄託現實關懷，「對症下藥」。[28]豐子愷以「茯苓糕」作為隱喻，雖不尖銳，仍涵蘊其對憂國憂民之胸襟。故而楊牧頌揚豐子愷為「二十世紀動亂的中國最堅毅篤定的文學大師」，肯認他「在洪濤洶湧中，默默承受時代的災難，從來不彷徨吶喊」。[29]由於《彷徨》、《吶喊》皆魯迅短篇小說集，楊牧或暗示魯迅仍有所不足。那麼，誰是楊牧心中的新文學典範？再三強調「不辯解」的周作人是其一。[30]坦蕩樂觀的豐子愷應是其二。

---

[26] 楊牧，《失去的樂土》，臺北：洪範書店，2002，頁281。

[27] 楊牧在闡釋豐子愷理念時說：「中國一定是有希望的，如果人人都在工作，人人信仰自然的啟迪，同意愛是生命的基礎和峰頂，他似乎這樣主張著；我們必須承認我們的知識有限而宇宙無窮，保護我們的赤子之心，勇於同情和施予，並且誠實地喜愛藝術，音樂和文學。」楊牧，《失去的樂土》，臺北：洪範書店，2002，頁281-282。

[28] 醫病隱喻的研究，可參黃金麟，《歷史、身體、國家──近代中國的身體形成 1895-1937》，臺北：聯經出版事業公司，2001；顏健富，〈「病體中國」的時局隱喻與治療淬鍊──論晚清小說的身體／國體想像〉，《臺大文史哲學報》第 79 期，2013.11，頁83-118。理論部分，可參蘇姍‧桑塔格（Susan Sontag）著，刁筱華譯，《疾病的隱喻》，臺北：大田出版有限公司，2000。

[29] 楊牧，《失去的樂土》，臺北：洪範書店，2002，頁282。

[30] 楊牧提到周作人面對毀譽有種「不辯解」的心境。楊牧，《失去的樂土》，臺北：洪範

豐子愷 1947 年出版的《又生畫集》，取「野火燒不盡，春風吹又生」之意，並特地讓戰爭期間誕生的幼兒新枚將此詩句畫於扉頁。[31]這種對「新生」的信心，在編選豐子愷時初為人父的楊牧來看，理應有所共鳴與鼓舞。[32]

# 三、編選許地山

## （一）寓言點化

許地山，1894 年生於臺灣臺南；1895 年因其父許南英（1855-1917）抗日保臺未果，不願為異族統治，遂舉家搬離世居四百年的臺灣，落籍中國福建；1906 年入廣州隨宦學堂，畢業後因家貧而就業，執教於福建、緬甸等地；1915 年返福建，加入閩南基督教倫敦會，始志於宗教比較學，於漳州受洗；1917 年入燕京大學國文系，1920 年畢業後入燕京大學神學院；；1921 年與周作人、茅盾成立「文學研究會」；1923 年與冰心（1900-1999）、梁實秋等赴美留學，就讀哥倫比亞大學，學習梵文及伊斯蘭文學、摩尼教教義等，取得文學碩士；1924 年入英國牛津大學，亦攻哲學與神學，研究希臘文，取得文科研究碩士；1926 年離開英國，途經印度作研究並收集資料，接受泰戈爾建議編《梵文字典》；1927 年返燕京大學任教，1928 年任教育部「國語統

---

書店，2002，頁 373。

[31] 豐一吟等著，《豐子愷傳》，臺北：蘭亭書店，1987，頁 141。

[32] 例如楊牧特意點出兒童在豐子愷創作中的重要性，並引證豐子愷〈兒女〉裡「在我心中佔有神明，星辰，藝術同等的地位。」楊牧，《失去的樂土》，臺北：洪範書店，2002，頁 280。

一籌備委員會」；1934 年為胡適推薦任香港大學講座教授，後成立
「香港新文字學會」、香港文協，1941 年逝世於香港。許地山 1933 年
燕京大學休假，應邀廣州講學，曾經走海路南下返回臺灣，瞻仰舊居、
訪晤親友。[33]

　　楊牧不僅稱許地山為「臺灣新文學」先驅人物，更認為「雖然他一
生事業都是在臺灣以外完成的，我們仍覺得他應屬於這滄海一脈，應該
屬於我們」，見將許地山拉回臺灣文學史脈絡的企圖。有趣的是，楊牧
特意點出許地山比賴和年長一歲，這或許與 1976 年前後臺灣戰後世代
開始文學溯源的思潮不無關係；1975 年楊牧適返臺客座，對此理應有
所體會與認識。[34]是以，稱許地山「屬於我們」，以至不僅選介許地山
小說，亦及許地山散文，可謂隱含楊牧對臺灣文學史的期待視野。此視
野直言之，不唯前述徐志摩、周作人囊括在內，豐子愷、許地山亦應列
席；進而，從楊牧編選工作來看，臺灣文學如何必要因意識型態衝突、
政治矛盾，而摒棄中國文學的影響？顯然，楊牧並不迴避這層關係，甚
至積極地以中國文學為拓闢臺灣文學傳統的資糧；其用心與葉慈、莎

---

[33] 生平文獻，參楊牧與陳志寶的整理。楊牧，〈重讀許地山〉，《隱喻與實現》，臺北：
洪範書店，2001，頁 93-105。該文即楊牧編《許地山小說選》所作「導言」，二文內容
相同。陳志寶，《許地山小說結構之研究》，高雄：中山大學中國文學系碩論，2012，
頁 17-25。另，許地山年表可參范銘如主編，賴芳伶編著，《許地山》，臺北：三民書
局，2006，頁 231-254。該年表為賴芳伶根據秦賢次、周俟松等人所製，整合修訂；許
地山生年則賴芳伶根據杜汝淼查閱《新編萬年曆》，確定為 1894 年（楊牧編《許地山
小說選》附錄作 1893 年）。

[34] 賴和作為「臺灣新文學之父」、「臺灣現代文學之父」，其典律化過程有幾個重要節
點：一、黨外雜誌《夏潮》1976 年創刊不久，重刊賴和〈不如意的過年〉、〈前進〉、
〈南國哀歌〉，並梁景峰〈賴和是誰？〉。二、1979 年 3 月李南衡編《日據下臺灣新文
學》，第一冊即《賴和先生全集》。三、1984 年內政部恢復賴和入祀忠烈祠，同年眾多
臺灣文學名家發表紀念文章；例如蕭蕭等著，《賴和先生平反紀念集》，臺北：紀念賴
和先生九十誕誕籌備會，1984；葉石濤，〈為什麼賴和先生是臺灣新文學之父？〉，
《沒有土地，那有文學？》，臺北：遠景出版事業有限公司，1985；黃得時，〈臺灣新
文學播種者──賴和〉，《聯合報》，1984.4.5，8 版。

劇、英詩等西方文學的引介，不無相仿。[35]進而，編選許地山與聯合報寫專欄，皆不妨視為楊牧自覺於戒嚴時期，一知識份子應為的階段性工作。[36]

「寓言點化」與「有我」的藝術，則是楊牧對於許地山文學特色與性格給出的判語。關於「寓言點化」，楊牧以為許地山創造的文學型態中，「寓言性質特強，便時常帶有一種貫穿抒情和敘事兩個文類的風采。」[37]此外，楊牧更指出許地山博學沉潛，對外國古典的認識可與周作人齊驅，「他深入梵文舊籍，結合傳統中國的象徵筆法，作品充滿寓言點化的技巧，神韻無窮。」[38]例如楊牧選入《許地山散文選》的〈遷〉，全文約 400 字，然論主題，結構，人物，對話與動作極似一則完整的寓言。由於篇幅不長且頗具代表性，試將〈遷〉抄錄於下：[39]

　　花嫂子著了魔了！她只有一個孩子，捨不得教他入學。她說：

---

[35] 楊牧接受李昂訪問時說到：「除了中國文學的源流外，我同樣關懷別的文化，比如我對但丁的喜愛，超過對湯顯祖的喜愛，這樣說完全不合民族自尊、民族自卑，只要好的東西我都要。」李昂，〈且把虛幻作真實／葉珊・楊牧・王靖獻訪問記〉，收於蘇燈基主編，《當代作家對話錄》，臺北：傳記文學出版社，1986，頁 233-253。原文發表於《新書月刊》第 17 期，1985.2，頁 30-36。而這個信念楊牧序《傳統的與現代的》也有過表述，楊牧認為完全的文學教育，不但沒有古今薄厚，也沒有夷夏之防，文學「揭櫫的是古今中外渾然一體的意識境界」。

[36] 黃鳳鈴，〈因為山水的關係 依舊是花蓮的——楊牧〉，《明道文藝》第 269 期，1998.8，頁 139。

[37] 楊牧，〈三讀許地山〉，《隱喻與實現》，臺北：洪範書店，2001，頁 107。該文即楊牧編《許地山散文選》所作「編後」。但收入《隱喻與實現》時略行刪改，例如〈編後〉第一段交代 1981 年編《中國近代散文選》以許地山為「寓言」類開山人物，與 1983 年《許地山小說選》因緣，此段後為〈三讀許地山〉刪除；原說明選文「特別搜集了七篇比較不為人知的散文，希望能因此更完整地了解許地山的精神面貌。我願意以這一份新資料為例來看他的，你的，或是『我』的憂患」，亦刪。

[38] 楊牧，《失去的樂土》，臺北：洪範書店，2002，頁 108。

[39] 楊牧編，《許地山散文選》，臺北：洪範書店，1985，頁 7-8。此文他書或作〈三遷〉，如許地山，《空山靈雨：許地山隨筆》，北京：北京大學出版社，2009。

「阿同底父親是因為念書念死的。」

阿同整天在街上和他底小伙伴玩：城市中應有的游戲，他們都玩過，他們最喜歡學警察、人犯、老爺、財主、乞丐。阿同常要做人犯，被人用繩子綑起來，帶到老爺跟前挨打。

一天，給花嫂子看見了，說：「這還了得！孩子要學壞了。我得找地方搬家。」

她帶著孩子到村莊裡住。孩子整天在阡陌間和他底小伙伴玩：村莊裡應有的游戲，他們都玩過。他們最喜歡做牛、馬、牧童、肥豬、公鷄。阿同常要做牛，被人牽著騎著，鞭著他學耕田。

一天，又被花嫂子看見了，就說：「這還了得！孩子要變畜生了。我得找地方搬家。」他帶孩子到深山底洞裡住。孩子整天在懸崖斷谷間和他底小伙伴玩。他底小伙伴就是小生番、小獼猴、大鹿、長尾三娘、大蛺蝶。他最愛學鹿底跳躍，獼猴底攀緣，蛺蝶底飛舞。

有一天，阿同從懸崖上飛下去了。他底同伴小生番來給花嫂子報信，花嫂子說：「他飛下去麼？那麼，他就有本領了。」

呀，花嫂子瘋了！


　　閱讀全文，不難發現許地山〈遷〉改編自民間傳說「孟母三遷」；此與魯迅《故事新編》類似，除藉特定「前文本」形塑「重寫文本」的審美趣味，如戲仿與反諷，更寄寓五四文人對傳統的反思與新文學的試煉。[40]這裡不妨先回想孟母三遷的情節結構與寓意：孟子年少於墓園嬉

---

[40]　故事新編的討論，可參祝宇紅，《「故」事如何「新」編——論中國現代「重寫型」小說》，北京：北京大學出版社，2010。祝宇紅認為這類「重寫型」小說，重寫文本通常受前文本、作者與語境制約；文體特色，則表現為「雜文化」、「戲仿」、「反諷」等面向。

戲，有樣學樣造墳鑿穴埋身，孟母知情後說「這裡不是安養我孩子的地方」，遂舉家遷至市集附近。孟子於市集嬉戲，有樣學樣討價叫賣，孟母知情後說「這裡不是安養我孩子的地方」，舉家遷至學校附近；孟子於校區嬉戲，有樣學樣設置祭祀用禮器、進退行揖讓之禮，孟母說「這裡才真是安養我孩子的地方」。[41]而這個故事寓意，或謂母親重視教育，擇鄰而居，即母親的美德；兼有環境影響不得不謹慎，近朱者赤的教訓；亦有鼓勵進學，褒揚儒術之意。

然許地山〈遷〉開頭稱花嫂子「著魔」，若責備母親拒絕孩子受教育，話鋒一轉，「阿同底父親」竟為念書而死，求學之為用的反諷便油然而生：前車可鑑，何忍獨子進學？按〈遷〉一文選自《空山靈雨》，而《空山靈雨》系列文章連載 1922 年《小說月報》並於 1925 年上海商務印書館出版；《小說月報》即前述周作人等籌組「文學研究會」的主要刊物。[42]是以稱〈遷〉反映許地山經五四洗禮，顛覆傳統的教育觀，應不為過。換言之，〈遷〉諷喻對象較可能是儒家禮法為內涵的舊學，而非新學。有意思的是，「孟母三遷」裡教育空間的轉換，由「墓間」而「市傍」終「學宮」；〈遷〉破題勾銷「學宮」這個選項，對舊學的不信任感甚明。至於〈遷〉的教育空間，乃從「城市」而「村莊」終「深山」，表面似回歸自然，實則以終局來看，獨子阿同竟「從懸崖飛下去」，花嫂子竟還稱阿同「有本領」，顯然諷刺「三遷」不足為訓。再者，各段描繪也頗具象徵意涵，「城市」裡貧富懸殊與警察制度，似表徵資本主義賴以運作的社會階級與國家暴力；「村莊」裡做牛做馬的

---

[41] 「孟母三遷」，見劉向《列女傳·母儀·鄒孟軻母》：「孟子之少也，嬉遊為墓間之事，踴躍築埋。孟母曰：『此非吾所以居處子也。』乃去舍市傍。其嬉戲為賈人衒賣之事。孟母又曰：『此非吾所以居處子也。』復徙舍學宮之傍。其嬉遊乃設俎豆揖讓進退。孟母曰：『真可以居吾子矣。』遂居及。」

[42] 范銘如主編，賴芳伶編著，《許地山》，臺北：三民書局，2006，頁 237-241。

勞動者，影射奴隸制度下的犧牲，猶「城市」的雛形。然「深山」裡一段則相當耐人尋味，與鹿、獼猴、蛺蝶者遊的生活，如何還是死路？由於〈遷〉以「孟母三遷」這個廣為人知的故事為前文本，情節進展的邏輯應為讀者把握，即讀者可預期第三次遷居，該是「真可以居吾子矣。」許地山逆向操作這個邏輯，通過象徵筆法完成一則寓言，促使讀者思考：故事最後的社會圖像，在哪方面出了問題？與自然和諧共存，不該是人類社會追求的目標？

　　許地山〈遷〉是一則寓言，寄寓著許地山對世變的反思與同情。許地山在〈遷〉裡呈現的，容或是中國世變底下扭曲的心靈，「花嫂子」在儒道的社會藍圖進退失據，在現代社會與傳統社會中無法適應，以至著魔、發瘋，對於象徵救贖的獨子「阿同」（世界大同？）始終無能為力。

　　至於許地山「有我」的藝術。「有我」的概念，應來自王國維（1877-1927）。深受叔本華（Schopenhauer, 1788-1860）美學影響的王國維，在《人間詞話》論文學境界「有我」、「無我」：「有我之境，物皆著我之色彩。無我之境，不知何者為我，何者為物。」[43]此論似含價值判斷，以古人寫詞多「有我」，唯豪傑能自樹立「無我之境」。[44]然楊牧使用「有我」來指稱許地山散文藝術，與王國維觀點卻有差異。

---

[43] 王國維著，滕咸惠校注，《人間詞話新注》，臺北：里仁書局，1987，頁 50-51。據滕咸惠按語：王國維此句後原有一句「此即主觀詩與客觀詩之所由分也。」葉嘉瑩以主觀情感強弱釋之：「詩詞裡邊如果你把主觀的色彩、你的哀樂悲喜有意投注進去，有強烈的感情，就是『有我之境』；如果你沒有有意把你的感情投注進去，而是『以物觀物』，你和物化成一片了，就是『無我之境』。」葉嘉瑩，〈王國維《人間詞話》的境界說〉，《迦陵說詞講稿》，北京：北京大學出版社，2007。

[44] 王國維著，滕咸惠校注，《人間詞話新注》，臺北：里仁書局，1987，頁 50-51。論者指出，王國維藉境界說打通中國傳統詩話，與席勒（Schiller, 1759-1805）、康德以降的美學論述，力求從審美活動創造「無我之境」。王德威，《現代「抒情傳統」四論》，臺北：國立臺灣大學出版中心，2011，頁 36。

一方面，王國維區分「無我之境」為優美，「有我之境」為宏壯。[45]楊牧對此有過批評，在〈王國維及其「紅樓夢評論」〉一文裡，楊牧指出王國維不免把「壯美」（即宏壯）只當成個別時刻的「感情」特質，忽略了壯美「應該是一件藝術作品所提供的完整的效果，應該超越個別的時刻，應該永恆」。[46]據此，楊牧對「有我之境」的價值判斷，不低於所謂「無我」。二方面，對文學作品的思考，楊牧顯得比王國維圓融，例如〈文學與理性〉一文：「詩人因物起興，進而緣小我或大我之情以成功；但有時他也可以先緣情詠誦，再繼之以外物之體會敷衍襯托。」而文學作品的成立，主觀緣情與客觀體物各見先後巧妙，卻不宜偏廢，「惟有交錯盤曲以漸進，更能見文學作品的完整。」[47]可見楊牧思考文學「有我」，並不以主觀小我或大我之情為限制，也不以「純粹客觀」（叔本華語）為究竟。那麼「有我」的藝術性該如何界說？

楊牧認為許地山「往往不辭精神和感情的全面投入」：

> 以「我」作文，有我始有你，把握晤面，以愛心和信仰與你交接目成，互相激盪，撼動，溝通，並且提升。[48]

前段文字對「我」的肯定，實際隱含楊牧對散文藝術的認識。猶如楊牧論琦君（1917-2006）：「她的散文情思，完全是主觀的投入，不是客觀的捏塑」，「不是向壁虛構的小說筆法」；「我們在其中可以清

---

[45] 王國維著，滕咸惠校注，《人間詞話新注》，臺北：里仁書局，1987，頁 53。

[46] 楊牧，〈王國維及其「紅樓夢評論」〉，《失去的樂土》，臺北：洪範書店，2002，頁 291-319。該文撰於 1976 年。

[47] 楊牧，〈文學與理性〉，《失去的樂土》，臺北：洪範書店，2002，頁 65-69。

[48] 楊牧，〈三讀許地山〉，《隱喻與實現》，臺北：洪範書店，2001，頁 107-108。

晰看見今日的琦君。」[49]楊牧所以認為「有我」的性格在散文世界魅力
更強烈[50]，表述的毋寧是文學創作中，如散文這文類，主觀「我」的投
入非但不是限制，反而是種魅力；即便換個文類，詩亦何曾因「主觀」
而斲傷其力與美？楊牧借韓愈「取於心而注於手」言散文正軌，理亦在
此。[51]

## （二）血肉性情

　　文學作品中的心靈圖像，乃至文學家的心靈世界，是楊牧選介許地
山的重要憑藉之一；文學技巧則是其二。例如前節討論許地山〈遷〉，
幽微的文心在解繹後已教人驚心，若再考慮〈遷〉寫於許地山 30 歲，
妻子林月森因病辭世未兩年，尚有一女未滿四歲之際[52]，這故事實可視
為一位父代母職的鰥夫，於「屢遭變難，四方流離，未嘗寬懷就枕」
（語出《空山靈雨》弁言）的歲月裡，對幼女與新中國的未來該何去從
的憂思。而在這樣險厄的歲月，許地山的作品即便憂慮，仍舊懷抱愛與
希望。與〈遷〉同期創作的〈落花生〉亦然。
　　〈落花生〉一文敷寫的家庭生活，溫馨甜美，許地山追憶父親提
問：「誰能把花生的好處說出來？」子女依序作答如氣味美、可製油、
價廉故人皆可食等，父親則說：「花生底用處固然很多；但有一樣是很
可貴的。這小小的豆不像那好看的蘋果、桃子、石榴，把他們底果實懸
在枝上……他只把果子埋在地底，等到成熟，才容人把它挖出來……所

[49] 楊牧，〈留予他年說夢痕〉，《失去的樂土》，臺北：洪範書店，2002，頁 129-132。

[50] 楊牧，《隱喻與實現》，臺北：洪範書店，2001，頁 107。

[51] 楊牧，〈詩與散文〉，《失去的樂土》，臺北：洪範書店，2002，頁 120。

[52] 范銘如主編，賴芳伶編著，《許地山》，臺北：三民書局，2006，頁 236-239。

以你們要像花生，因為他是有用的，不是偉大、好看的東西。」[53]許地山寫作這篇文章時，父許南英亦已辭世，然追憶先父通篇不見傷感悲戚，唯父親的叮囑溫婉平實，餘韻無窮。

有意思的是，許地山舉重若輕、情韻調停的文筆固然為楊牧欣賞，許地山的「血肉性情」也教楊牧擊節喝采。此所以楊牧強調許地山不只是「娓娓謙沖的落華生」，更是「積極認真的教士」，「能夠強烈激動的改革份子」[54]：

> 他大半時候最像一個誠實執著的佈道家，以寓言和象徵啟迪我們的愛，信，勇氣，和智慧，而且他還是一個不站在神壇高處，卻就在我們前後不停走動的那種佈道家；他不是那種莊嚴法相的教士，也不是聲嘶力竭的改革份子。但正因為如此，許地山又是一個宣揚愛與信的教士，謙沖溫良；一個提倡勇氣和智慧的改革份子，恭敬中透露著憂患。[55]

「積極認真」、「強烈衝動」可視為「血肉性情」的底蘊，並暗示許地山也有狂狷一面。而這種性情，在現實批判性較強的小說，例如〈在費總理底客廳裡〉（1928）與〈三博士〉（1931），表現得相當淋漓盡致。前者寫費總理，表面慈善家讀書人，實則強取豪奪，挪用善款開工廠，強逼女工為妾，行賄官署，聚眾鬥毆等醜事做盡卻依舊優游於世。許地山更藉費總理左一句「他們只是提倡廉潔政府，並沒明說廉潔個人」，右一句「咱們底民生工廠不就是民生主義麼？」諷刺了時政與

---

[53] 楊牧編，《許地山散文選》，臺北：洪範書店，1985，頁 91-92。
[54] 楊牧，〈三讀許地山〉，《隱喻與實現》，臺北：洪範書店，2001，頁 111。
[55] 楊牧，〈三讀許地山〉，《隱喻與實現》，臺北：洪範書店，2001，頁 108。

人心的貪婪歪邪。後者譏諷不學無術的「博士」頭銜，一位以《麻雀牌與中國文化》得美國學位的吳芬博士，歸國處心積慮討老婆；一位胡謅論題為《油炸膾與燒餅底成分》的愛情騙子；一位當隨員到紐約住過些日子，歸國便稱「鳥約克柯藍卑阿大學特贈博士」的甄輔仁。儘管三位博士似乎一真二假，然尋麻將作文章亦顯愚騃可笑，許地山筆鋒尖銳，揭露招搖撞騙的知識份子醜態不遺餘力，不屑鄙夷之情，確實如楊牧所稱「這何曾是我們心目中的許地山？」[56]

　　但話說回來，楊牧心目中的許地山，更多還是懷抱愛心，具宗教悲憫情操的新文學人物：「他是一個完全參與介入的文學思想家，絕無保留做作。因為他對他所思維的文學主題有愛心，對他所琢磨鍛鍊的藝術技巧有信仰，遂能通過真摯和誠意，化愛之主題於信的藝術之中」。[57]是以，楊牧談許地山小說特別點出〈玉官〉（1939）最為不同，早年作品摻合的憂慮不安徹底排除，「完整地擁抱了新時代的無窮嚮往，甚至超越時代，達到神詮。」楊牧盛讚許地山筆下玉官無條件的奉獻，在「洪流翻滾的世界裡，以卑微的小婦人始，終於企及宗教的聖潔」，篇末「舷邊的白髮玉官」猶昭示著絕對的美。[58]

　　楊牧〈三讀許地山〉結語「冥冥茫茫還有待一株枯楊再發新芽」，典故出自許地山〈我底童年：延平郡王祠邊〉一文。該篇為楊牧編《許地山散文選》壓卷，為許地山童年回憶。許地山自述母親常提起臺灣割

---

[56] 楊牧，〈三讀許地山〉，《隱喻與實現》，臺北：洪範書店，2001，頁 109。楊牧此言以許地山散文為主，但放在〈在費總理底客廳裡〉、〈三博士〉這類短篇小說上亦可。

[57] 楊牧，〈三讀許地山〉，《隱喻與實現》，臺北：洪範書店，2001，頁 107。

[58] 楊牧，〈重讀許地山〉，《隱喻與實現》，臺北：洪範書店，2001，頁 103-104。這段文字寫於 1984 年。寫於 1986 的《飛過火山》跋則說：「有一天當我發現兩鬢大半都是白髮的時候，我知道時間之神已經以祂偉大的關懷，對我提出絕對的警告：不要蹉跎——當然更無須恐懼，不要蹉跎，要知道成熟的年歲是神的賞賜，奮勇向前，毋忝天地對你們知識份子的付託。」楊牧，《飛過火山》，臺北：洪範書店，1987，頁 195。

讓，以致離鄉出走的情形，「我現在只記得幾件有意思底」，如關帝廟求籤、自豢的天公豬、絨毛雞等。「枯楊新芽」一事即出自許地山母親離臺前，到關帝廟求籤，「問問臺灣要幾時才歸中國」？因為母親深信臺灣若不歸還，家門是不能再見的。而籤詩回答的大意是「中國是像一株枯楊，要等到它底根上在發芽底時候才有希望。」儘管母親「永遠不了解枯樹上發新枝是指什麼，這謎到她去世時還在猜著。她自逃出來以後就沒有回去過。」[59]許地山在此對於楊牧彷彿是個隱喻，隱喻楊牧心中的臺灣新文學圖像，而非中國新文學，故楊牧說「臺灣，臺灣當然長存於他感情之中，存在於他宿命的認同和他的知識之中，存在於他的寓言裡，冥冥茫茫還有待一株枯楊再發新芽。」枯楊新芽與其說是中國再起的徵象，不如說是臺灣家門的召喚。

楊牧編選《許地山小說選》（1984）與《許地山散文選》（1985）時間點，即第二次回臺灣客座，緊接是《陸機文賦校釋》、《交流道》、《有人》、《飛過火山》、《山風海雨》的出版。一般而言，論者在討論楊牧此期創作時，並不考慮楊牧編選與創作的相關。例如何寄澎認為《柏克萊精神》、《交流道》、《飛過火山》等書在精神上，表現楊牧化思索感懷為積極信入之態度，而《搜索者》集前此大成。[60]或鍾怡雯認為《搜索者》在楊牧散文創作上承先啟後，蘊含多重搜索主題，且隱藏多本散文的伏筆，「若以象徵讀之，這時期的楊牧在散文的創作上，他找到一組意象和比喻，一種敘事的方法，不再像葉珊時期那樣把散文當成是詩人的副產品。……如果說浪漫的葉珊和艱澀的《年輪》屬於天上，則《搜索者》是回歸人間的。」[61]前引二例皆注意楊

---

[59] 楊牧編，《許地山散文選》，臺北：洪範書店，1985，頁 193-198。

[60] 何寄澎，〈「詩人」散文的典範——論楊牧散文之特殊格調與地位〉，《臺大中文學報》第 10 期，1998.5，頁 115-134。

[61] 鍾怡雯，〈無盡的搜尋：論楊牧《搜索者》〉，《無盡的追尋：當代散文的詮釋與批

牧 1980 年代現實關懷的強度增加，故謂「積極信入」、「回歸人間」，但這樣的詮釋並不考慮給予編選位置。

　　楊牧曾說「詩是我涉事的行為。」[62]「以詩涉事」一語源自葉慈的「知識份子讀書以涉事」。涉事（intervention），按奚密，可從詩的正面性與主動性加以理解，所以稱「行為」，影射詩創作即是一種直接的介入。奚密注意到此概念提出，逢楊牧擔任東華大學文學院院長期間，其立場更富深意。[63]所謂「深意」，或指教育這樣入世行為。「詩如何涉事？」奚密認為楊牧早有答案，即詩作為一「不斷生生的結構」；而詩的結構來自詩人自我關照的世界。然楊牧也說「散文對我說來是和詩一樣重要的。」[64]實則「以詩涉事」、「以文涉事」、「以編涉事」、「以譯涉事」、「以學術涉事」，皆表現 1980 年代楊牧更具體的現實關懷與介入行為。楊牧認為「詩人正是廣義的知識份子之一，具有確切的使命感，聲聲入耳，事事關心。」[65]「他秉持甚麼呢？他超越功利，睥睨權勢以肯定人性的尊嚴，崇尚自由和民主；他關懷羣眾但不為羣眾口號所指引，認識私我情感之可貴而不為自己的愛憎帶向濫情；他的秉持乃是一獨立威嚴之心靈。」[66]而詩的文本正是楊牧的戰場，也是楊牧介入現實的主要途徑。[67]賴芳伶指出楊牧對現實的關切，落實為知識份

---

評》，臺北：聯合文學出版社，2004，頁 88-99。

[62] 楊牧，《涉事》，臺北：洪範，2001，頁 138。

[63] 奚密，〈抒情的雙簧管：讀楊牧近作《涉事》〉，《中外文學》，第 31 卷 8 期，2003.1，頁 208-216。根據該文楊牧在 2002 年 8 月接受美國文學雜誌 Manoa 的電話訪談，以 intervention 一詞來翻譯「涉事」。然根據邱貴芬主持的楊牧數位文學館資料，《涉事》的英文譯名為 *Ventures：A Collection of Poems*。兩相對照，奚密強調楊牧對現實的干預行為，邱貴芬強調楊牧的冒險精神。

[64] 楊牧，《搜索者》，臺北：洪範書店，1982，頁 ii。

[65] 楊牧，《一首詩的完成》，臺北：洪範書店，1989，頁 127。

[66] 楊牧，《一首詩的完成》，臺北：洪範書店，1989，頁 5-6。

[67] 楊牧說：「在現實社會裡我所從事的本來就是那一類相同或者相似的工作，而且不只是

子介入參與的某種典型。[68]而通過許地山與豐子愷，又或前章提到周作
人，應有助於理解楊牧如何作為「知識份子的某種典型」：博學靜篤，
赤心性情，對人與文學始終秉持真誠的信與愛。

## 四、召喚五四文學

　　　　請與我齊向東方悔罪
　　　　向來春奔跑的野兔
　　　　越過溪澗和死亡的床褥
　　　　請你以感官的歡悅為我作證
　　　　Versatile[69]


　　延著前節討論，不妨將梁實秋與胡適視為兩條理解楊牧的線索：一
條指向浪漫主義，一條指向自由主義。底下試簡述二者理論內容與背
景，為後續討論奠基。

　　首先，將浪漫主義導入臺灣語境，應注意到，這關涉著話語權的問
題。以戰後為例，隨國民政府／國民黨政府來臺的，實際是個龐大的中
國歷史語境，在這語境中，堯舜禹湯文武周公，成為臺灣強勢話語。自
然，二十世紀五四運動後的文化思潮、民族情緒、內憂外患的氛圍，也

---

　　執筆為文以體現其方法與紀律，更長年在討論室或演講廳中，介入地，劍及履及示範如
　　何以特定的詩的文本為戰場，全面驅遣理念，術語，命題」。楊牧，〈自序〉，《楊牧
　　詩集II》，臺北：洪範書店，1995，頁②。

[68] 賴芳伶，《新詩典範的追求：以陳黎、路寒袖、楊牧為中心》，臺北：大安出版社，
　　2002，頁 31-32。

[69] 楊牧，〈十二星象練習曲〉，《楊牧詩集I》，臺北：洪範書店，1978，頁 433-442。

應當滲透進來，例如徐志摩與浪漫主義、李金髮（1900-1976）與象徵主義、胡適與自由主義等。但值得注意的是，國民黨政府在強人政權下，干涉了中國歷史語境的播散。例如同樣表現浪漫主義精神的徐志摩與魯迅，獨後者因社會主義立場列為禁書。而這意味著戰後臺灣理解的浪漫主義，先天地帶有雙重選擇性。一是中國五四知識份子因應國族危機而選擇性宣揚的「浪漫」[70]；二是前述國民政府因為穩固政權而選擇性傳播的「浪漫」。[71]在這種雙重機制把關下，要如實地認識西方思

---

[70] 五四知識份子如胡適，將彼時中國「文學革命」比之歐洲「文藝復興」，但李歐梵認為比之浪漫主義較適當，「兩者皆是反對一種『古典』傳統的迂晦、雕琢、形式化，而主張發揚個性、主觀、人性、皈依自然，奔瀉一己的坦承和情感。」李歐梵甚至認為1930後左翼文學興起「仍然是從浪漫主義的模子裡套出來的。」李歐梵，〈「五四」文人的浪漫精神〉，《西潮的彼岸》，北京：人民文學出版社，2010，頁156、159。至於這裡所謂選擇性，是指五四文人所吸收、轉介與宣揚的浪漫主義時，剪除了基督教文化語境，並忽略浪漫主義是德國建立民族認同感的歷史語境，這導致五四的「浪漫」，多表現為知識份子無能於國族危機而產生的個人病態，如郁達夫（1896-1945）的頹唐。至於郁達夫對浪漫主義的見解也是旁證：「對於過去，取的是遺忘的態度；對於現在，取的是破壞的態度；對於將來，取的是猛進的態度。這一種傾向的內容，大抵是熱情的、空想的、傳奇的、破壞的。這一種傾向在文學上的表現，就是浪漫主義。」郁達夫，《郁達夫全集》第五卷，浙江：浙江文藝出版社，1992，頁363。

[71] 戰後臺灣知識份子的「浪漫」，論者如蕭蕭認為浪漫主義是「所有文學的基調」，特徵是「抒情性、想像力、神祕感」，並以張秀亞（1919-2001）、紀弦、席慕蓉（1943-）為代表，指出「臺灣新詩美學的建構中，從來沒有人指稱或標舉『浪漫主義』這面旗幟，但是，浪漫主義的精神傾向與思想內涵，卻一直貫串在新詩創作裡。可以說，臺灣新詩壇雖然沒有浪漫主義之名，卻有浪漫主義之實」。蕭蕭，《現代新詩美學》，臺北：爾雅出版社，2007，頁27、33。蕭蕭此論前提，使浪漫主義包山包海，一表現反抗精神，與前述美學特徵者，皆可入選。問題是，若論浪漫主義之反抗權威，則臺灣彼時權威自然指向高壓政權，那麼，蕭蕭所肯定張秀亞的「純心靈」，紀弦的「革命」，席慕蓉的「唯美」，或適為反例。從這個角度，被歸在現代主義超現實詩風的洛夫，其〈石室之死亡〉（1965）豈不更「浪漫」？顧蕙倩則以余光中（1928-）、白萩（1937-）開始，次及楊牧與楊澤（1954-）、夏宇（1956-）與葉紅（1953-2004），來梳理臺灣戰後浪漫主義脈絡。顧蕙倩，《臺灣現代詩的浪漫特質》修訂一版，臺北：秀威資訊科技股份有限公司，2012。顧蕙倩立論頗見學理基礎，對中西浪漫主義脈絡耙梳可謂盡心盡力，但其以余光中懷鄉詩舉證「浪漫」，與本書所肯認的一種昂揚、眺望未來的浮士德精神，恐怕相去更遠。然，更重要的或是，二者皆未處理政治力對文學傳播的干涉，以致於戰後臺灣現代詩的「浪漫」，若通過前二論，愈見一個侷限文學風格的「臺式」浪漫主義，既非「五四的」，更非「歐陸的」。如此一來，何言必稱「浪

潮，並非易事。這關係到不僅是知識份子的學養與言論自由，媒體，是否肩負資訊傳遞的社會功能也是問題。進而，有哪些西方思潮與理念，被什麼人引進，又被什麼人閱讀與應用，其中的權力機制如何運作等問題，雖不是本書所能與所欲處理的焦點，但卻提供本書思維楊牧的許多面向。例如說，倘若戰後臺灣的文化氛圍已如前述，楊牧做出什麼回應？[72]當 1956 年紀弦標舉「自波特萊爾（Baudelaire, 1821-1867）以降……」，強調詩的純粹性、知性與新奇，引領現代主義思潮於臺灣文學的二次輸入之餘不忘反共愛國同時，楊牧 16 歲，已開始「葉珊」為筆名發表詩作，其詩風正是紀弦所批判的「抒情主義」[73]。後幾年，現代主義思潮發生影響，現代主義詩人艾略特（Eliot, 1888-1965）在臺身價水漲船高[74]，23 歲，剛從東海大學外文系畢業的楊牧，卻獨鍾一位浪漫主義詩人，寫下給濟慈的十五封信。[75]

---

漫」？

[72] 這個問題並不新鮮，諸多學位論文皆有觸及，唯論點多偏於證成楊牧「是」浪漫主義者，而較深入討論者，可參謝旺霖，《論楊牧的「浪漫」與「臺灣性」》，新竹：清華大學臺灣文學研究所碩論，2009。但楊牧在諸種主義思潮交織的衝突、判斷、取捨，則為本書興趣所在。

[73] 紀弦說：「我們之所以唾棄抒情主義，強調知性，就是唯恐情緒其物漫無限制地進入詩的領域便會作起怪來，而結果是使新詩再度墮落到喜怒哀樂之告白的浪漫主義的十九世紀之泥淖裡去而不能自拔！」紀弦，《紀弦回憶錄》第二部，臺北：聯合文學出版社，2001，頁 88。

[74] 五、六〇年代正是艾略特在臺灣發生影響的時間點，自 1954 年紀弦《現代詩》刊載艾略特詩論與詩作後，幾部重要文學雜誌如《創世紀》、《文學雜誌》皆接力轉介，參與艾略特在臺灣經典化的過程。楊宗翰，〈艾略特，《荒原》與臺灣文學場域〉，《自由時報》副刊，2004.1.10。

[75] 在這十五封信裡，楊牧以濟慈為傾訴對象，寫下〈綠湖的風暴〉（1963），直到「濟慈」再不能滿足楊牧，於是〈作別〉（1965）。楊牧揮別濟慈，根據黃麗明的研究，與楊牧受卡謬等存在主義思潮衝擊，進而對濟慈的浪漫主義開始感到厭倦有關。黃麗明著，詹閔旭、施俊州譯，《搜尋的日光：楊牧的跨文化詩學》，臺北：洪範書店，2015，頁 242。黃麗明說：「面對不同來路的刺激，年輕詩人將濟慈的理念與卡謬存在主義式的『荒謬』人生觀或康拉德在《黑暗之心》裡對人性的感受相比較。創作生命漸趨成熟，楊牧覺得自己所處的世界比濟慈的要複雜與動盪許多，所以，他須要憑藉二十

　　再者，關於自由主義（Liberalism），其淵源可上溯古希臘哲學，近代自由主義則肇端於 17 世紀英國資產階級革命，強調個性解放和人權，提倡信仰自由與政教分離。作為政治學概念，自由主義本是市民階級反對封建專制、爭取自身解放的思想武器。[76]自由主義的理論基礎約為五點，包括自由理性主義、個人主義、社會契約論、效益主義與道德

---

世紀偉大作家和哲學家的見解來認知它。」

而這個階段的楊牧赴金門服役，每天點馬燈，看海浪；接著安格爾（Angle, 1908-1991）寄來美國愛荷華大學創作班的申請文件，除役，出航，學成又離開愛荷華邁向人生下個階段。張惠菁，《楊牧》，臺北：聯合文學出版社，2002，頁 95-110。

至於十五封信，收在楊牧，《葉珊散文集》，臺北：洪範書店，1977，頁 67-143。另，楊牧對當時詩壇風潮並非無知，偶爾點到為止，如第 13 封信〈教堂外的風景〉，寫一熱愛詩歌的法國神父，楊牧說「我常想，假使他知道有人只要『波特萊爾以降』的法國詩，又不知道要多麼氣憤了。」（頁 130）

另，楊牧給濟慈的信中，〈寒雨〉（1963）與〈作別〉兩篇並讀是有趣的。〈寒雨〉裡楊牧宣告自己成為詩的使徒，想與人談論詩人的 Negative capability，並引濟慈詩為浪漫派辯護：「美的事務是永恒的歡愉，其可愛日增，絕不消逝空無」。但他也察覺到追求濟慈伴隨的疲勞感，故說「直到我譯完了那長詩（按：指濟慈的 Endymion）的第一卷，才自夢中醒來。」這已暗示濟慈非他的雙生火焰。是以，楊牧在〈作別〉所說：「不能把握到的我們必須泰然地放棄，不論是詩，是自然，或是七彩斑斕的情意。」亦坦承自己與濟慈終有距離，放棄的情意，即是一度對濟慈的憧憬。那麼，楊牧與濟慈的距離何在？相對於〈寒雨〉裡「想得太少，做得太多——我的心靈不能適應這塵世，我所夢想的，我所遨遊的是中世紀的風景。」〈作別〉說：「而我事實上已經很厭倦於思維。我感覺到彩虹的無聊和多餘，我體會到春雨的沉悶和喧囂；我已經不再能夠掌握鳥囀的喜悅了，看楓樹飄羽，榆樹遮天，那種早期的迷戀也會蕩然。」儘管楊牧日後回想，「我可能無端就厭倦了太多的感性抒情，精巧的隱喻，和象徵的雛型吧。」25 歲的他所以厭膩春雨，揮別濟慈，原因或即：「我不知道在別人的民謠和旋律裡，到底能不能為自己找到宣洩愁緒的路。」此後，楊牧似更自覺於詩的知性實驗，完成〈給憂鬱〉、〈給智慧〉、〈給命運〉等抽象思考的作品。而楊牧的「浪漫」，也愈見貼近本書第三章所論浮士德精神，以理性的光輝照見生命經驗。

[76] 略簡述自由主義發展，18 世紀的自由主義即與法國大革命並肩，強調滿足和實現人個性的價值觀；19 世紀的自由主義，則在英國帝國主義的背景下，成為辯護資本主義擴張的學說，不再強調天賦人權和平等，轉向效益主義並主張自由貿易、自由競爭和言論自由；20 世紀的自由主義，則在兩次大戰後，揮別傳統放任主義，試圖將經濟效率、社會正義與個人自由結合。顧肅，《自由主義基本理念》，臺北：左岸文化事業有限公司，2006。

多元主義。[77]這裡僅討論與論題較相關的兩點：「自由理性主義」與「個人主義」。首先，「自由理性主義」的特點，在與非理性主義相對，要求認識，立論都建立在邏輯思辨的客觀基礎上，而非訴諸無法論證的主觀直覺或體驗。在這點上，自由主義是與浪漫主義相對的，浪漫主義在方法論上反理性，訴諸內心神秘直覺，跳躍的反邏輯思維。而這樣一位自由理性主義者，不排除經驗論的合理成分，但經常訴諸合理的懷疑，以排除對事物的盲信。[78]次則，「個人主義」的特點，可含三個命題：①所有價值觀以人為中心，由人來體驗。②個人即目的，社會只是個人目的的手段。③所有人在道德上是平等的。而個人主義並非等同無政府主義，唯極端形式的個人主義，才會信奉無政府主義。但個人主義哲學並非鼓吹利己主義，而是個人自由的優先性，唯有保障個體的自由，集體和國家自由才不淪為空談。[79]

浪漫主義與自由主義不無相關性，雨果曾說過「浪漫主義」即「文學中的自由主義」。不過，浪漫主義放在自由主義的脈絡裡，將由於方法論的反邏輯被視為非理性。但浮士德精神所表述的一部分，即通過實踐理性所得的個人救贖與社會關懷，則是自由理性主義與個人主義也不能否定的。[80]當然，這亦無礙浪漫主義保有其自然經驗的神秘色彩，並

---

[77] 顧肅，《自由主義基本理念》，臺北：左岸文化事業有限公司，2006，頁 26-50。

[78] 顧肅，《自由主義基本理念》，臺北：左岸文化事業有限公司，2006，頁 26-28。

[79] 顧肅，《自由主義基本理念》，臺北：左岸文化事業有限公司，2006，頁 32-36。

[80] 浪漫時期的自由主義，可謂一種理性論的自由主義。在康德，即個人通過實踐理性的自律，而非他律，可得到個人救贖。康德所謂「依無上命令立法，汝將自由。」在黑格爾（Hegel, 1770-1831）則通過歷史絕對精神的把握，給出一普世救贖的可能性。黑格爾所謂「與倫理實體同，方有真自由。」參吳豐維，〈何謂主體性？一個實踐哲學的考察〉，《思想》第 4 期，2007.1，頁 63-78。另方面，則浪漫主義對經驗的強調，便不能同意英國古典自由主義——一種經驗論的自由主義。例如休謨（Hume, 1711-1776）的懷疑論與不可知論，指出理性論與經驗事實無關，理性不能掌握事物的本質或規律，理性只是，也應當是情感的奴隸。換言之，經驗關係與價值問題，便與理性脫鉤，諸如「自由」、「正義」皆不是理性之必然，而是經驗的或然。那麼，浮士德是否得救贖，也就

同時滿足個人主義的自由理念。至於現代主義，因其本體論也反理性，以至客觀世界與主體經驗都不可靠。因此是，現代主義只能在自由理性主義外，定義其自由。個人主義自然是選項之一，問題是資本主義發達的全球化工業社會，個人主義的自由，是被極度擠壓的。[81]也就是說，現代主義所能符應的自由，只能從契約論、效益論與多元論定義。如此一來，自由僅能在社會中被決定，為共和主義、實用主義與社群主義的，客觀的消極自由。[82]至此，啟蒙運動所發揚的理性主義傳統已岌岌可危，康德（Kant, 1724-1804）那擁有自足而絕對的「自由選擇能力」的自我[83]，疲軟得被海德格（Heidegger, 1889-1976）「拋擲在這個世界之中」。

　　楊牧與浪漫主義的關係，已有相當豐富的描繪，如楊照稱「楊牧擁有同一代人中僅見的強大主觀力量」，「這是他作為詩人的本體力量。這是他在一個除魅、理性、科學時代裡，帶給我們的，無可懷疑無可錯認的浪漫主義視野。楊牧當然是個不折不扣的浪漫主義者。浪漫主義者不相信、甚至不能自覺地理解，人與外在世界的明確分野。他們不斷用自己的感性去包納、僭用（appropriate）周遭的現象，建構起一個獨特、自我的世界，與外在客觀世界相似卻絕不一致，不離卻也絕對不即。」[84]張芬齡、陳黎：「浪漫主義，對楊牧而言，不是風花雪月，不

---

無法確定。

81　馬庫色（Marcuse, H.）著，劉繼譯，《單向度的人：發達工業社會意識型態研究》，上海：上海譯文出版社，2008。

82　例如邊沁（Bentham, 1748-1832）的效益主義，將求樂避苦視為人性內容，因此個人利益永遠是行為依據與道德根源，並通過「最大幸福原則」限縮自由權，以主張「合理的個人主義」。

83　曾國祥，《主體危機與理性批判：自由主義的保守詮釋》，臺北：巨流圖書公司，2009，頁7。

84　楊照，〈浪漫主義者的強大生命力量——讀張惠菁的《楊牧》〉，《聯合報》，2002.12.15，23版；後收於楊照，《霧與畫：戰後臺灣文學史散論》，臺北：麥田出版

是情感浮濫，而是叛逆懷疑的精神、自由不羈的意志、獨立思辯的能力、公正人道的追求、溫柔熱情的體現。」[85]

　　楊牧與自由主義的關係，較少被描述。但通過胡適這條線索，或能得到一定說明。先是 1961 年余光中英譯《中國新詩選》在美國駐華大使館官邸舉行出版酒會，到場《藍星》發起人鍾鼎文、覃子豪、夏菁與余光中皆出席。胡適、羅家倫、紀弦、楊牧也有參加。胡適、羅家倫兩位五四人物，前者除前述易卜生主義，《嘗試集》乃白話詩自由體創製，又有八不之說；羅家倫則是五四運動的命名者，於運動期間撰寫《北京學界全體宣言》。而楊牧論及羅家倫少，談胡適則通常落在幾個方面。一是，對胡適自由主義的肯定，人格的嚮往。二是，對胡適八不說與學術態度的一些商榷，如〈論一種英雄主義〉指胡適將二、三世紀的敘事詩稱史詩為「草率」；2010 年太平洋詩歌節座談，楊牧舉例說明「不用典」、「不押韻」，基本上都可以推翻。[86]而楊牧在李奭學訪問中，除提到艾略特是他「無時不耿耿於懷的人」，葉慈影響他的「社會關懷，天人之際的神秘思想」，梁啟超以「社會的介入」與文筆生命教楊牧敬重外，楊牧認為胡適影響最深。「他的書我從大一或大二就開

---

股份有限公司，2010。

[85] 張芬齡、陳黎，〈楊牧詩藝備忘錄〉，收於林明德編，《臺灣現代詩經緯》，臺北：聯合文學出版社，2001，頁 260。

[86] 2010 陳黎主辦的太平洋詩歌節，楊牧與廖咸浩的對談裡，談到〈時光命題〉，並以該詩最末用典為例，提到胡適八不，第一即不用典，而楊牧強調他還是覺得可以用典，最多加個注釋。第一個 Yeats 航向拜占庭，第二個歌德，峯頂，與老死，還有和平，安靜等等這些。這首是楊牧對時光的詮釋。楊牧又接著談〈孤寂 1910〉的緣起，Leo Tolstoy 與 Sonya 的故事。一說 Leo Tolstoy 晚年死於車站。楊牧嘗試捕捉 Leo Tolstoy 死前的思緒。接著藉著討論〈主題〉，又點出押韻問題。楊牧稱胡適雖未言不可以押韻，但好像有暗示不可以，故「八不我們已經推翻兩不了」。楊牧對用典的辯護，可參楊牧，〈唐詩舉例〉，《失去的樂土》，臺北：洪範書店，2002，頁 163。胡適「八不主義」，有語「詩當廢律」與「今日文學之腐敗極矣：其下焉者，能押韻而已矣。」胡適，〈寄陳獨秀〉，《文學改良芻議》，臺北：遠流出版公司，1986，頁 2-3。

始看，一直沒停過，連他的年譜如胡頌平所寫的那一大套我都讀。回到中央研究院之前，我在西雅圖又翻閱一過。胡適的自由主義，我心嚮往之。他對社會的態度，對人生的看法，提攜後進的精神，我很能接受。」[87]

　　再者，楊牧與梁實秋揭櫫的五四浪漫主義，以及五四浪漫主義詩人代表徐志摩間的互動關係，學界討論多點到為止。例如何雅雯指出楊牧創作淵源以浪漫主義、抒情傳統與五四作家為主。[88]黃麗明指出20世紀「漢語新詩或漢語現代詩常與民族文化論述交纏」。在五四運動期間，新詩是國粹派和新文化論者爭執的議題。「楊牧的用典實踐除了具有美學旨趣，同時也展現了詩人對他那個時代國族與文化論述的回應。」[89]葉維廉談五六〇年代詩人的雙重錯位，「五六十年代在臺的詩人感到一種解體的廢然絕望。他們既承受著五四以來文化虛位之痛，復傷情於無力把眼前渺無實質支離破碎的空間凝合為一種有意義的整體。」[90]奚密指出紀弦呼籲「新詩的衛道者」、「新詩的殉道者」，是古典詩傳統沒有的觀念；戰後臺灣現代詩群，將萌芽於五四的「詩神」意象發揚光大，詩幾乎成為一種私人宗教，詩人對詩的虔誠信奉與終生投入實無異於虔誠的宗教情懷。而他們的自我定位是：孤傲、癡狂、窮困潦倒、被

---

[87] 李奭學，〈楊牧六問〉，《中外文學》第 31 卷第 8 期，2003.1，頁 102。另，楊牧肯定胡適散文重實用，「建立了現代學術說理文章的格式」，並在其散文七類中標以「說理」，稱「胡適文體影響至深」。楊牧，《失去的樂土》，臺北：洪範書店，2002，頁107-108。

[88] 何雅雯，《創作實踐與主體追尋的融攝——楊牧詩文研究》，臺北：臺灣大學中國文學系碩論，2001，頁 5。

[89] 黃麗明著，詹閔旭、施俊州譯，《搜尋的日光：楊牧的跨文化詩學》，臺北：洪範書店，2015，頁 107。

[90] 葉維廉，〈雙重的錯位：臺灣五六十年代的詩思〉，《創世紀詩雜誌》第 140-141 期，頁 56-67。

世俗誤解亦不屑與世俗為伍的詩人。[91]然而，要準確描繪楊牧與五四文學的關係，還有很多發展空間。

例如楊牧不僅肯定五四民謠風，也肯定五四精神：「我常常想，五四的半旗是下不得的，下五四的半旗連帶也下掉了五四時代詩人的嚴肅。」[92]楊牧恩師徐復觀也被視為繼承五四精神。[93]然 1965 年楊牧談到自己大學鑽研英國文學時，曾屢次嘲笑徐志摩「迂腐」，「如今也有幾分歉意」。[94]後來楊牧寫〈徐志摩的浪漫主義〉、〈下一回東風帶來的〉表敬意。[95]但楊牧也稱編選徐志摩散文選，「幫了徐志摩一個大忙」，即洪範編選散文時精校版本、修訂訛誤之勞。[96]

而五四文人除徐志摩外，楊牧對周作人或也同等傾心。楊牧從其散文重視文理結構、文氣均勻、文采彬蔚，而主題與思想皆顯開明進步，稱楊周作人「文質炳煥」：「周作人之塑造近代散文，初不僅止於他的文字風格和章法結構，更見於他對健康的題材之追求和闡發，劍及履及，證明現代文字的無限功能。」可見楊牧嘗試從形式內容予以評價。而更細緻的描廓，則形式上，楊牧標舉幾個因素以論周作人之散文風格：「文字的風采和含蘊，語法如何轉折錘鍊，聲音格調，色彩明暗，思路結構和段落佈置的關係，引例事證的平衡支使，乃至於標題運用的心裁等等，無不息息相關。」內容上楊牧肯定周作人反對暴力，抨擊迷信，厭惡遺老心態；提倡自由與民主，男女平等，維護知識等，總歸一

[91] 奚密，〈楊牧——臺灣現代詩的 Game-Changer〉，收於陳芳明主編，《練習曲的演奏與變奏：詩人楊牧》，臺北：聯經出版事業公司，2012，頁 14-15。

[92] 楊牧，〈自序〉，《燈船》，臺北：文星書店，1966，頁二。

[93] 杜維明，〈徐復觀先生的人格風範〉，收於《徐復觀學術思想國際研討會》，臺中：東海大學，1992，頁 20。

[94] 楊牧，《葉珊散文集》，臺北：洪範書店，1977，頁 165。

[95] 楊牧，《隱喻與實現》，臺北：洪範書店，2001，頁 79-92、93-98。

[96] 回予愪，〈楊牧展開花蓮新生活〉，《中國時報》，1996.12.19，39 版。

開創新局人物。故楊牧認為周作人是「相當完整的新時代的知識份子，一個博大精深的『文藝復興人』（Renaissance man）」[97]有趣的是，楊牧在這邊隱含的自我認同與投射。「周作人」多少為楊牧理想化自我提供些線索。楊牧肯認周作人「他還是一個處處可以為家卻十分念舊懷鄉的人」，故寫故鄉紹興，昭晰動人但不濫情歌詠；而這隱然自況之辭，猶可喻於楊牧的花蓮書寫。[98]楊牧又指出周作人為神話辯護，注意民俗掌故，實際此二者亦楊牧創作經常動用的文化資源。[99]長期研究楊牧的賴芳伶，撰寫〈儒而近墨：試論周作人〉，或可謂有鑒於理解周作人，猶如把握理解楊牧的金鑰匙。[100]

# 五、《失去的樂土》

## （一）修編《傳統的與現代的》

　　《失去的樂土》（2002）根據楊牧《傳統的與現代的》、《文學知識》、《文學的源流》三書修編而成，共收 1967-1983 年間 28 篇文章，

---

[97] 楊牧，〈周作人論〉，《周作人文選I》，臺北：洪範書局，1983，頁 5。

[98] 關於楊牧與故鄉花蓮的相關性，可參陳芳明，〈永恆的鄉愁——牧文學的花蓮情結〉，《第一屆花蓮文學研討會論文集》，花蓮：花蓮縣立文化中心，1998。陳義芝，〈楊牧詩中的花蓮語境〉，《淡江中文學報》第 26 期，2012.6，頁 177-196。賴芳伶指出，花蓮奇萊之於楊牧，猶愛爾蘭的斯萊果（Sligo）、灞列力塔之於葉慈，皆蘊含溯洄追求的人生之象徵意念。賴芳伶，《文學詮釋新視野》，臺北：里仁書局，2014，頁 461。

[99] 關於楊牧對神話的重視與運用，可參陳慧樺，〈從神話觀點看現代詩〉，《創世紀詩刊》第 37 期，1974.7，頁 38-53。曾珍珍，〈從神話構思到歷史銘刻：讀楊牧以現代陳黎以後現代詩筆書寫立霧溪〉，收於《地誌書寫與城鄉想像：第二屆花蓮文學研討會論文集》，花蓮：花蓮縣文化局，2000，頁 31-51。

[100] 賴芳伶，〈儒而近墨——論周作人〉，《文學詮釋新視野》，臺北：里仁書局，2014，頁 153-192。

另及新編後記。[101]修訂後分為四輯，不標輯名，然根據各文相關性，
或可推為「史觀」、「文論」、「傳統」、「民初」四類，概表楊牧彼
時研究興趣與範疇。史觀方面 6 篇，起迄 1976-1983，收有〈現代詩的
臺灣〉、〈三百年家國〉、〈文學與理性〉、〈林泠的詩〉、〈走向洛
陽的路〉、〈三十年後的文學〉。文論方面 8 篇，起迄 1971-1981，收
有〈散文之為文類〉、〈現代散文〉、〈詩與散文〉、〈致區瀟湘
書〉、〈許仙和他的問題〉、〈留予他年說夢痕〉、〈七等生小說的幻
與真〉、〈吳山以後的馬純上〉。傳統方面 7 篇，起迄 1967-1975，收
有〈唐詩舉例〉、〈驚識杜秋娘〉、〈公無渡河〉、〈國風的草木詩
學〉、〈衣飾與追求〉、〈說鳥〉、〈論一種英雄主義〉。民初方面 5
篇，起迄 1973-1983，收有〈豐子愷禮讚〉、〈宗白華的美學與歌
德〉、〈王國維及其「紅樓夢評論」〉、〈再論王國維之死〉、〈周作
人論〉。總括而言，楊牧研究興趣約可以 1975 年前後為分水嶺，前此
聚焦傳統與經典的專題闡發，約為《詩經》、《楚辭》、唐詩；之後則
民初中國文人個案研究，臺灣戰後的文學及文化論述。這個轉變，與楊
牧先從陳世驤閱覽中國經典並撰寫博士論文，而後教學與編選的發展歷
程，有對應關係。但置臺灣文學史觀於輯首，臺灣文學文論於次，則容
佐證楊牧對臺灣主體性的重視，或更為自覺，故有此先後安排。而本節
的興趣，在比對並探析《失去的樂土》各篇前後版本，如何差異？楊牧

---

[101] 《失去的樂土》目次見 27 篇篇名，實為 28 篇；不見目次者為〈再論王國維之死〉一
文，出於《文學的源流》，《失去的樂土》改以「附錄」置於〈王國維及其「紅樓夢評
論」〉後。另，根據後記，《失去的樂土》各篇皆曾發表，於《現代文學》、《純文
學》、《文學評論》、《中外文學》、《聯合副刊》或《人間副刊》等報章雜誌，王國
維研究英文則發表於《清華學報》，周作人研究英文發表於《譯叢》。題為「失去的樂
土」，一指涉文學創作與研究間的想像，「虛實相濟，兼容而並生」，二者表達個人回
顧長年的閱讀與書寫中，縱然不保證收穫必然，但「隱約在有限的時空結構中勢必淡出
的，還有一個亙古存在的承諾」。楊牧，〈後記〉，《失去的樂土》，臺北：洪範書
店，2002，頁 379-380。

於後記所謂「新的認知和把握」，究竟為何？簡言之，《失去的樂土》含一種回顧的視角，可謂耳順之年的楊牧，對二三十年前的文學思考，給予新的審閱與調整。[102]適當地描繪這個調整，應能提供讀者觀看楊牧的另個側面，一涵攝美學，以至倫理的學術立場。此即楊牧認為學術不僅為修養心靈，也有實用效應；衡量取捨，判斷是非，終於還是繞回倫理與道德。[103]馬悅然則稱楊牧對於西方文學深入而獨到的研究心得，向來為他的創作活動提供源源不絕的養料。[104]底下即依《傳統的與現代的》、《文學知識》、《文學的源流》出版次序，分論之。

　　《傳統的與現代的》是楊牧更改筆名「葉珊」為「楊牧」後的首部出版品，象徵著詩人的知識信仰與自我定位。《傳統的與現代的》有兩版本，先是 1974 年 3 月志文版，收 17 篇，另有〈自序〉、〈後記〉；全書分三輯，「第一部分：傳統的」9 篇、「第二部分：現代的」6 篇、「附錄」2 篇，概為 1964-1974 間雜文，如評論文字，及為他書所作序文。第一輯前引吳爾芙文字。第二輯引史班德文字。後有 1979 年 9 月洪範版，新增〈洪範版自序〉於舊序前，刪去兩篇附錄〈紀念朱橋〉、〈柏克萊〉，至於編排次第與輯前引文皆同。兩書隔五年，五年間楊牧除個人學識有增加，師友對原書亦有指點，故洪範版序言「此書既有『洪範版』，我便能在觀念和資料上作些必要的校正。」但根據志文版序，楊牧彼時即言輯內文章，有些論點不得不放棄，有些文章則發表後，引起「無聊的專家和緊張的學者撻伐」或師友的「謬賞鼓勵」；

---

[102] 李奭學，〈楊牧六問〉，《中外文學》第 31 卷第 8 期，2003.1，頁 97-102。李奭學即觀察到楊牧《失去的樂土》的大肆修改，並請楊牧就這本「新出的舊作」，談個人對學術的信念。楊牧則答很難從中談學術的問題，倒是修改處頗多，最多文字，觀念如今不同意者也改；彷彿向昨日的自己挑戰，不同之處一言難盡。總之，變得比較紮實、溫和。

[103] 楊牧，〈莎士比亞《暴風雨》的外延與內涵〉，《隱喻與實現》，臺北：洪範書店，2001，頁 195-201。

[104] 馬悅然著，曾珍珍譯，〈楊牧與西方〉，《中國時報》，2013.3.6。

可謂出版時與發表時，內容也有所不同。倒是比對志文版與洪範版，除排版與格式微調，如獨立引文刪去引號，獨立引文首句不空兩格；校對別字外，兩版本內容相同，尚不知校正所指為何。

至於《傳統的與現代的》作為楊牧第一本具學術性的評論集，有兩個立場值得注意：「藝術獨立」與「哲學基礎」。「藝術獨立」乃針對創作者而言，強調藝術不能脫離人文精神；為藝術而藝術，或以政治領導藝術，都是同等野蠻。「哲學基礎」乃針對評論者而言，強調藝術評論，不能不顧慮藝術形成背後，複雜的社會歷史條件；「新批評」畢竟有其不足。[105]前述兩個立場，可謂具體回應了臺灣戰後詩壇、文壇以至學術界的一些爭端，例如「為藝術而藝術」或「為人生而藝術」，及以艾略特與新批評為象徵的西方現代性，在臺灣掀起的影響焦慮。是以，楊牧於此表現的態度，無寧要求創作者（同時也自我惕勵），追求藝術與人文精神的諧和，一種貨真價實非暴力的文明。而評論者，則是不能真空封閉地看待藝術，應時時捫心自問，藝術評論的超然究竟建立在哪裡？

底下說明《失去的樂土》於《傳統的與現代的》的修編。

《失去的樂土》收錄並修訂《傳統的與現代的》者共 7 篇，依創作時間序列為〈國風的草木詩學〉（1967，原題「詩經國風的草木」）、〈說鳥〉（1968）、〈衣飾與追求〉（1968）、〈唐詩舉例〉

---

[105] 楊牧，《傳統的與現代的》，臺北：志文出版社，1974，頁 3-4。一方面，楊牧指出藝術獨立，非指藝術從泛稱的人文精神獨立出來，而是從特定的政治教條裡獨立出來。如主張為藝術從人文精神隔離，為藝術而藝術，或企圖以政治教條領導藝術，則「達達主義」和「文藝政策」同等野蠻。二方面，楊牧提問到「職業批評家，在褒貶文學時是否有超越的哲學基礎為支撐？」楊牧自認曾是新批評信徒，信仰過形式主義批評，但「過去兩年內，我忽然覺悟，一個人在創作的時候，不僅時時遭受社會歷史因素的左右，還有許多更不可告人的顧慮，這些因素和顧慮，都是我們在閱讀分析時，所不能不探索追蹤的。」該序寫於 1973 年，過去兩年指 1971 年左右，是年臺灣退出聯合國，前一年則保釣運動由臺灣留學生主導在美國展開。

（1970）、〈吳山以後的馬純上〉（1971）、〈驚識杜秋娘〉（1972）、〈公無渡河〉（1972）。總括而言，「現代的」6 篇皆不收，「傳統的」9 篇存 7 篇，刪去〈一個幻滅了的希臘人〉、〈梁譯莎劇的印象〉，突顯楊牧比較文學的方法論及視野，對中國傳統文學經典的重視，包含《詩經》、《離騷》、樂府詩、唐詩、《儒林外史》。由於《失去的樂土》修編處眾多，本文為減省雜蕪，討論次序概為：簡介該篇文章論點；主要修編處，如語詞斟酌與刪述；再及修編細節，如體例增補與譯名替換等。下兩節論《文學知識》與《文學的源流》亦同。此外，本節擇選兩篇文章表列《失去的樂土》的修編，呈現《傳統的與現代的》兩版本與《失去的樂土》的刪修幅度。

首先，以〈公無渡河〉一文為例，可發現《傳統的與現代的》志文版與洪範版雖排版小異，內容相同，《失去的樂土》則在內容上有所斟酌、刪除與補充。

〈公無渡河〉，三節，引亞理斯多德悲劇論、艾略特逃避自我（論個性）、荷馬史詩與詩經套語，論一種東方的「悲劇精神」。《失去的樂土》的修編不多，且表現在資料增校與文句刪修上。可參表 1。資料增補方面，因應臺灣學術論文撰寫規範的變動，增加些基本訊息，如「亞里斯多德『詩學』」改為「亞里斯多德（Aristotle, 384-322B.C.）《詩學》（*Poetics*）」；校對原有資料，如波普「批評論」校為〈論批評〉；引用原文則增附翻譯，如 Preverbal Gestalt 增附「語前型態整體」於前。至於文句刪修上，可觀察到一些語詞的斟酌，如「中國才智」改「現代學術」、「中國有無嚴格定義」改為「傳統漢文學有無嚴格定義」；「無限」、「所有」這類詞彙，視情況避免；刪除一些譏諷語或評判語，如對於硬套理論於古典者，原諷「永無超升之日」與「可入波普『蠢翁列傳』」，對於情感不知節制而涕淚血肉模糊者，原斥「最下流的詩」，後皆刪去；而舉例或已充分，或不宜並舉，或修編時

對某例另有考量，刪其冗餘，如楊牧講詩人應遊離性格時，原舉例艾略特、莎士比亞與勃朗寧，《失去的樂土》刪其二，存莎士比亞。

表1　《傳統的與現代的》與《失去的樂土》版本差異例一：〈公無渡河〉[106]

| 傳統的與現代的·志文版 | 傳統的與現代的·洪範版 | 失去的樂土 |
|---|---|---|
| 西方文學進入中國才智的心靈 2 | 西方文學進入 中國才智 的心靈 4 | 西方文學進入 現代學術 的心靈 190 |
| 中國有無嚴格定義下的悲劇 2 | 中國 有無嚴格定義下的悲劇 4 | 傳統漢文學 有無嚴格定義下的悲劇 190 |
| 回顧中國戲曲 2 | 回顧 中國戲曲 4 | 回顧 傳統戲曲 190 |
| 對希臘的嚮往是我們不治的沉疴 2 | 對希臘的嚮往是我們 不治的沉疴 4 | 對希臘的嚮往是我們 一貫的傾向 190 |
| 樸拙便已得自然之道 4 | 樸拙 便已得自然之道 6 | 質拙 便已得自然之道 192 |
| 不知調整角度，與古人同遊同翔，其永無超升之日，亦可以想像。這種批評家可入波普的「蠢翁列傳」5 | 不知調整角度，與古人同遊同翔， 其永無超升之日 ，亦可以想像。 這種批評家可入波普的「蠢翁列傳」7 | 不知調整角度，與古人同遊同翔，亦可以想像。193 |
| 一瀉如注的詩，啼淚交 | 一瀉如注的詩，啼淚交 | 刪 194 |

---

[106] 同篇中，概念相同的修訂不表列。如〈公無渡河〉遇「中國」改稱「傳統」者，列第一個修改處；表格內的數字為頁碼。

| 傳統的與現代的・志文版 | 傳統的與現代的・洪範版 | 失去的樂土 |
|---|---|---|
| 流，血肉模糊的詩，一定是最下流的詩 6 | 流，血肉模糊的詩，一定是最下流的詩 8 | |
| 或如艾略特所謂之「逃避自我」6 | 或如艾略特所謂之「逃避自我」8 | 刪 194 |
| 詩人應使他的性格游離，如莎士比亞，如勃朗寧，才是完整的詩人 6 | 詩人應使他的性格游離，如莎士比亞，如勃朗寧，才是完整的詩人 8 | 詩人應使他的性格游離，如莎士比亞，才是完整的詩人 194 |

　　再者，以〈國風的草木詩學〉一文為例，可發現《失去的樂土》的修編幅度相當大，除題目調整，內容更刪除一整節、圖表與全部註腳，亦有所斟酌與補充。可參表 2。

　　〈國風的草木詩學〉，論《詩經》草木鮮少擔任主題，多為詩學技術，或構架形式，或襯托主題，頗不同於西方「植物祭祀」的象徵傳統。志文版與洪範版皆作〈詩經國風的草木〉，四節「例外：祭祀與浪漫情調」、「草木與賦比興的關係」、「論『山有……隰有……』的格式」、「草木與詩的表現」；原稿英文，因選修陳世驤「先秦文學」而撰，可謂楊牧在比較文學領域的初步嘗試。1967 年王文興主編《現代文學》「中國古典文學專號」，向楊牧邀稿；楊牧自譯此篇為中文，經柯慶明校對後發表。[107]《失去的樂土》的修編，除原題「詩經國風的草木」改為「國風的草木詩學」，主要刪去原文第四節約 4000 字；刪

---

[107] 楊牧，〈後記〉，《傳統的與現代的》，臺北：洪範書店，1979，頁 232-233。

去全篇 13 則註腳；刪去一張圖表，原用以呈現詩例草木、腳韻與主題
的相關與相異；凡引文為外文時增翻譯於前，如華茨華斯〈水仙詠〉原
錄四行英文，後增四行翻譯於前。較次要者，則刪去第一節賦比興的過
場討論，刪去第二節與植物相關的四首情詩佐證；刪去一些辯護詞，如
論古希臘抒情詩較《詩經》晚出。語詞的斟酌，如「儒家社會」改為
「傳統社會」、「音韵」改成「聲韻」；避語病，如言《詩經》常有
「駕言出遊，以寫我憂」一類的「呻吟」，改稱「浩歎」；譯文如不通
順，使通順，如「可說得來容易」改為「可說相當容易」；又刪去表程
度的副詞，如「非常明白」改為「明白」，「極有賴於」改為「有
賴」。另，詩經引文有些調整與補充，如引用〈木瓜〉「投我以木瓜，
報之以瓊琚」，句末由句號改為分號；引用〈揚之水〉原刪節三句「懷
哉懷哉，曷月予還歸哉！」，後皆補上。遇外國學者視情況補註生卒年
資訊（如佛萊塞爵士標為 Sir James Frazer, 1854-1941；但拉弗鳩埃僅標
Arthur O. Lovejoy）。

表 2　《傳統的與現代的》與《失去的樂土》版本差異例二：〈詩經國風
　　　的草木〉、〈國風的草木詩學〉

| 傳統的與現代的・洪範版 | 失去的樂土 |
|---|---|
| 詩經 國風的草木 119 | 國風的草木 詩學 203 |
| 宙斯 119 | 宙士 203 |
| 注釋家的話大約如此 120 | 刪 204 |
| 拂 於 扶桑，是謂晨明，登 於 拂桑，爰始將行，是謂胐 120 | 拂 于 扶桑，是謂晨明，登 于 拂桑，爰始將行，是謂胐 明 204 |
| 山海經曰黑齒之北……有扶木…… | 《山海經》云：黑齒之北曰湯谷， |

| 傳統的與現代的・洪範版 | 失去的樂土 |
| --- | --- |
| 皆載烏 120 | 有扶木，九日居下枝，一日居上枝，皆載烏 204 |
| 東方朔十三洲記曰 120 | 東方朔《十洲記》云 204 |
| 甘棠見於「爾雅」，「詩疏」，「本草綱目」121 | 甘桑見於《爾雅》，《本草綱目》205 |
| 景仰英雄人物聖賢人物的方式 122 | 景仰英雄聖賢的方式 205 |
| 這首詩的浪漫氣息（註一）極濃 122<br>（註一：所謂「浪漫氣息」，我不指五四以來濫用「浪漫氣氛」一類的意思。「浪漫主義的」一詞在英文裡有兩種寫法，一種是小寫的 romanntic，一種是大寫的 Romantic，兩個意思不盡相同，前者適用性較廣，後者一般專指文學上的浪漫主義的精神；我在此專指後者。要了解這個意義的真締，可參讀 C. M. Bowra, *The Romantic Imagination* (Oxford Univ. Press, 1961)，尤其是第一章，第二章，和第十二章） | 刪（註一）及註腳內容 206 |
| 近乎西洋詩一般「偶得律」（ode（註二））的精神 123<br>（註二：「偶得律」，即英文 ode；源自希臘文和希臘文學。這個詩型西方詩人多愛用者，最著名的有 Pindar, Horace, Collins, Gray, Keats 等） | 刪（註二）及註腳內容 206 |
| 學名 Actinidis arguta Planch（註三）123<br>（註三：據賈祖璋「中國植物圖鑑」 | 刪（註三）及註腳內容 206 |

| 傳統的與現代的・洪範版 | 失去的樂土 |
|---|---|
| 楊桃有兩種，除了莨楚外，另有一種學名 Actinidia Chinesis Planch，就是臺灣一般吃的楊桃。莨楚結圓形果實，亦見於吳其濬「植物名實圖考」） | |
| 涯有水仙，灼夭其英 125 | 涯有水仙，灼灼其英 208 |
| fluttering 和 dancing（此二字為動名詞具形容詞性格）125 | fluttering 和 dancing 208 |
| 高度技巧的反覆迴增法（incremental repetition（註四））125 <br>（註四：關於反覆迴增法，最先提出這個認識的是露依絲・龐德（Louis Pound），她用這個辭彙來說明西洋民謠裡的反覆語法。陳世驤先生是第一個通過這個認識研究「詩經」和樂府詩的學者。見陳先生英文論文 The *Shih Shing*: Its Generic Significance in Chinese Literary History and Poetics（中央研究院史語所集刊第三十九本，一九六九年正月刊）） | 高度藝術的反覆迴增法（incremental repetition）208 |
| 在西方浪漫文學中，借草木自然以遁的風氣只是這種文學的許多特徵之一。這個風氣可歸類於所謂「田園主義」（Bucolicism），而且在「田園主義」的精神指標下，非但草木 125 | 在西方浪漫主義，借草木世界以自遁只是文學的藝術特徵之一，可以歸類於所謂田園主義（Bucolicism），非但草木 208 |
| 斷定人類僅有的優點是自然，原始和荒蠻的性格，而這優點的企及除 | 斷定人類保有的優點是自然，原始，荒蔽的性格，而這優點的實現 |

| 傳統的與現代的‧洪範版 | 失去的樂土 |
|---|---|
| 了在奮力掙脫社會禮教和人為規矩的束縛時要費些氣力外，可說得來容易（註五）126<br>（註五：A. O. Lovejoy "On the Discrimination of Romanticisms" *English Romantic Poets*, ed, M. H. Abrams （Oxford Univ. Press, 1960）, p. 19.） | 除了在奮力掙脫社會禮教和人為規矩的束縛時要費些氣力外，可說相當容易 208-209 |
| 所謂浪漫性格的「逃避主義」在 儒家社會 裡更不易滋生 126 | 所謂浪漫性格的「逃避主義」在 傳統社會 裡更不易滋生 209 |
| 詩經裡雖然常有「駕言出遊，以寫我憂」一類的呻吟， 詩經 時代的 文學理想 到底還是入世的 127 | 《詩經》裡雖然有「駕言出遊，以寫我憂」一類的浩歎， 那個 時代的 倫理傾向 到底還是入世的 209 |
| 舉出這些例子來，我只是要指出檜風「隰有萇楚」在文學本身的特殊色調，它是個例外 127 | 檜風〈隰有萇楚〉在文學本身的特殊色調是個例外 209 |
| 一般說來，「詩經」裡的草木僅有純粹詩學的功用，有時用來構架形式的完好，有時 幫助 主題意義的詮釋 127 | 一般說來，《詩經》裡的草木僅有詩學技術的功用，有時用以構架形式的完好，有時 委婉加強 主題意義的詮釋 209 |
| 中國文明 和自然界的熱絡關係。中國抒情詩的發展成熟先於其他任何文明，古希臘以史詩和戲劇著名，抒情詩方面雖有大師如平達爾（Pindar），就時間論，仍去「詩經」成篇有年。拉丁詩人更是晚之 | 社會文明 和自然界的密切關係。 中國古代文學 的發展 210 |

| 傳統的與現代的・洪範版 | 失去的樂土 |
|---|---|
| 又晚矣。 中國文學 的發展 128 | |
| 我一直相信「詩經」裡這種人類情感與自然草木的結合共生不是偶然的，而且我相信古代詩人借助草木以吟詠心志 絕不是完全 不經意的 128 | 《詩經》裡這種人類情感與自然草木的結合共生不是偶然的；古代詩人借助草木以吟詠心志 並非 不經意 210 |
| 「賦比興」三義提出後，毛公注明許多「興也」的作品，這個啟發性的評論工作更是 中國詩學 上的開山貢獻，他的貢獻固然時受挑戰，但他對中國詩學的貢獻並不下於亞里斯多德對西方詩學的貢獻 128 | 「賦比興」觀念提出後，毛公傳詩，特別一一注明可以劃歸「興」義的作品，這個啟發性的批評工作對 傳統中國詩學 的貢獻很大，不下於亞里斯多德對西方詩學的貢獻 210 |
| 「賦比興」的問題歷來困惑了許多學者，但我猜想通過分析草木在國風裡出現的地位，多少亦能解開一些糾纏。草木的出現多有它不同的目的，這是研究賦比興三義的一條路。這個方法也許未能解答所有的問題（例如：詩經無植物時，即不合用），但澄清部份的混淆或非全無意義。<br>和比興二義比較起來，「賦」的問題並不複雜。「比」本來也是很簡單的詩法，現在我們暫時拋開歷史學者的解說來看這個問題，「比」就是西洋詩學上的所謂隱喻和明喻 | 刪 210 |

| 傳統的與現代的・洪範版 | 失去的樂土 |
|---|---|
| （metaphor and simile）的結合。「興」的問題最複雜也最深刻，下文當再詳說 128 | |
| 國風裡真正的「賦」極為有限。國風裡真正具有「賦」的本意的詩，大概以豳風「七月」為最 出名 129 | 國風裡真正的「賦」極有限，大概以豳風〈七月〉為最 豐富 210-211 |
| 由於草木五穀必須按季候準確地出現，詩人甚至要犧牲 韵腳詩章 的完整來遷就它們 129 | 更由於草木五穀必須按季候準確地提出，詩人甚至要犧牲 詩章聲韻 的完整來遷就 211 |
| 它們往往受音韵要求的限制，其他因素控制了草木的變化，如秦風〈黃鳥〉129 | 它們往往受音韵要求的限制，如秦風〈黃鳥〉211 |
| 「十月穫稻（叶徒苟反），為此春酒，以介眉壽（叶植酉反）……七月食瓜（叶音孤），八月斷壺，九月菽苴……食我農夫。」農村活動的敘述有待於農作物的敘述，前者的音韵受後者的操縱；再這首詩裡，內容和形式（the cultural and the metrical）兩方面都照顧到植物與節令的絕對關係 130 | 「十月穫稻（叶徒苟反），為此春酒，以介眉壽（叶植酉反）。七月食瓜（叶音孤），八月斷壺，九月菽苴。采茶薪樗，食我農夫。」農村活動的敘述有待於農作物的敘述，前者的聲韻受後者操縱，內容和形式兩方面都照顧到植物與節令的關係 211 |
| 脚韵 的要求 130 | 聲韻 的要求 211 |
| 這個婚禮氣氛乍看似是「東山」詩的 枝節，實則不然，它是還鄉 士兵 的記憶 130 | 這個婚禮氣氛乍看似是「東山」詩的 骈枝，實則不然，它是還鄉 征人 的記憶 212 |

| 傳統的與現代的・洪範版 | 失去的樂土 |
|---|---|
| 以桑自比，這是西洋詩學上所謂「暗喻」，而且具有「意象性發展」的長處，國風裡不易多見 131 | 以桑自比，這是西洋詩學上所謂隱喻，而且具有意象性發展（imagistic development）的長處，國風裡不多見 212 |
| 嚴格說來，詩人沒有非選擇桑這個植物來押韵不可的地方，但丁竹筠（毛詩正韻）指出「桑之未落」與「桑之落矣」屬於所謂「正射韵」，而「無食桑甚」又是所謂「線韵」。我必須說明此文說到「押韵」時，特別關心的仍是脚韵的問題，因為脚韵在中國古典詩的音樂成就裡，較其他更為重要 131 | 刪 212 |
| 「淇奧」裡的竹字不負押韵之務，變化的形容詞為之，這種特殊現象下文當再細論。再者，通達全詩，竹皆不變其類，這是許多「比」的共同點 131-132 | 〈淇奧〉裡的竹字不負足韻任務，變化的形容詞為之。又，縱貫全詩竹皆不變其類，這是以比為詩的特點 212-213 |
| 毛傳釋竹為萹竹，是學名 Polgonum aviculare L. 的一種草本，誤 132 | 毛《傳》釋竹為萹竹，乃是學名 Polgonum aviculare L. 的一種草本，疑非是 213 |
| 押韵的功能 133 | 協韻的功能 213 |
| 植物本身不押韵 133 | 植物本身不在詩句收尾 214 |
| 「興」的技巧分析起來較費周章，和植物的出現，音韵的形式以及主 | 興的技巧分析起來和植物的列舉，聲韻排比以及主題傾向都有關係 |

| 傳統的與現代的・洪範版 | 失去的樂土 |
|---|---|
| 題的傾向都有關係 134 | 214 |
| 詩三百第一首有「興也」按語的，是周南「關雎」（註六）134<br>（註六：毛詩有「興」按語的共計一百十六） | 刪（註六）及註腳內容 215 |
| 這一點可以證明 顧頡剛 所謂興句主要為 押韻 目的的說法，但並不證明 顧氏 理論完全週到。135 | 這一點可以證明 學者 所謂興句主要為 用韻 目的的說法，但並不證明 此論 完全週到 216 |
| 這點當在下文澄清 135 | 刪 217 |
| 我 的假設 135 | 我們 的假設 217 |
| 因為它們都是「興」136 | 皆屬於興義 217 |
| 在這種情形下 137 | 刪 217 |
| 揚之水，不流束薪，彼其之子，不與我戍申……揚之水，不流束楚，彼其之子，不與我戍甫……揚之水，不流束蒲，彼其之子，不與我戍許……137 | 揚之水，不流束薪，彼其之子，不與我戍申。懷哉懷哉，曷月予還歸哉！揚之水，不流束楚，彼其之子，不與我戍甫。懷哉懷哉，曷月予還歸哉！揚之水，不流束蒲，彼其之子，不與我戍許。懷哉懷哉，曷月予還歸哉！218 |
| 假若蒲（註七）137<br>（註七：蒲可能是香蒲，不可能是蒲柳，因為後者即楊。參考「澤陂」） | 刪（註七）及註腳內容 218 |
| 事實上沒有這回事 137 | 事實不然 218 |
| 朱熹一律稱其為「賦」137 | 可惜 朱熹 竟 稱其為賦 218 |

| 傳統的與現代的‧洪範版 | 失去的樂土 |
|---|---|
| 但完全直接敘述的詩極難獲致中國讀者的同情，千年來已經是詩人騷客所深知的道理 138 | 刪 219 |
| 「興」很可以稱為 中國抒情詩 的特殊精神，也因為有了這個背景，中國讀者不易欣賞西方的敘事詩 138 | 興義很可以稱為 漢文學抒情詩 的獨特精神，也因為如此，我們不易欣賞西方敘事詩 219 |
| 國風裡使用「興」成功而構成特殊氣氛的作品可以用四首情詩做見證，即「關雎」（周南），「漢廣」（周南），「蒹葭」（秦），和「澤陂」（陳）……（以下一段）139 | 刪整段 219 |
| 「澤陂」全詩裝點著令人應接不暇的香花好草，蒲（即香蒲 Typha latifolia L.），荷，蕑（即蘭草，與鄭風「溱洧」的蘭草同屬一類，和菡萏（即荷，名稱的變換而已）……（以下一段）139 | 刪整段 219 |
| 「采采芣苢」（註八）139<br>（註八：「芣苢」是國風裡又短又美的好詩。此處我以「采」字為動詞。我不同意聞一多的解釋（見聞一多全集第一冊，頁三四三至三五五），他說「采采」和秦風「蒹葭采采」一樣是形容詞，事實上「采采 XX」和「XX 采采」不該完全相同，而且「采」字做動詞的在國風裡較做形容詞普遍） | 刪 219 |

| 傳統的與現代的‧洪範版 | 失去的樂土 |
|---|---|
| 「山有……隰有……」的 **格律** 其實只是許多格律中的一種，本書之所以特別揀出這個格律來研究，有下列幾重原因 140 | 「山有……隰有……」的 **格式** 其實只是許多格式中的一種，此處之所以特別提出，有下列諸原因 219 |
| 我覺得簡化的和變換的也都可以視為這種詩律的同型 141 | 刪 220 |
| **傷感**，愛情，恐懼，**性慾** 等 141 | **傷懷**，愛情，恐懼，**慾望** 221 |
| 比較表（按：此為獨立一頁的各詩比較表。共六詩：〈簡兮〉、〈山有扶蘇〉、〈山有樞〉、〈晨風〉、〈車鄰〉、〈隰有萇楚〉。橫六欄：詩題、節序、義、草木、腳韻關係、主題。） | 刪整頁 221 |
| 故榛為贈禮的首要果實，榛樹結子亦曰榛 143 | 故榛結子為贈禮的首要果實 221 |
| 這種植物也出現於鄘風「定之方中」，但在那首詩裡，榛的指意是利於雕製手工藝品，與贈禮活動無涉 143 | 刪 221 |
| 故提到贈禮果品，是有特殊暗示的。再者，「隰有苓」，苓是有名的藥草（參見唐風「采苓」），此處可能暗示這位「賢人」歌者的健康問題 143 | 刪 221 |
| 更可以瞭解了 143 | 刪 221 |

| 傳統的與現代的・洪範版 | 失去的樂土 |
|---|---|
| 詩藝的工整到這境界已經是高峯了 143-144 | 刪 221 |
| 可惱的是 她又遭遇了 144 | 反而 更遭遇了 222 |
| 「狡獪之小兒也」（註九）144 （註九：狂且和狡童的另解又見於朱湘一篇短文；參考「中國文學研究」（香港，一九六三）頁六一） | 刪（註九）及註腳內容 222 |
| 栲算是個例外（註十）144 （註十：參考陸文郁「詩草木今釋」） | 刪（註十）及註腳內容 222 |
| 栲在古代是生長在北國的（註十一）145 （註十一：植物的分佈古今必有差異，霍曼的「中國歷史地圖集」（*Historical and commercial Atlas of China*, by Albert Herrmann）在說明中國古代地形和植物分佈時提到「原有森林」（former forest），他說「原有森林」在華北一直到公元五百年左右絕跡，在華南一直到公元一千三百年左右絕跡） | 刪（註十一）及註腳內容 222 |
| 秦風只有十首，但十首中卻有兩首是包含了這種 格律 的作品 145 | 秦風十首有兩首使用了這 格式 222 |
| 詩的 音樂性 145 | 詩的 音樂格調 222 |
| 六駁（註十二）145 （註十二：六駁，陸機詩疏：「樹皮駁犖，遙視似駁馬，故謂之駁馬」） | 刪（註十二）及註腳內容 222 |
| 今天都還生長於甘肅和陝西 145 | 刪 222 |

| 傳統的與現代的・洪範版 | 失去的樂土 |
|---|---|
| 這些橋木除了 押韻 145 | 這些喬木除了滿足 詩的音樂條件 222-223 |
| 從這個分析，我認為婦人的哀嘆包括三個問題：一方面可望良人的溫情，一方面擔憂生活的艱辛，一方面也因為健康情況不良，可能染有惡癬之類的皮膚病 146 | 刪 223 |
| 去山不遠也 146 | 刪 223 |
| 朱熹從之 146 | 刪 223 |
| 使用了「山有……隰有……」的 格律 ，變成「興」了 146 | 使用了「阪有……隰有……」的 格式 ，一轉而成為興 223 |
| 第一節是「賦」，無待多說；第二，三節是「興」，各種草木押韻完美（見前表）……（以下一段）147 | 刪一段 223 |
| 比諸今天的地理，檜應在河南省東北接新鄭縣界（見民國三十六年版「辭海」），位居黃河之南。地理書上說，這一個區域是有名的黃土沖積地 147 | 比諸地理，這是有名的黃土沖積地 224 |
| 許多實際內容的因素是不能忽略的 148 | 其他實際生態和人文因素也是不能忽略的 224 |
| 草木與詩的表現 148-156（按：全文第四節） | 刪整節 224 |

　　通過前述討論，再來看《失去的樂土》對《傳統的與現代的》餘篇的修編，可發現〈說鳥〉、〈衣飾與追求〉、〈驚識杜秋娘〉與前述〈國風的草木詩學〉四篇，皆修編幅度較大。

　　〈說鳥〉處理屈原《離騷》與史賓塞（Spenser）《仙后》（*The Faerie Queene*）兩部作品，目的在探看鳥意象和托意文學的關係，進而理解「一種文學策略的特性」。楊牧雖未直言此文學策略的特性為何，根據這篇文章論述，應即屈原《離騷》詩中人「浮游而求女」，所以請「鴆」而非「鳩」作媒，乃是托意文學的策略性手法：藉由一種不同於「歷史形象」（figura）的「托意形象」，象徵、提示或襯托其理想人格。這篇文章不分節，原稿英文，自譯中文發表於《中國時報》。《失去的樂土》的修編，主要在刪除楊牧對西方學者的評語，例如對路易斯（Lewis）、亞普頓（Upton）的批判：前者排斥「托意」的詮釋方法，猶中國強調「疑古」的學者；後者對典故的注釋僅憑主觀臆測，意義不大，倘若還因此誤導讀者聯想，更顯弄巧成拙。較次要者，為刪除一些事例衍論，例如刪《山海經》的指涉，原以佐證「鴆」為惡鳥；刪《洛陽伽藍記》的引文，原以佐證「鳩鴿不分」在中國古代也常發生；刪「五百年必有王者興」的討論，原以申論何謂「歷史形象」。用語的斟酌，像是原僅提到《離騷》「香草美人」的區分，而這篇文章重點在「求女部分」，後精簡為一句「『求女』象徵結構之完成」；行文原以「本文」自稱，後改「我們」；譯名「麗達」改稱「麗妲」，「烈利」改「雷利」；「色情意味」改「情慾意味」。

　　〈衣飾與追求〉副標「《離騷》和《仙后》的比較」，思路延續〈說鳥〉，通過「結構徵象」（formative tropes）再次對比《離騷》與《仙后》，意圖說明中西「托意文學」差異；且根據《離騷》的「史詩境界」，楊牧判屈原追求成功圓滿，相較下《仙后》因作者史賓塞怠工，主人翁亞瑟王子的追求於焉延滯，失敗。全文三節，標題為

「Formative Troopes」、「The Battle and the Progress」（語譯：戰爭與歷程）、「Literal‧Allegorical‧Anagogical」（語譯：第一層的，第二層的，與神詮的意義），原稿亦英文，自譯中文後發表於林海音《純文學》。[108]《失去的樂土》編修，主要在刪除一些衍論與事例，如刪艾羅德（Ellrodt）主張注釋若不能協助讀者進入詩人心靈，就算浪費筆墨；刪阿區（Roche）對《仙后》象徵手法的詮釋；刪對五四治學流弊的批評，楊牧原稱瀆詩丟棄「香草美人」的寓意，乃矯枉過正，五四學者「整理國故」的遺孽；刪原始迷信的討論，楊牧原指稱亞瑟與屈原表現一種原始的物我關係，其中「包含某種迷信成分極大的傳染病（contagious）恐懼」；刪除方思例，原佐證注釋不應僅於比列相關；刪賈寶玉例，原佐證《紅樓夢》也是托意文學；刪柏拉圖主義的討論，原指稱彼與《仙后》思想極有關係；刪哥德例，原指稱彼小說《維罕姆‧麥西特》（Wilhelm Meister），在通過經驗以自我建設方面，與《離騷》、《仙后》旨趣相同。

〈驚識杜秋娘〉，三節，為楊牧藉討論杜秋娘〈金縷衣〉一詩，表達對西方文論「新批評」的反思。楊牧根據 1968 年考古學報導，以為「金縷衣」並非「錦衣」之謂，而是「壽衣」，由此可徵「外在知識」有助深入文學，作品時代與環境「往往不可不深究」。然這篇文章引來梁實秋、林以亮、夏志清等前輩褒貶，楊牧稱「風波最多」，亦解嘲「文人造謠」之有利蒼生；李昂訪問也提到這件事，據其記錄，可見楊牧治學相當斥絀因循。[109]《失去的樂土》的修編，如外文增列翻譯，

---

[108] 譯文另有一版本，為蔡進松翻譯，發表於《純文學》58 期。

[109] 楊牧，《傳統的與現代的》，臺北：洪範書店，1979，頁 235-236。李昂訪問楊牧，提到「如果推論的依據錯誤，可能使得解釋完全偏差，比如你對『金縷衣』的解釋，很可能就有這種偏差？」楊牧回答：「我想我當時的結論是下得太快。可是我覺得仍有兩個目的，第一，如果是對的話，那麼這首詩可以換一個角度來解釋，第二、我最大的希望，趁這個機會，能使挖出金縷玉片衣這件事送到臺灣去登，讓大家知道這一回事。我

如引赫里克（Robert Herrick, 1591-1674）詩 "To the Vigins, to Make Much of Time"（語譯：少女請把握時光）；提到雪萊、拜倫（Byron, 1788-1824）等人，增補原文名及生卒年；譯名如「柯爾雷基」改為「柯律治」、「特耳菲」改「德爾菲」；隱去譚黎宗慕女士名，譚黎宗慕以為杜牧曾巧遇杜秋娘於金陵故有〈杜秋娘詩〉，楊牧認為此說未必然；原稱新批評有時變成現代人「不學無術」的遁詞，改為「疏懶」；刪去些冗蕪，如指出杜牧與陸龜蒙同年，小李賀十三歲，長義山十歲。

　　至於〈唐詩舉例〉、〈吳山以後的馬純上〉與前述〈公無渡河〉，皆是修編幅度較小。〈唐詩舉例〉，據楊牧稱乃厭倦所謂「學術論文」的腳注魔道，遂從〈唐詩舉例〉開始寫些乾淨的沒有注腳的文章。[110] 這篇文章的架構也迥異一般的學術論文，從小節標題即可推知。全文四節「柳宗元〈江雪〉：角度和取景」、「張旭〈桃花谿〉：壞詩的定義」、「李白〈早發白帝城〉：詩人和讀者」、「孟浩然〈宿建德江〉：從傷感出發」，各節標題的邏輯關係並不特別明晰，唐詩四例猶如並列。不過，細究之仍有邏輯可循：楊牧以柳宗元〈江雪〉、張旭〈桃花谿〉表徵心目中「好詩」、「壞詩」的分際；繼而藉李白〈早發白帝城〉，強調好詩重視「烘托」，重視詩人與讀者「共感」；末舉孟浩然〈宿建德江〉，對比杜甫〈旅夜書懷〉，說明詩或起於傷感，卻不必止於斯。而《失去的樂土》大體存其原貌，修編極少，如引用艾略特〈普魯佛洛克戀歌〉（The Love Song of J. Alfred Prufrock）三句，循前例增補翻譯，並調整譯名（原譯為「普佛洛克戀歌」）；「相關客體」

---

承認那時的資料不夠，只能作到這個結果。這是我的學術信念，我希望提出問題，探討然後討論，這樣才能嘗試了解從前沒有人提到的層面，我以為這比只因循一種說法有意義得多。」李昂，〈且把虛幻作真實／葉珊・楊牧・王靖獻訪問記〉，收於蘇墱基主編，《當代作家對話錄》，臺北：傳記文學出版社，1986，頁 241-242。

[110] 楊牧，〈後記〉，《傳統的與現代的》，臺北：洪範書店，1979，頁 234。

一詞後補充「objective correlatives」；刪除張旭〈桃花谿〉「羞死唐人」的責難，與李白〈靜夜思〉是壞詩的論斷；刪除以電影蒙太奇（montage）指涉李白〈早發白帝城〉的美學手法。

〈吳山以後的馬純上〉，三節，為回應樂蘅軍〈馬純上在西湖〉而作：樂蘅軍以為吳敬梓《儒林外史》在經營馬純上這位人物，興酣之餘不免破壞了人物的統一性；楊牧則為吳敬梓辯護，以為無「破壞」，反而「拓寬」讀者對馬純上這秀才心境的完整理解。《失去的樂土》對這篇文章修編亦少，如原稱馬純上暢言舉業之重要為「腐言」，後刪；馬純上教誨匡超人的言辭為「爛言」，後改「閒言」；吳敬梓描寫匡超人是「令人吃驚的」，則改為「徹底」；可謂略改字詞而已。

## （二）修編《文學知識》

《文學知識》，1979 年 9 月洪範出版，收 20 篇，另有〈自序〉；全書分三輯但標數字不起輯名，為 1972-1979 年間雜文，如演講稿、筆戰文字、遊記、公開信與他書序文等。該書最後一篇，篇名即「失去的樂土」。據該書自序，第一輯泛論現代詩與現代散文，第二輯專論現代詩人和小說家，第三輯為檢討古典文學；《文學知識》上接《傳統的與現代的》，為說明楊牧信仰和用心：「立志使文學恢復其本來面目」、「還原為文化人生最基本的知識」，而不為神秘氣氛或淺薄聲色所籠罩浸蝕。有趣的是前述宣稱，反面是文學工具論的疑慮，與 1970 年代臺灣鄉土文學運動的風波不無關係，與美國喧騰的保釣運動不無關係。這份心情另個側面，即楊牧寫於 1977 年《葉珊散文集》洪範本自序，〈右外野的浪漫主義者〉。要言之，楊牧在《文學知識》序言對文學淪為「經師的秘笈」或「政客的口號」，被裝飾為「種種主義和福音的游勇」的批評，其精神契合著〈右外野的浪漫主義〉所宣誓的挑戰權威，

反抗苛政與暴力。[111]不妨把握這份用心，來開展此節的討論。

《失去的樂土》修訂《文學知識》者共 10 篇。創作時間序列為〈詩與散文〉（1975）、〈現代散文〉（1975）、〈致區瀟湘書〉（1975，原題「給區瀟湘書」）、〈許仙和他的問題〉（1975）、〈論一種英雄主義〉（1975）、〈失去的樂土〉（1976）、〈三十年後的文學〉（1976）、〈王國維及其「紅樓夢評論」〉（1976）、〈文學與理性〉（1978）、〈七等生小說的幻與真〉（1979）。其中，修編幅度較大者，為〈論一種英雄主義〉、〈王國維及其「紅樓夢評論」〉、〈七等生小說的幻與真〉三篇；餘者修編幅度不多，少或極少。

首先，以〈論一種英雄主義〉為例，〈論一種英雄主義〉原以英文

---

[111] 楊牧，〈自序〉，《文學知識》，臺北：洪範書店，1979，頁一-四。楊牧，〈右外野的浪漫主義〉，《葉珊散文集》，臺北：洪範書店，1977，頁 1-11。進而，在這樣的堅持與那樣的時代條件下，寂寞感也是一致。故楊牧稱檢視葉慈生活「他始終是一個寂寞的人，他在他的愛爾蘭朋友當中，正是一個被排斥的右外野手」，以及「我相信葉慈對愛爾蘭的愛絕不下於馬克布萊上校他們，可是他選擇的竟是一條完全不同的路」。（頁11）試想，當楊牧在美國的臺灣友人如劉大任、郭松棻等，為保釣奔走，終而放棄學業轉入聯合國祕書處，甚至為國民黨政府列為黑名單，以證成一種民族意識與尊嚴；楊牧不也是選擇另一條道路，證成相類似的精神，或說愛？可參楊牧，〈悲憤猶爭寶劍寒——劉大任自赤道歸來〉，《聯合報》，1983.8.13，8 版。楊牧該文提到「我一九六六年到柏克萊去唸書，由於一種年輕快樂的機緣，很快就認識了幾位學識才具都高人一等的新朋友。我們朋友在一起的時候，牽扯的興味和風趣非常複雜，專攻的術業更極少可以類同之處；但是我們都來自臺灣，愛臺灣，雖然家庭背景不同，出身的學校經驗也多相異，基本上的認識卻無問題，我們都關懷中國文學和當時現實政治的取向。就因為我們關懷、熱心，所以也就自豪，甚至是驕傲的。」

另，楊牧談到濟慈與葉慈之別：「其實對於濟慈，我真正欣賞的是他朝向中世紀某種理想社會美的回歸，因此，我常將之與大自然的部落社會相提並論。此外，詩的創作技巧、藝術手法也對我深具影響。葉慈是後來我很喜歡的一位作家，尤其他在現代主義方面的表現，至於其他如宇宙、人際關係方面的處理，我並沒有想要完全介入。臺灣近年有人宣揚葉慈和愛爾蘭獨立運動有多大的關係，其實是過於誇張了，雖說他有所影響、貢獻，但很多時候葉慈只是個局外人，因此我寫了一篇〈愛爾蘭的葉慈與葉慈的愛爾蘭〉，提出這部份仍有許多空白曖昧之處，不宜強調太多；我倒是將注意力放在葉慈的詩在現代主義方面的表現手法及藝術。」曾珍珍，〈英雄回家——日在東華訪談楊牧〉，電子期刊《人社東華》第 1 期，2014.3。

撰寫，題為 "Towards Defining a Chinese Heroism"，1975 年發表於 *Journal of the American Oriental Society*，第 95 卷第 1 期，同年單德興翻譯，載於《中外文學》；然單德興譯筆應已經過楊牧的潤澤。[112]全文共分五節：史詩問題、載戢干戈、戰情省略、飛鳥惡化、結論。而化用「戰情省略」這個軍事術語於文學場域，略見楊牧幽而默之的性情。《失去的樂土》對於此篇的修訂，論點無變動，即說明漢語文學自有其「史詩」與「英雄」，不必唯西方主義是從。至於資料微增多減，刪除文句更不少；修辭也有許多斟酌，多集中在第二節後半、第四節、第五節。可參表 3。

　　在資料增刪部分，《失去的樂土》刪去一些用括弧表達的案語，如解〈東山〉農稼的出現是「天賜之福」，〈東山〉為班師回朝士兵所唱外，「可能還配上軍樂」，後皆刪去。但有把握者則補充說明，如解司馬相如〈上林〉提到「獵事」即類似軍事，後補充「所以說『二之日其同，載纘武功』」。刪去一些相對累贅的推測，如論《詩經》短小篇幅對稱結構，「也許是中國詩對比結構的起源」，即整句刪去；《詩經》即中國文學起源，如證《詩經》涵對比結構，自然意味《詩經》是中國文學對比結構的起源。刪去對蒲魯捷克「史詩現實觀」在中國文學無關緊要的直接反駁；如全文論證成立，此理自然成立。識者莫逆於心，不識者多言無益，總無須挑明。刪去一些事例，如阿基里斯；減去些頭緒，如論武王之怒，原比之伊利亞德，後刪。補註，註 28 未排進正文。但文中「雙行體」為西方文學脈絡的術語（應指 Heroic couplet），修訂前後皆未點明。

　　在修辭部分，語詞斟酌如「中國文學」改為「漢語文學」；引用詩

---

[112] 單德興譯筆較為簡約信實，且自覺避開譯文體，譯作如《寫實主義論》（1979）、《知識份子論》（1997）皆然。但楊牧用詞典麗，句式複雜，而〈論一種英雄主義〉就其文體與風格，較諸楊牧他文亦不見唐兀。由此推之。

經段落，原稱「節」改稱「章」，例如〈出車〉四章。較細緻的調整，則如言周公「功勳」改稱「東征」，言外之意：戰爭功勳影射傷亡，究非這篇文章主張的英雄主義。理同「中國史詩的現實觀反對伸張武力」一句將「伸張」改為「張揚」：武力終究不正義，故不宜言「伸張」。避語病同時襯托論點。譯名更動，如「羅馬建國錄」改稱「厄尼亞本紀」；「伊利亞德」改「特洛記」；motifs 由「主題」改為「題旨」，tropes 由「徵象」改為「譬諭徵象」，pathos 由「小我心情」改為「小我情緒」。至於文字使用，去掉句末語氣詞「的」，去重出詞彙如「作者」；標點符號也相應調整，參用直式夾注號；或稍加騰挪，綿延語意。總體傾向曉暢文氣，刪除敘述的冗餘滯鬱。句式則略有變動，如長句「飛鳥以戰場攻擊者的身分已經進入了一首頌揚死者魂魄的樂府詩」，轉為「飛鳥以戰場攻擊的象徵一變而為一首揄揚死者魂魄的樂府詩所役用」。先是不言飛鳥進入樂府詩，改言為樂府詩所役用，突顯「飛鳥」作為象徵服從詩人的調遣，涵一詩人主體性與主動性的概念，為楊牧詩學要點，見修訂時運思亦不離其中。再是不言「頌」而言「揄」，降低讚頌的意涵並隱藏反戰的諷喻，更扣論旨。

表 3　《文學知識》與《失去的樂土》版本差異範例：〈論一種英雄主義〉

| 文學知識 | 失去的樂土 |
| --- | --- |
| 自本世紀初開始，研究中國文學的人 203 | 自從二十世紀初開始，研究漢語文學的人 251 |
| 為甚麼中國自有文學以來 203 | 為甚麼自有漢文學以來 251 |
| 把英國民歌 Chevy Chase 抬舉到羅馬建國錄（*The Aeneid*）相同的地位 205 | 把英國民歌 Chevy Chase 抬舉到與《厄尼亞本紀》相同的地位 253 |

| 文學知識 | 失去的樂土 |
|---|---|
| 第八世紀以前 一般中國人 對兵器的態度 207 | 第八世紀以前 一般人 對兵器的態度 254 |
| 因兵乃不祥之器，故殺人之眾，以悲哀泣之；老子甚至要人「戰勝以喪禮處之」207 | 因兵乃不祥之器，故老子甚至要人「戰勝以喪禮處之」255 |
| 特殊的修辭方式，包括意象，主題（motifs）及 徵象 （tropes）206 | 特殊的修辭方式，包括意象（images），題旨 （motifs）及 譬諭徵象 （tropes）254 |
| 在西方戎狄之間，黃河在這塊地域上向東流並急轉向北。這組詩中，每一首詩本身都是韻律與主題的完成，偶爾以讚頌的形式出現，但通常是用完整的形式。這組詩表彰周族史詩經驗的中心人物。這個人物是武王之父——文王 208 | 在西方戎狄之間——黃河在這塊地域上向東流並急轉向北——每一首詩都是韻律與主題的完成，偶然以讚頌的形式出現，但通常是用完整敘述的局面歌頌周族史詩經驗的中心人物，文王 254 |
| 阿奇勒士（Achilles）一怒而戰，這種英雄的行為在「周文史詩」中是找不到的。然而文王實地裡在紀元前十二世紀已經以德取得了天下。208 | 刪 256 |
| 敬事祖先。他非常虔誠 209 | 虔敬事祖先 256 |
| 文王九十七歲逝世，其子繼位，即歷史上的武王。經過多次延遲之後，武王上膺天命下順人心出兵討伐。於一冬日黎明，在舊都豐召會 | 文王崩，武王繼位。經過多次宕延，武王終於上膺天命下順人心，於一冬日之黎明，祭告天地，領五萬甲兵東向伐商，循禮而行，天下 |

| 文學知識 | 失去的樂土 |
|---|---|
| 諸侯，祭告天地，領五萬甲兵東向伐商。義軍循禮而行，天下諸侯競相來助，會師盟津，再祭天地，渡河，與十倍於己的殷軍對陣於牧野 209 | 諸侯競相來助，會師盟津，渡河，與殷軍對陣於牧野 256 |
| 文的英雄主義昭然若揭，因武王不曾忘懷以「小子發」自稱。至此，用來攻取商京的武的力量，更加上文的英雄主義的力量。「此謙德之於行也。」209 | 文的英雄主義昭然若揭，「此謙德之於行也。」256 |
| 孟子以為，此武王之怒也，繼承文王之勇氣，一怒而安天下之民（孟子「梁惠王下」）。／孟子以為王實有怒。文王之怒乃柔，致三分天下有其二；武王之怒乃剛，終致一舉滅商。第一階段，怒含於文；第二階段中，其怒赫然，其武維揚，如同伊利亞德（*The Iliad*）209-210 | 孟子以為武王赫赫維揚，其中包涵了「安天下之民」的一怒 257 |
| 視為凶器的兵，因不得已而用之 210 | 雖兵者為凶器，正如《道德經》所言，聖人亦不得已而用之 257 |
| 孝謹 的武王 210 | 謙恭謹敬 的武王 257 |
| 事實上，第一個堅持要收藏兵器的，並認為文德是立周的道德力量的人，是武王自己。取得天下之後 210 | 刪 257 |

| 文學知識 | 失去的樂土 |
|---|---|
| 而王乃以武名 210 | 刪 257 |
| 當我們把這首詩與詩經其他的頌詩一齊閱讀時，立刻就可發現一個強烈的企望，那就是一旦戰事告終即行抑武。施行於天下的大德，是以禮樂及最重要的農的方式 210-211 | 當我們把這首詩與《詩經》中其他頌詩合讀，立刻發現一強烈的企望，戰事告終，施行於天下的大德，是以禮樂及農稼的方式彰顯 257 |
| 甚至，周頌「桓」詠唱伐紂之後屢穫豐年。朱熹評論這首詩時說道，武王伐紂並沒有像老子說「大軍之後，必有凶年」。詩人讚頌武王留心文治，告誡官吏萬末怠忽 211 | 刪 257 |
| 中國詩人服膺聖人之教，讚頌征伐正面的文化價值，卻不歌詠戰爭。雖然「英雄主義」於焉成立，卻不同那種以頌尚武自持的英雄主義。相反地，這種英雄主義所表達出來的勇是：其始也臨之以勇，其末也明之以智 211 | 詩人服膺聖人之教，讚美正面的文化價值，卻不歌詠戰爭。雖然有一種「英雄主義」於焉成立，卻不同那種持強使氣，凡事以武力為終極解決方法的英雄主義 257 |
| 中國文學傳統上，英雄事蹟的詩免於淪為沙場上詳盡的敘述，此「省略」的特徵關係實為重大 212 | 刪 258 |
| 全詩慶頌戰爭結束，忠實於其道統——前述的使武王伐紂成功的道統 215 | 刪 261 |
| 「東山」的詩人以詩歌表現自己的 | 〈東山〉詩人以歌詠表現自己的小 |

| 文學知識 | 失去的樂土 |
|---|---|
| 小我心情（pathos）216 | 我情緒（pathos）261 |
| 周公的 功勳 代表「周文史詩」的 終局 216 | 周公 東征 代表「周文史詩」的 終結 262 |
| 「伊利亞德」以驍將海克特（Hector）之葬禮結尾……「周文史詩」以揭示天啟聖言的儀式告終，此儀式孕生出 禮，樂，農 216 | 《特洛記》以驍將海克特之葬禮結束……「周文史詩」以揭示天啟聖言的儀式告終，此儀式孕生出 禮樂 之製作與農業的秩序 262 |
| 早期中國文學 把戰情省略的技巧視為詩歌創作手法之一，這是強調抑武精神的一種正面的反映 217 | 早期文學 把戰情省略的手法視為詩歌創作的常態，強調抑武 262 |
| 戰前戰後的描述交相作用，產生相當完整的事件，這事件對讀者的經驗而言是非常生動的 217 | 戰前戰後的描述交相作用，產生相當完整，生動的事件 262 |
| 常常能在短小的篇幅裡，呈現出某種對稱的結構，把沒說出來的東西，藉著類似雙行體的兩件連續對照的事物烘托出。這也許是中國詩對比結構的起源。請見下例 217 | 在短小的篇幅裡，呈現某種對稱的結構，把內在情境和事件藉類似雙行體的兩對照事件烘托出 262 |
| 以完美的排列結構傳達出戰爭的恐怖。此詩以地點的相對開端，以時間的相對結尾。中間的詩行用來描述客觀的事物以及詩人自己的一些感想。同樣的技巧也見於「木蘭辭」，此詩一般人認為寫成於第三四世紀之交。從以下所舉的雙行 | 以完美的排列結構傳達出戰爭的恐怖——地點的相對開端，時間的相對結尾，中間的詩句描述客觀事物以及詩人一己的思想。同樣的技巧也見於〈木蘭詩〉，以下所舉雙行體，可說是少見的，最傑出的戰情省略手法 263 |

| 文學知識 | 失去的樂土 |
|---|---|
| 體，即能看出在單獨一篇作品中，最傑出的戰情省略手法 218 | |
| 這種在戰場上尋食死屍的飛鳥，乃是「戰鬥禽獸」（beasts of battle）之一，出現在古典中國詩中屠殺的場面，也出現在古代英詩中。詩人在戰事前後提到此類禽獸以製造恐怖氣氛，這在遊 吟 詩人是一種 慣 技 ，一向為聽眾所接受。本來飛鳥在中國口傳詩歌傳統中是攻擊的象徵，在詩經中就很明顯。小雅「采芑」一詩以鴥彼飛隼象徵我們英雄行為的 武鳥 。這樣看來，我們可把飛鳥當作創作時更進一步的戰情省略手法 219 | 這種在戰場上尋食死屍的飛鳥，乃是「戰鬥禽獸」（beasts of battle）之一，出現在古典中國詩，也出現在古代英詩之殺戮戰場。詩人在戰爭前後之描述中提到此類禽獸以製造恐怖氣氛，這在 吟遊 詩人是一種 習用的技巧 ，一向為聽眾接受。惟飛鳥在中國口傳詩歌本是攻擊的象徵，小雅〈采芑〉一詩以「鴥彼飛隼」象徵英雄行為的 武風 ，則人類的衝突由飛鳥的攻擊行為暗示 264-265 |
| 這種特殊的 「戰鬥禽獸」 惡化而成為食屍之鳥。它根本就不再和我們並肩作戰了。詩人諷刺地問烏：「腐肉安能去子逃？」使得飛鳥的 地位降低 的原因之一 220 | 這種特殊的 進取的象徵 竟惡化成為食屍之鳥。詩人問烏：「腐肉安能去子逃？」飛鳥 惡化 的原因之一 265 |
| 飛鳥以戰場 攻擊者的身分 已經進入了一首 頌揚 死者魂魄的樂府詩。在這個過程中，它立即轉變成食屍鳥，特別來象徵戰爭所造成的 巨災 大禍 220 | 換言之，飛鳥以戰場 攻擊的象徵 一變而為一首 揄楊 死者魂魄的樂府詩所役用，它象徵的乃是戰爭造成的 災禍 265 |
| 好像南方的死者被拖來讓北方的飛 | 刪 265 |

| 文學知識 | 失去的樂土 |
|---|---|
| 鳥啄食。飛鳥的地位雖然陡降 220 | |
| 朝歌與頌歌 220 | 頌讚 265 |
| 「史詩的現實觀」在中國詩中仍然極為重要，這一點恰好與蒲魯捷克的說法相左 220 | 刪 265 |
| 那種強調武力的 英雄精神 221 | 那種強調武力的 尚武血刃的精神 |
| 中國史詩的現實觀反對 伸張 武力 221 | 中國史詩的現實觀反對 張揚 武力 266 |
| 歷史上當然也有相反的情形，但結果總是慘不忍睹。戰國時代周天子勢微，謀術大興，縱橫家蘇秦遊說秦惠王並願自任其佐 221 | 歷史上當然也有相反的情形，但後果可以想見。蘇秦說秦惠王 266 |
| 自絕於 周朝賴以立國的 文治 221 | 自絕於 倫理 文治 266 |
| 獵事本來即類似軍事 221 | 獵事本即類似軍事，所以說「二之日其同，載纘武功」266 |
| 柏傑士（Anthony Burgess）的說法則似是而非：「早期詩歌大部分都是有關戰鬥的，早期的史詩自然而然的頌揚武德，其英雄人物粗壯逾人，加上天賦的盲勇蠻力，以之闡揚傳統之德行㊼。」222 | 刪 267（連同註㊼） |
| 單德興 中譯 222 | 單德興 漢譯 271 |
| 他詩中血淋淋的場面似乎有意驚嚇長安的讀者 225 | 刪 269 |

| 文學知識 | 失去的樂土 |
| --- | --- |
| 「出征記」（*Anabasis*） | 《進軍記》（*Anabasis*） |

　　〈論一種英雄主義〉之外，〈王國維及其「紅樓夢評論」〉、〈七等生小說的幻與真〉二文修編也較多。

　　〈王國維及其「紅樓夢評論」〉標舉王國維為「第一位從事東西比較文學研究的學者」，其〈紅樓夢評論〉是「中國現代美學的一個開端」。然這篇文章讚譽之餘，也點出王國維的一些限制，例如王國維沒有看出《紅樓夢》應該是一個古典喜劇（comedy）；王國維熱心介紹西方文學思想卻常顯「力不從心」；甚至王國維的雙重人格，理論與實踐間的落差。《失去的樂土》的修編，主要在語詞斟酌，刪除冗贅。語詞斟酌如「中國抒情文學」改「抒情文學」，「白話文」改「白話漢文」；刪王國維「為中國人」介紹西方文學一語；刪王國維「甚至往往和他所不喜的黃仲則一樣自憐憂鬱」；刪「王國維未能看到這一點，因為他其實對西方文學的詞語定義是不甚理解的」；刪〈論新學語之輸入〉「在他那個時代，此文可以說是暮鼓晨鐘」；慾望之「無聊」改「無謂」、「無數論文」改「許多論文」；一處論物我關係，發語詞由「我們」改為「我」，更貼切。刪除冗贅，則刪去部分語句中，如「了」、「在」、「致」、「個」、「但」、「已經」、「若有若無」這類語助詞、片語、形容；精簡用語如「職是之故」改「所以」，「也還算是可貴的了」改「也是可貴的」，「並不見得是」改「並不是」。另，提到朗吉納斯（Longinus）、弼德（The Venrable Bede）、柯律治增補原文名及生卒年；刪去註6引屈原對漢代人啟示的文獻。

　　〈七等生小說的幻與真〉認為七等生是「臺灣三十年來最具哲學深思的小說家之一」，突顯七等生在臺灣戰後現代小說發展的特殊性。進

而，這篇文章以〈我愛黑眼珠〉、〈回鄉印象〉等文舉例，說明七等生「幻想與現實交錯互替的技巧」，「特殊的現實問題」如何通過幻想構成「寓言托意的藝術系統」，「呈現普遍的意義」。《失去的樂土》的修編，主要在刪去所有註腳共 18 條。餘者，語詞斟酌如「一種類似『蒙太奇』（montage）的電影效果」改「一種特異，動人的電影效果」；言但丁通過「火獄」改「煉獄」；「在序文裡」改「首先」；「其實不然」改「然而不然」。體例上，但丁、卡謬（Albert Camus）、華茨華斯（William Wordsworth）增補原文名及生卒年；作品增補原文名，《異鄉人》（L'Ètranger）。另，刪張恆豪編《火獄的自焚》且為七等生重視一事。

除前述三篇修編幅度較大，餘篇則不多，少或極少。

〈詩與散文〉肯定散文之為藝術，足以與詩齊驅。這篇文章認為，散文雖不如詩強調暗示性與音樂性，自有其講究，遠非「駢偶排比」、「我手寫我口」之謂也。《失去的樂土》對這篇文章的修編少，僅刪除或替換部分語句。如原稱我們要整理收拾「白話文運動留下的爛攤子」，後刪；原稱漢字綽約美妙，是「大好的機會」，「若不積極運用，豈不遭鮮卑胡兒嗤笑？」後刪；原稱散文是「中國文學『美麗新境界』」，後刪。替換，則「中國文化」改為「華夏文化」；「中國文學」改為「漢文學」；「我們的文字」改為「漢文字」。

〈現代散文〉試定義現代散文，指出現代散文特點如：白話文為基礎、汲取文言文好處、勇於接受歐西語法、開發新穎感性。《失去的樂土》僅修編極少，如行文「我」一處改為「我們」；刪冗語「之所以」；「靈像」改「靈象」。

〈致區瀟湘書〉為致意《嚶鳴》創刊，借題發揮文學的雙重性質：既是個人的，也是公眾的。進而，楊牧指出文學更應該超越個人和公眾，因為，「大凡恆久的東西總是超越的。」《失去的樂土》的修編極

少，原題「給區瀟湘書」改為「致區瀟湘書」；「內收」改「內斂」；「彩色照相」改「照相」；刪最末應酬語「拉雜寫來，就以這些隨感筆錄和您互勉吧。」

〈許仙和他的問題〉指出《白蛇傳》表現大無畏的精神，向定型的道德標準與社會結構挑戰：為女性請願，控訴男性無能，揭發宗教勢力的假慈悲。這篇文章頗有替白蛇、青蛇翻案的意味，即精怪至情不足以害人，薄情的許仙、好鬥的法海才是應該譴責的對象。至於《失去的樂土》的修編亦少，提到阿斯奇勒士（Aeschylus）、勞勃・羅渥爾（Robert Lowell）增補原文名及生卒年；一處「libido」改「慾念」；一處「中國文學」改「漢文學」；刪除口語，如稱法海「一再搗蛋」，稱無情義的許仙何能獨享依切，「真的，他憑甚麼？」

〈失去的樂土〉認為不須通過宗教信仰／體系，「文學自有一種可即的樂土」。這篇文章對比三種神話系統，指出中國文明裡「樂土是人創造的」，希臘文明「樂土是神和人合力的創造」，基督教文明「樂土是神的創造」；然儘管前述樂土皆已失去，「這是人性永恆的惆悵」，透過文學的「寓言托意」，樂土的追尋和創造卻不是不可能。這篇文章論調不僅具現楊牧對文學的信心，也足證楊牧對宗教之為物，帶有相當批判性。《失去的樂土》在此的修編不多，副標「文學的考察」改為「代序」；提到尤里披底斯（Euripides）、喬叟（Geoffrey Chaucer）、米爾頓（John Milton）、但丁（Dante Alighieri）等處，增補原文名及生卒年；外文作品亦增補原文名，如《失樂園》（*Paradise Lost*）、《神曲》（*Divina Commedia*）、〈百慕達〉（Bermudas）；譯名如「阿玻羅」改「亞玻羅」、「阿尼士」改「厄尼亞斯」、「黛德」改「黛朵」；精簡與替換少數語句，如「排除官場的爭執糾葛」改「排除糾葛」，「還是奔走於京師公侯之門，不可能自動回到輞川」改「還是不可能歸向輞川」，「鳳凰不再來儀」改「鳳凰已經絕跡」。

　　〈三十年後的文學〉揣想二十一世紀初葉文學樣貌，應有三個特徵：文類的混淆、文風的明朗寬厚、文學獨立自主。而《失去的樂土》的修編極少，唯提到王爾德（Oscar Wilde）、艾略特增補原文名及生卒年；行文中將「2001」改為「二〇〇一」，以區隔生卒年、引註頁碼之體例；另句末語助詞，稱三十年後前衛文學依舊稱現代文學「呢」改為「吧」。

　　〈文學與理性〉從陸機〈文賦〉出發，論「緣情」與「體物」為漢語文學最基本的創作方法，但平衡二者，還有賴「理性的嚮導」：「真正接受理性修正導引的藝術想像力乃演化為有機的詩思。唯當有機的詩思規則地運作的時候，文學才告完成。」《失去的樂土》的修編不多，語詞斟酌如「中國文學」改「漢文學」，「現代中國的自由詩」改「現代漢語傳承的自由詩」；「不須多說」改「無可置疑」；原稱理性嚮導想像力是「文學問題」，後改「美學問題」。體例上，提到人名如歌德（Johann Wolfgang von Goethe）、史陶罕（Theodor Storm）、代爾（John Dyer）增補原文名及生卒年；作品增補原文名，如《維特》（*Die Leiden des jungen Werthers*）、《茵夢湖》（*Immensee*）。另，一處「十七世紀英國的山水詩」校為「十八世紀」；原將「詩思」翻譯為「imagination」，後刪。

## （三）修編《文學的源流》

　　《文學的源流》，1984 年 1 月洪範出版，收 16 篇，另有〈自序〉；全書分四段落亦不標輯名，為 1973-1983 年間雜文，如演講稿、編序、他書序文、英文論稿翻譯、悼文等。根據自序，楊牧稱此書「以現代文學為研究重心，卻明顯地以傳統古典為覆按和嚮導」。此外，楊牧更指出「站在臺北」思考文學源流，「顯然有兩個指標代表著我們所

必須認識的兩個大階段」：四百年前臺灣鹿耳門汛湧入的拓荒精神，遙遠的滋生於古中國（禹貢九州）的人文信念。推而言之，十七世紀來臺的漢移民經驗，與其承載的中國文化傳統，皆楊牧追溯臺灣文學源流的必要前提；而通過這些前提，可知現代文學並非「孤立突發」，「始終是源遠流長的」。

《失去的樂土》修訂《文學的源流》者共 11 篇。創作時間序列約為〈周作人與古典希臘〉（1973）、〈三百年家國〉（1979）、〈留予他年說夢痕〉（1980）、〈散文之為文類〉（1981，原題「中國近代散文」）、〈豐子愷禮讚〉（1981）、〈宗白華的美學與歌德〉（1981）、〈再論王國維之死〉（1982）、〈林泠的詩〉（1982）、〈走向洛陽的路〉（1982）、〈周作人論〉（1983）、〈現代詩的臺灣源流〉（1983）。

首先，以〈現代詩的臺灣源流〉為例。〈現代詩的臺灣源流〉論「中國」是臺灣文學終極的文化索引（ultimate cultural reference），此中國即文化中國，非以政權立論；臺灣現代詩的特性：現代感（modernity）、世界感（cosmopolitanism）、臺灣形象的懷想（nostalgia）。其中，臺灣形象的懷想，楊牧亦言「臺灣風貌」，本書以為名「臺灣性」亦無妨。而《失去的樂土》所修訂者，主要是替代詞彙以調整觀念，表達立場。次則刪除一些實指，例如講 1950 年代臺灣現代詩發展，刪去詩社「現代詩」、「藍星詩社」、「創世紀」名；刪去紀弦「橫的移植」影響浮面之評議；刪去文學史「健康正確」的評語。[113]可參表 4。

---

[113] 楊牧認為覃子豪是「冷靜文明的現代詩人」，有「健康的文學態度」。楊牧，《楊牧自選集》，臺北：黎明文化公司，1975，頁 300-301。楊牧評周作人，也稱其追求「健康的題材」。楊牧，〈周作人論〉，《失去的樂土》，臺北：洪範書店，2002，頁 374。這種「文學健康觀」，讓人聯想到楊牧肯定豐子愷茯苓糕式的文學觀，但也教人不禁聯

　　觀念與立場的調校，是〈現代詩的臺灣源流〉修訂最有趣處。觀念的補充，如這篇文章認為日治時臺灣詩人熟諳「古典漢文」，後改為「古典漢字」，較保留。畢竟五十年的被殖民經驗，日文作為強勢語言（教育語言、官方語言），對於知識份子影響尤大，稱熟諳漢文或不符合歷史真實，故退一步說。至於「白話語體文」改為「以北京話為基礎的白話語體『國文』」，補充北京話與國文的概念，則是進一步補充，使描述更準確。同理，原文提到 1950 年代「現代詩運動萌芽」，後改稱「現代詩運動在臺灣二次萌芽」，以照顧到日治時期「風車詩社」水蔭萍等日文現代詩，楊華《黑潮集》漢語新詩與賴和〈南國哀歌〉參雜臺灣話文新詩的各種嘗試，也更符合當今學界對臺灣文學的認識。

　　至於「史稱『光復』」改為「一說『光復』」、「大陸同胞」改稱「內地中國人」，誠然都是有感於臺灣主體性與多元歷史論述，所做的微調。直言之，「光復」與「大陸同胞」的概念，皆與國民黨政府所休戚的中華民國史觀，在這樣的大陸史觀下，海島臺灣自然邊緣。前兩節討論曾指出《失去的樂土》修訂，有遇「中國戲曲」改稱「傳統戲曲」，遇「中國文學」改稱「漢語文學」的情況，表示新世紀的楊牧對「中國」的詞義，已有較細緻的區隔與把握。再參照〈現代詩的臺灣源流〉進行的修改，則「中國」一詞所以能為「傳統」、「漢語」替代，不啻隱含楊牧對「文化中國」的理解。然「中國」的意指，除去傳統與漢語為內涵的文化中國後，在楊牧則與「大陸」、「內地」意涵互攝，故本篇亦修訂「大陸上的文學」為「中國文學」，截然區別於「臺灣文學」。《失去的樂土》這樣的修訂，臺灣的主體意識無疑更強。

---

想 1963 年臺灣電影「健康寫實」的呼聲。

表 4　《文學的源流》與《失去的樂土》版本差異範例：〈現代詩的臺灣
　　　源流〉

| 文學的源流 | 失去的樂土 |
|---|---|
| 逐漸得到 中國有心人 的注意 1 | 逐漸得到 一般有心人 的注意 19 |
| 日本向同盟國無條件投降，臺灣主權重歸「中國」， 史稱 「臺灣光復」7 | 日本向同盟國無條件投降，臺灣主權重歸「中國」， 一說 「臺灣光復」24 |
| 長期異族統治的經驗，非 大陸同胞 所能想像 7 | 長期異族統治的經驗，非 內地中國人 所能想像 25 |
| 雖然他們大都熟諳古典漢文，卻缺乏使用白話語體文的經驗 8 | 雖然他們大都熟諳古典漢字，卻缺乏 以北京話為基礎 的白話語體「國文」的經驗 25 |
| 現代詩運動萌芽的際會 8 | 現代詩運動在臺灣 二次 萌芽的際會 25 |
| 前衛新詩社團陸續成立，其中最重要的是「現代詩社」（一九五三），「藍星詩社」（一九五四），和「創世紀詩社」（一九五四）。這三個詩社的出版品三十年來時斷時續，維持著墾拓和試驗的理想，和其他許多後起的優秀詩刊頡頏呼應，對於現代詩臺灣風貌的刻劃產生了絕對不可磨滅的貢獻 8 | 前衛新詩社團陸續成立，維持著墾拓和試驗的理想，加上六七十年代一些後起的詩刊應運而生，對現代詩臺灣風貌的刻劃產生了重要影響 25 |
| 紀弦在一九五六年結合了一百多位詩人組織「現代派」，並提出信條數則，以為新詩「再革命」的目 | 總之，臺灣現代詩在過去三十年裡因為詩人各有抉擇，藉著開放的藝術觀 25 |

| 文學的源流 | 失去的樂土 |
|---|---|
| 標，其中最聳人聽聞的一條宣稱現代詩乃是西方詩藝「橫的移植」，而不是傳統中國文學「縱的繼承」。關於此議的是非，三十年來論者甚眾，但嚴格說來，其影響究竟是浮面的。經過三十年的淘汰修正，詩人各有抉擇，藉著開放的藝術觀 8 | |
| 這當然是文學史上一種健康正確的發展 8-9 | 刪 25 |
| 一九五〇年以後的 大陸上的文學 9 | 一九五〇年以後的 中國文學 26 |

　　除〈現代詩的臺灣源流〉，修編幅度較大者還有〈周作人與古典希臘〉、〈三百年家國〉、〈留予他年說夢痕〉、〈散文之為文類〉及〈再論王國維之死〉。

　　〈周作人與古典希臘〉，三節，原文英文，後由郭懿言翻譯，譯文發表於《聯合報》，七日方刊載完畢。這篇文章除詳舉周作人貢獻，主要論點在證明「希臘」與「日本」，是周作人文學範疇裡最澎湃的異國質素；兩者不僅兼容，日本甚至為周作人「接近古希臘鋪路」，「體現出他所想像的古希臘」，以至於「周作人的希臘思想脫胎自他的日本經驗」。然這篇文章也標舉周作人理解的「希臘」涵三質素：好學、對真理的堅持、愛美，凸顯周作人對「中國新文學」的希望——結和希臘的和中國的傳統。由此，周作人一生的錯綜複雜，對日本人的愛與憎恨，或能得到更好的理解。《失去的樂土》的修編，主要在增補與調整些基本資料，像提到人名泰恩（Hippolyte Taine）、該萊（Charles Mills

Gayler）、安特路・藍恩（Andrew Lang）、永井荷風等，增補生卒年；歐里庇得斯、索福克勒斯、小泉八雲，增補原文名及生卒年；作品名如《奧德賽》增補原文名。譯名更動，人名如「芝諾芬（Xenophon）」改「贊諾芬」、「阿波羅」改「亞玻羅」、「恩迭米盎」改「恩迪密昂」、「唐南遮」改「鄧南遮」、「但尼生」改「丁尼生」、「舍倫」改「賽倫」、「濮卡屈」改「薄伽丘」、「平德爾」改「平達耳」、「朗吉諾思」改「朗吉納思」、「基泰尼斯狄亞」改「克萊甸絲特拉」、「吉柏特」改「吉爾伯特」、「赫克多耳」改「海克特」、「安得洛馬該」改「安德魯瑪區」、「亞吉勒思」改「阿奇勒士」；作品名如「伊利亞特」改「特洛記」。另，一處「弗萊則（James George Frazer）」雖改「佛萊塞」，後文兩見原譯名，應是校對時疏漏。語詞斟酌，「和平滿足」改「安詳滿足」；言周作人引介希臘女詩人薩波的「雄心」改「決心」；言及周作人對《奧德賽》的判斷時，原稱「毋庸駁斥」，改「毋庸深究」。又，刪何其芳為北京大學培養出的抒情詩人一事。至於註釋也有些調整，註3原引文獻供參，後改說明周作人引述縮寫 W.A. 或 Edward 之誤；註5刪提及渥爾夫、普拉德處；註8增加《回想錄》；註9改以外文列出處；註16刪去 *Our Debt to Greece and Rome* 譯名；註19刪說明文字；註38、44、63、73、82、84、85、88、95、101、103刪譯名，改外文列出處；註55言周作人提及的希臘哲學家，刪陸克利希阿斯（Lucretius）；註58刪提及理查蒙・拉鐵摩爾處；註67刪提及李歐梵論拜倫處；註98刪提及大衛・普拉德處；註100刪提及劉紹銘論曹禺處；註102刪提及夏志清論周作人〈人的文學〉處。

〈三百年家國〉，副標「臺灣詩一六六一——一九二五」，各節有節名，依序為：「連雅堂與《臺灣詩薈》」、「一變再變衣冠」、「千古傷心地」、「臺灣詩人譜」、「結論和期待」。這篇文章根據臺北市文

獻委員會紀念連橫（1878-1936，字雅堂）百年誕辰所製《臺灣詩薈》
影本，爬梳臺灣文學史梗概，既昭示今人「一份偉大的詩的遺產」，也
隱含楊牧的文學史觀。進而，這篇文章稱連橫「是截止他的時代最具中
華文化熱忱和本土意識的臺灣人」、「臺灣大儒」、「臺灣三百年來最
重的詩人之一」，「一生著述，幾乎都與臺灣有關」，或可謂楊牧對彼
時鄉土文學論述的一種補充。至於《失去的樂土》的修編，主要是語詞
刪修與斟酌。

　　語詞刪修，如原「二十年代臺灣人之愛詩，恐怕不下於當時祖國大
陸上的同胞，更顯然超過今天的臺灣人了」，刪「祖國大陸」一語；原
「影印黃得時教授收藏舊版分贈」，刪「黃得時教授收藏」；原讚歎臺
灣詩社記所列 66 詩社數之多有「真是猗歟盛哉」一句，後刪；原稱吟
詩唱和「於臺灣人而言，更為親近傳統中國文明最高雅實際的方式」，
後刪；刪吟詩唱和在文化「藐視外族」一語；刪林文月〈讀《臺灣詩
薈》的廣告啟事〉一事；刪對丘逢甲「挾巨款」，「大言炎炎者尚且如
此」的評議；提到梁啟超〈臺北故城〉，刪「景福門即今日臺北東門」
的說明，與「六十餘年後此門已經被髹漆改裝得粗俗不堪，古意蕩然」
的評議；刪梁啟超與蘇東坡的類比，「任公與臺灣，一若東坡之與海
南」；刪論連橫「遊戲文章，固然不必深究」一語；原稱《臺灣詩薈》
上起鄭成功，「下達雅堂啟事（一九二五），養靜西湖，即今日臺灣的
文學風氣仍隱約承其精神之一脈；要之，臺灣的文學不是孤島的文學，
它因歷史和地理環境而特異，卻有具有明確的血統和依歸」，後刪。
另，亦刪除冗贅，如原稱臺灣三百年家國興衰血淚，「多少也能在詩中
尋覓」，後改「多能在詩中尋覓」語詞斟酌，如「中華」改「華夏」；
「傳統中國文化」改「傳統文化」；言梁成枏「抗日失敗回大陸」改
「抗日失敗回中國」；言鄭成功功績時，原稱他「為今日的中國人預備
了一個婆娑大洋中最美麗的島嶼」，改為「為今日的臺灣人預備了一個

婆娑大洋中最美麗的島嶼」；「藝術生命」改「文學生命」；「詩人堅守民族人格」改「詩人堅守人格」等。體例上，節名前增加小節編號，如「一：連雅堂與《臺灣詩薈》」以至於五節。

〈留予他年說夢痕〉副標「琦君散文」，為楊牧為琦君同名散文集所作序文。這篇短文肯定琦君「長期堅持他完整確切的風貌和性格」，並將「嚴密深廣的文學理想」，以「通達的人情為基礎」，寄寓在「平淡明朗的文體」。《失去的樂土》的修編，首先是刪去首段，這個段落稱揚琦君小品散文是當今資深作家，「風格確定而不衰腐，題裁完備而不殭化」，「不昧於文字，反能充分駕馭文字以驅策新感性新思惟的二三健筆之一」。第二段縮裁，刪楊牧自言「歷史癖」及對臺灣文壇的一些近期觀察，如「詩方面的三五人，只餘二三位還在創作，其他默默無聞了；小說方面，大概一兩位猶有可說，其他的早被新作家所超越」。刪去贅語，刪讀琦君散文「積有至少二十年的豐富經驗」一語，刪琦君散文「看似有盡，實則無窮」；「逾越限度」改「逾限」、「這些雋永晶瑩的小品」改「這些小品」、「無限仰慕」改「仰慕」。語詞斟酌，如「蒙太奇的聲形交錯」改「暗示性的聲形交錯」；言琦君記海外文章，「密切地和臺灣的甚至整個中國的經驗融合在一起」，將「整個中國」改成「其他中國」。

〈散文之為文類〉原為楊牧編《中國近代散文選》前言，全文三節，第三節為編選原則條列與說明；後刪除第三節，題以「中國近代散文」收入《文學的源流》，為楊牧散文理論的重要文獻。這篇文章簡扼條理，視域開闊，不僅從傳統「文」「筆」論，肯定「散文」是漢文學極重要的類型，非西方文學傳統能夠詮釋者；更嘗試就「現代散文」給出內涵與外延，品類為七且各溯其源：小品、記述、寓言、抒情、議論、說理、雜文。《失去的樂土》的修編，除原題「中國近代散文」改為「散文之為文類」，語詞斟酌所所反映的概念調校，是相當醒目的，

像是「中國文學」改「漢文學」、「中國新文學」改「漢語新文學」、「中國的批評觀」改「漢文學的批評觀」、「中國散文之廣大浩瀚」改「古典散文之廣大浩瀚」、「中國散文的藝術精神」改「現代散文之藝術精神」、「中國文人」改「傳統文人」、「中國人的感性體悟」改「現代人的感性體悟」、「中國人以白話文為基礎」改「漢語作者以白話文為基礎」；「讀近代文學，我們更相信這七十年來的新體散文」改「讀現代文學，我們更相信這七十年來的新體散文」、「近代中國散文作家」改「現代散文家」、「中國近代散文」改「漢語現代散文」。體例上，提到人名如卡萊爾（Thomas Carlyle, 1795-1881）、羅斯金（John Ruskin, 1819-1900）、里利（John Lyly, 1554?-1605）、強生博士（Samuel Johnson, 1709-1784）、培根（Francis Bacon, 1561-1626）、蘭姆（Charles Lamb, 1775-1834）等，增補生卒年。

　　〈再論王國維之死〉，以附錄形式收於〈王國維及其「紅樓夢評論」〉之後。這篇文章根據《中國歷史文獻研究集刊》第二集公佈王國維〈觀堂書札〉，推測其自殺原因，與辛亥革命、溥儀出宮、北大考古學會宣言、北伐軍起、羅振玉侵占財物、長子病死等事件相關。至於《失去的樂土》的修編，主要刪冗詞贅語，同時隱去一些評議，如原稱王國維「住在『千里之外』的上海」改「住在上海」、「拖著辮子在南書房行走」改「在南書房行走」、「欣然就道赴京」改「就道赴京」、「決裂絕交」改「絕交」等處；刪觀堂書札第三十九「頗為重要」一語；原言王國維是北伐軍欲捉拿的「名單上的第一條辮子」，後改「名單上的第一個捉拿的對象」；刪王國維「凡事認真不在話下」；言及羅振玉之於王國維處，刪「平生最無可奈何最尊重的」描述語；刪「而且我也查不出北大考古會保存大宮山古迹宣言的確切年份」一句；刪王國維替溥儀辯解之評議，「結論不錯」，但「對於問題本身的辯白仍然沒有太大意義。」刪一段關於第三十九封書札的討論，該段指王國維最應

痛罵者，非北大學者，而「是他最惶惶恐恐在奉事著的羅振玉」；刪王國維為「遜清遺老」的按語；原提及〈王國維及其紅樓夢評論〉，後刪。體例上，替代上下引號為書名號或篇名號，調整標點符號。

前述文章外，餘者《失去的樂土》修編幅度不多，少或極少。

〈宗白華的美學與歌德〉，為楊牧替洪範出版宗白華《美學的散步》一書所作序，這篇文章將宗白華置諸錢玄同（1887-1939）、周作人之列，以見其醉心美學；又與朱光潛、錢鍾書（1910-1998）、方東美（1899-1977）比肩，以見其論學異彩；更直指宗白華的「歌德認同」，比馮至（1905-1993）、梁宗岱（1903-1983）徹底，歌德（及其代表的歐洲文學）是宗白華「最堅固的精神支柱」、「人生啟示的明燈」。《失去的樂土》的修編不多，主要刪一段落，自言能共享知識趣味者，或即宗白華；亦感慨自己的知識追求竟已漸離德國美學。餘者，提到人名如雷諾瓦，增補生卒年；歌德、拉飛爾（Raphael, 1483-1520）、默察爾特（Mozart, 1756-1791），增補原文名及生卒年；作品名如《威尼斯之死》、《伊菲格尼》增補原文名。語詞微調如「髹漆」改「彩漆」。

〈豐子愷禮讚〉為楊牧編選《豐子愷文選Ⅰ》序文，這篇文章指出豐子愷「赤子之心」、「不可限量的關懷」，肯定其為「二十世紀動亂的中國最堅毅篤定的文學大師」，「為中國現代社會描繪祥和智慧的遠景」。《失去的樂土》的修編極少，原稱豐子愷「偉大的心靈」改「可貴的心靈」、「近代中國散文」改「現代漢語散文」；提到史威夫特（Jonathan Swift），增補原文名和生卒年；替代上下引號為書名號或篇名號。

〈林泠的詩〉為楊牧序《林泠詩集》，這篇文章將林泠與方思（1925-）、鄭愁予、楊喚並列，視為戰後初期一群具潛力的青年詩人，「能從事內心探索，使用意象化的有機結構，並且把握自然流動的

聲響」。《失去的樂土》的修編極少，僅替代上下引號為書名號或篇名號，調整標點符號。

〈走向洛陽的路〉副標「羅智成的詩」，為楊牧序羅智成詩集《傾斜之書》。《失去的樂土》的修編極少，僅「濃重地緬懷」改「嚴重地緬懷」；替代上下引號為書名號或篇名號，調整標點符號。

〈周作人論〉突顯楊牧對周作人高度的讚揚，肯定他文章主題幾乎都是「開明向上」，「對於健康的題材之追求和闡發，劍及履及，證明現代文字的無限功能」，並稱其為「文藝復興人」、「近代中國散文藝術最偉大的塑造者之一」、「新文學一代大師」；這篇文章初發表於《中國時報》，亦為楊牧編選《周作人文選》代序。《失去的樂土》的修編幅度極少，改「跂求」為「忮求」；替代上下引號為書名號或篇名號爾。

# 結　論

在將盡未盡的地方中斷，靜

這裡是一切的峰頂[1]

1992 年 1 月 28 日，《聯合報》副刊以「碧野朱橋當日事」為題，刊載十來篇懷念「文壇墾拓者」朱橋的文字，首篇〈獻身於讀者和作者間的交通〉即楊牧手筆。[2]楊牧這篇文章標註為 1968 年，是年 11 月 10 日，朱橋因為憂鬱症自殺於《幼獅文藝》辦公大樓。[3]根據聯副的編輯室說明，這批弔唁文章「當年卻像隱痛般」不能曝光。不僅如此，喪禮上《幼獅文藝》亦未予哀榮，獨聞朱橋老姨媽的哭嚎，淒清有至於此。[4]事過境遷，聯副這批文章如為原稿，恐怕也積攢二十餘年，泛黃而脆化了。何必「發表」？

閱讀楊牧，研究楊牧，始料未及的是一個陰鬱底時代就將舒展開來，那裡頭一顆顆文學心靈所能發出的輝芒，卻美得不可思議。對於那個大時代，戰後戒嚴的臺灣文壇，瘂弦稱文友間流行一句話：「這世界已經夠寒冷，讓我們以彼此的體溫取暖。」[5]這種透過文學較量，又相

---

[1]　楊牧，〈時光命題〉，《楊牧詩集III》，臺北：洪範書店，2010，頁 184。

[2]　楊牧這篇文章文字與〈紀念朱橋〉一文同，但僅錄三段。楊牧〈紀念朱橋〉一文先後收入朱西甯、辛鬱等著，《碧野朱橋當日事：朱橋紀念文集》，臺北：十月出版社，1969；楊牧《傳統的與現代的》志文版及《楊牧自選集》。

[3]　瘂弦，〈碧野朱橋幼獅事〉，《聯合報》，2003.6.21，E7 版。

[4]　張曉風，〈重讀一封前世的信〉，《聯合報》，1999.7.18，37 版。

[5]　莊美華記錄，〈再來一次造詩運動——刊主編談現代詩的危機〉，《現代詩》復刊第 18 期，1992.9。該次座談會以「現代詩的危機」為題，邀請瘂弦（《聯合報》副刊）、梅

互安慰、鼓勵的氛圍，雖隱喻時局動盪、政權高壓與物資匱乏，實也淬鍊如楊牧等文學青年以精神的昂揚。楊牧隨黃用、洛夫、瘂弦、楚戈等週日覃子豪家「做禮拜」，可如是觀；詩是他們崇拜的對象。楊牧從徐復觀、陳世驤問學，亦如是觀；漢文化的復興，是有為青年肩負的職責與使命。楊牧自期為「文藝復興人」，沿此時代脈絡可獲得一定詮釋。楊牧擘劃的文學藍圖，涵蓋創作、學術、編輯乃至翻譯、辦學等文學事業，用心不難理解。「士不可不弘毅」。文學家不該自外於現實社會，自安於空中樓閣，應以筆為劍，以詩涉事，記錄過去也指導未來。然這個認識，在楊牧並非一蹴可幾。

由於臺灣在兩岸關係、國際情勢的特殊位置，知識與資訊在臺灣社會的流通受到相當箝制，赴美留學，成為楊牧轉變的一個契機。安格爾主持的愛荷華寫作班與聶華苓家的客廳，象徵著一理想的文學生活。二戰後美國「垮掉的一代」（Beat Generation）釀造出的學運、反戰、嬉皮風潮，鼓舞臺灣留學生積極入世的態度。參與保釣運動宣張國族意識的唐文標、劉大任、郭松棻、李渝等，走出一條路徑；守著柏克萊圖書館鑽研《詩經》、希臘文與騎士傳奇，也翻讀《臺灣青年》、中共宣傳策與臺灣禁書的楊牧，選擇的卻是另條路徑。

這條路徑，為楊牧招來逃避現實、耽美、布爾喬亞，甚或大中國美學認同等質疑。不過，誠如周作人面對毀譽「不辯解」；豐子愷與許地山，不徬徨吶喊，寧為宣揚愛和信的教士；楊牧藉由他的文學藍圖，實踐文藝復興理念，期待文學作為一種稀鬆平常的知識，世人共享，足以判別真與美，提昇人類性靈。而支撐楊牧理念與實踐者，無非一種信心，源自中西文化傳統裡，經時間檢驗而證明可信的知識譜系。漢文化

新（《中央日報》副刊）、零雨（《現代詩》主編）、羅智成（《中時晚報》副刊）、楊澤（《中國時報》副刊）五位編輯對談。

傳統的屈原、陶淵明、杜甫、韓愈，西方文化的蘇格拉底、柏拉圖、但丁等都是應援團；濟慈，葉慈與歌德，則不妨視為階段性象徵。也是這份對文學傳統的信心，要求詩人應有「與汝俱亡」的勇氣，秉持其靈視與真言，反抗認知之橫暴，譴責血流漂杵的勝利。

「敢於求知。（Sapere aude.）」康德標舉出的啟蒙運動口號。

楊牧的「浪漫」，除內涵英詩傳統與德國觀念論，更揉雜屈原上下求索的漢詩傳統與周文憂患意識，以至於作品呈現浮士德精神，騎士精神，儒家無邪言志的士大夫精神等質素。這些質素有某種共性，說明楊牧「涉事」與「疑神」兩概念可互滲溝通。關心群己福祉，敢於質疑上帝亦無懼撒旦的浮士德精神，以及存心踐形知天，勾銷神靈外鑠的儒家士精神，匯聚在楊牧的心靈世界。進而，型塑某種道德律令。楊牧說：「淚必須為他人不要為自己流」。[6]感時濺淚已非詩的動機，詩人向這世界敞開，讓他人的苦難與犧牲，通過詩的靈視得到洗滌，轉化。這點頗能闡釋楊牧的文學藍圖裡，為何有數量龐大的敘事詩出現。楊牧撰寫《柏克萊精神》、《交流道》、《飛過火山》的專欄文章，初衷亦可與此相協調。「涉事」也即「涉世」。再者，「愛是心的神明」。[7]無論從愛慾本體把握神諭，或從主體言說解識蟲魚鳥獸以實現人神同形同性論，楊牧摒棄他律道德，服膺自身理性與心性（盡心知性知天），已排除宗教象徵與政治圖騰的力量（楊牧視為蠱惑人心者），奠定其疑神者與安那其的立場。

當聯副引秦觀〈江城子〉「碧野朱橋當日事」懷念朱橋，喉頭想必哽住下句：「人不見，水空流」。然在臺灣戰後冷鬱底夜空，隨著楊牧仰望星圖，臨摹諸神的浪漫情懷或者：憑藉著愛，一顆星子縱使殞落，

---

6  楊牧，〈花蓮〉，《楊牧詩集II》，臺北：洪範書店，1995，頁 281。
7  楊牧，〈春歌〉，《楊牧詩集II》，臺北：洪範書店，1995，頁 378。

詩人亦將文字賦予他新生。

　　一天十二個時辰不停呼吸著自己循環的燥氣，那專一淬礪地預備
著，終於使我（一個卑微的仰望者）也變得心神不寧，感覺到宇
宙之間一種持續的慫恿，脅迫，強制我思索愛，生死，創造。
請容許我指涉末節。[8]

---

[8]　楊牧，《星圖》，臺北：洪範書店，1995，頁 1。

# 參考書目

## 一、楊牧作品

### （一）詩

葉珊，《水之湄》，臺北：藍星詩社，1960.5，初版。

——，《花季》，臺北：藍星詩社，1963.1，初版。

——，《燈船》，臺北：文星書店，1966.11，初版。

——，《非渡集》，臺北：仙人掌出版社，1969.8，初版。

——，《傳說》，臺北：志文出版社，1971.3，初版；1975.5，二版。

楊牧，《瓶中稿》，臺北：志文出版社，1975.8，初版。

——，《北斗行》，臺北：洪範書店，1978.3，初版；1986.5，四版。

——，《楊牧詩集 I：一九五六——一九七四》，臺北：洪範書店，1978.9，初版；2003.6，九印。

——，《吳鳳》，臺北：洪範書店，1979.4，初版。

——，《禁忌的遊戲》，臺北：洪範書店，1980.10，初版。

——，《海岸七疊》，臺北：洪範書店，1980.10，初版；1984.6，二版。

——，《有人》，臺北：洪範書店，1986.4，初版。

——，《完整的寓言》，臺北：洪範書店，1991.9，初版，32 開本；1998.11，二印，25 開本。

——，《楊牧詩集 II：一九七四——一九八五》，臺北：洪範書店，

1995.9，初版；1999.11，二印。

——，《時光命題》，臺北：洪範書店，1997.12，初版；1998.12，二印。

——，《涉事》，臺北：洪範書店，2001.6，初版。

——，《介殼蟲》，臺北：洪範書店，2006.4，初版。

——，《楊牧詩集Ⅲ：一九八六—二〇〇六》，臺北：洪範書店，2010.9，初版。

——，《長短歌行》，臺北：洪範書店，2013.8，初版。

——，《楊牧詩選 1956-2013》，臺北：洪範書店，2014.9，初版。

——，《楊牧詩選：1956-2013》，桂林：廣西師範大學出版社，2015.1，初版。

——，《微塵》，臺北：洪範書店，2021.4，初版。

# （二）文

葉珊，《葉珊散文集》，臺北：大林出版社，1969.6，初版；1973.5，五版，40 開本。

楊牧，《葉珊散文集》，臺北：洪範書店，1977.5，初版，32 開本；2009.12，二十一印，25 開本。

——，《傳統的與現代的》，臺北：志文出版社，1974.3，初版。

——，《傳統的與現代的》，臺北：洪範書店，1979.9，初版。

——，《年輪》，臺北：四季出版公司，1976.1.1，初版；1976.1.15，再版。

——，《年輪》，臺北：洪範書店，1982.1，初版；2000.4，四印。

——，《楊牧自選集》，臺北：黎明文化公司，1975.5，初版；1978.4，軍中版。

──，《柏克萊精神》，臺北：洪範書店，1977.2，初版；1984.9，八版。

──，《文學知識》，臺北：洪範書店，1979.9，初版；1981.11，二版。

──，《搜索者》，臺北：洪範書店，1982.5，初版；2004.10，五印。

──，《文學的源流》，臺北：洪範書店，1984.1，初版。

──，《陸機文賦校釋》，臺北：洪範書店，1985.4，初版。

──，《交流道》，臺北：洪範書店，1985.7，初版。

──，《飛過火山》，臺北：洪範書店，1987.1，初版。

──，《山風海雨》，臺北：洪範書店，1987.5，初版；2013.10，八印。

──，《一首詩的完成》，臺北：洪範書店，1989.2，初版；1994.3，五印，32 開本；十印，25 開本。

──，《方向歸零》，臺北：洪範書店，1991.5，初版；2002.9，十印。

──，《疑神》，臺北：洪範書店，1993.2，初版。

──，《星圖》，臺北：洪範書店，1995.2，初版；1999.11，三印。

──，《亭午之鷹》，臺北：洪範書店，1996.4，初版；2006.1，五印。

──，《下一次假如你去舊金山》，臺北：洪範書店，1996.9，初版。

──，《昔我往矣》，臺北：洪範書店，1997.12，初版；1999.3，二印。

──，《隱喻與實現》，臺北：洪範書店，2001.3，初版。

──，《失去的樂土》，臺北：洪範書店，2002.8，初版。

──，《奇萊前書》，臺北：洪範書店，2003.1，初版；2012.3，三印。

──，《人文踪跡》，臺北：洪範書店，2005.8，初版。

──，《掠影急流》，臺北：洪範書店，2005.12，初版。

──，《譯事》，香港：天地圖書，2007.5，初版。

──，《奇萊後書》，臺北：洪範書店，2009.4，初版。

## （三）編

楊牧編，《中國近代散文選Ⅰ》，臺北：洪範書店，1981.8，初版；
　　1985.3，五版。

──，《中國近代散文選Ⅱ》，臺北：洪範書店，1981.8，初版；
　　1985.4，五版。

──，《現代中國散文選Ⅰ》，臺北：洪範書店，1981.8，初版；
　　2003.10，十四印。

──，《豐子愷文選Ⅰ》，臺北：洪範書店，1982.1，初版；1982.6，
　　三版。

──，《豐子愷文選Ⅱ》，臺北：洪範書店，1982.5，初版。

──，《豐子愷文選Ⅲ》，臺北：洪範書店，1982.4，初版。

──，《豐子愷文選Ⅳ》，臺北：洪範書店，1982.9，初版；1999.10，
　　七印。

──，《周作人文選Ⅰ》，臺北：洪範書店，1983.7，初版；2002.10，
　　五印。

──，《周作人文選Ⅱ》，臺北：洪範書店，1983.7，初版；1996.6，
　　四印。

──，《許地山小說選》，臺北：洪範書店，1984.7，初版。

──，《許地山散文選》，臺北：洪範書店，1985.1，初版。

──編校，《徐志摩詩選》，臺北：洪範書店，1987.11，初版；

2004.3，十一印。

——、鄭樹森編，《現代中國詩選Ⅰ》，臺北：洪範書店，1989.2，初版。

——、鄭樹森編，《現代中國詩選Ⅱ》，臺北：洪範書店，1989.2，初版。

——，《唐詩選集》，臺北：洪範書店，1993.2，初版。

——編校，《徐志摩散文選》，臺北：洪範書店，1997.1，初版；1998.1，三印。

——、顏崑陽編，《現代散文選續編》，臺北：洪範書店，2002.8，初版。

## （四）譯

楊牧譯，《西班牙浪人吟》，臺北：現代文學社，1966；臺北：洪範書店，1997.5，初版。

——編譯，《葉慈詩選》，臺北：洪範書店，1997.2，初版；2008.8，十九印。

——譯，《新生》，臺北：洪範書店，1997.5，初版。

——編譯，《暴風雨》，臺北：洪範書店，1999.9，初版。

——編譯，《英詩漢譯集》，臺北：洪範書店，2007.7，初版。

——譯，《甲溫與綠騎俠傳奇》，臺北：洪範書店，2016.8，初版。

## 二、專著

王文興，《星雨樓隨想》，臺北：洪範書店，2003。

文訊雜誌社主編，《臺灣現代詩史論：臺灣現代詩史研討會實錄》，臺
　　北：文訊雜誌社，1996。

毛峰，《神祕詩學》，臺北：揚智文化，1997。

石計生，《藝術與社會：閱讀班雅明的美學啟迪》，臺北：左岸文化事
　　業有限公司，2003。

江燦騰，《戰後臺灣漢傳佛教史──從雙源匯流到逆中心互動傳播的開
　　展歷程》，臺北：五南圖書出版公司，2011。

朱瑞玲、瞿海源、張苙雲，《臺灣的社會變遷 1985-2005：心理、價值
　　與宗教》，臺北：中研院社研所，2012。

李淑珍，《安身立命：現代華人公私領域的探索與重建》，臺北：聯經
　　出版事業公司，2013。

李豐楙、廖肇亨主編，《聖傳與詩禪：中國文學與宗教論集》，臺北：
　　中研院文哲所，2007。

李亦園，《宗教與神話論集》，臺北：立緒文化公司，1998。

李漢偉，《臺灣新詩的三種關懷》，臺北：駱駝出版社，1997。

吳汝鈞，《佛教的當代判釋》，臺北：臺灣學生書局，2011。

杜國清，《詩論‧詩評‧詩論詩》，臺北：臺灣大學出版中心，2010。

阮美慧，《戰後臺灣「現實詩學」研究：以笠詩社為考察中心》，臺
　　北：臺灣學生書局，2008。

汪民安主編，《文化研究關鍵詞》，臺北：麥田出版股份有限公司，
　　2013。

林明德編，《臺灣現代詩經緯》，臺北：聯合文學出版社，2001。

林明德等著，《臺灣新詩研究：中生代詩家論》，臺北：五南圖書出版
　　公司，2007。

林芳玫，《解讀瓊瑤愛情王國》，臺北：臺灣商務印書館，2006。

林鴻信編，《基督宗教之人觀與罪觀──兼論對華人文化的意義》，臺

北：臺灣大學出版中心，2013。

林耀德，《一九四九以後》，臺北：爾雅出版社，1986。

林于弘，《臺灣新詩分類學》，臺北：鷹漢文化企業股份有限公司，2004。

周芬伶，《聖與魔──臺灣戰後小說的心靈圖像 1945-2006》，臺北：印刻文學生活雜誌出版有限公司，2007。

周英雄、劉紀蕙編，《書寫臺灣：文學史、後殖民與後現代》，臺北：麥田出版股份有限公司，2000。

柯慶明、蕭馳主編，《中國抒情傳統的再發現》，臺北：臺灣大學出版中心，2009。

柯志明，《惡的詮釋學》，臺北：五南圖書出版公司，2008。

奚密，《現當代詩文錄·邊緣，前衛，超現實──對臺灣五、六〇年代「現代主義」的反思》，臺北：聯合文學出版社，1998。

──，《現代漢詩：1917 年以來的理論與實踐》，上海：上海三聯書店，2008。

陳世驤，《陳世驤文存》，臺北：志文出版社，1972。

陳少聰，《有一條河從中間流過》，臺北：九歌出版社，2006。

──，《永遠的外鄉人》，新北市：印刻文學生活雜誌出版有限公司，2010。

陳明台，《逆光的系譜：笠詩社與詩人論》，臺北：前衛出版社，2015。

陳義芝，《聲納：臺灣現代主義詩學流變》，臺北：九歌出版社，2006。

陳芳明主編，《練習曲的演奏與變奏：詩人楊牧》，臺北：聯經出版事業公司，2012。

陳芳明，《現代主義及其不滿》，臺北：聯經出版事業公司，2013。

──，《臺灣新文學史》，臺北：聯經出版事業公司，2011。

──，《後殖民臺灣：文學史論及其周邊》，臺北：麥田出版股份有限
公司，2007。

陳昭瑛，《臺灣文學與本土化運動》，臺北：臺灣大學出版中心，
2009。

陳偉華，《基督教文化與中國小說敘事新質》，北京：中國社會科學出
版社，2007。

陳政彥，《戰後臺灣現代詩論戰史研究》，臺北：花木蘭出版社，
2013。

陳謙，《反抗與形塑：臺灣現代詩的政治書寫》，新北市：新北市政府
文化局，2011。

黃冠閔、趙東明主編，《跨文化視野下的東亞宗教傳統：理論反思
篇》，臺北：中研院文哲所，2012。

黃金麟等著，《帝國邊緣：臺灣現代性的考察》，臺北：群學出版社，
2010。

黃錦樹，《文與魂與體：論現代中國性》，臺北：麥田出版股份有限公
司，2006。

焦桐，《臺灣文學的街頭運動（1977～世紀末）》，臺北：時報文化出
版有限公司，1998。

曾昌發編，《臺灣文學與本土神學》，臺南：南神出版社，2005。

楊劍龍，《曠野的呼聲──中國現代作家與基督教文化》，上海：上海
教育出版社，1998。

黃俊傑，《臺灣意識與臺灣文化》，臺北：正中書局，2000。

張誦聖，《現代主義・當代臺灣：文學典範的軌跡》，臺北：聯經出版
事業公司，2015。

張俐璇，《兩大報文學獎與臺灣文學生態之形構》，臺南：臺南市立圖

書館，2010。

張默，《臺灣現代詩筆記》，臺北：三民書局，2004。

——，《臺灣現代詩集編目：1949～2000》，臺北：臺北市政府文化局，2001。

——，《臺灣現代詩編目 1949－1995（修訂篇）》，臺北：爾雅出版社，1996。

張灝，《幽暗意識與民主傳統》修訂再版，臺北：聯經出版事業公司，1990。

張依蘋，《隱喻的流變》，馬來西亞：漫延書房，2009。

張惠菁，《楊牧》，臺北：聯合文學出版社，2002。

楊小濱，《欲望與絕爽：拉岡視野下的當代華語文學與文化》，臺北：麥田出版股份有限公司，2013。

——，《否定的美學：法蘭克福學派的文藝理論和文化批評》，臺北：麥田出版股份有限公司，2010。

須文蔚編選，《楊牧》，臺南：臺灣文學館，2013。

廖炳惠編著，《關鍵詞 200：文學與批評研究的通用辭彙編》，臺北：麥田出版股份有限公司，2003。

應鳳凰，《文學史敘事與文學生態：戒嚴時期臺灣作家的文學》，臺北：前衛出版社，2012。

蔡源煌，《從浪漫主義到後現代主義：文學術語新銓》，臺北：書林出版社，2009。

蔡維民，《基督漫步於福爾摩沙：基督教在臺灣》，臺北：五南圖書出版公司，2009。

賴芳伶，《文學詮釋新視野》，臺北：里仁書局，2014。

賴芳伶，《新詩典範的追求：以陳黎、路寒袖、楊牧為中心》，臺北：大安出版社，2002。

賴賢宗，《道家禪宗、海德格與當代藝術》，臺北：洪葉文化事業有限
　　公司，2007。

簡政珍，《臺灣現代詩美學》，臺北：揚智文化事業股份有限公司，
　　2004。

蕭蕭，《後現代新詩美學》，臺北：爾雅出版社，2012。

──，《現代新詩美學》，臺北：爾雅出版社，2007。

──，《臺灣新詩美學》，臺北：爾雅出版社，2004。

蕭阿琴，《重構臺灣：當代民族主義的文化政治》，臺北：聯經出版事
　　業公司，2012。

──，《回歸現實：臺灣 1970 年代的戰後世代與文化變遷》，臺北：
　　中研院社研所，2010。

解昆樺，《臺灣現代詩典律的建構與推移：以創世紀詩社與笠詩社為觀
　　察核心》，臺北：鷹漢文化企業股份有限公司，2004。

──，《1960-70 年代臺灣現代詩場域中的現代性想像與重估》，臺
　　北：臺灣學生書局，2010。

薛化元，《戰後臺灣歷史閱覽》，臺北：五南圖書出版公司，2010。

劉正偉，《早期藍星詩史》，臺北：文史哲出版社，2016。

劉正忠，《現代漢詩的魔怪書寫》，臺北：臺灣學生書局，2010。

劉益州，《意識的表述：楊牧詩作中的生命時間意涵》，臺北：新銳文
　　創，2013。

劉述先、林月惠主編，《當代儒學與西方文化：宗教篇》，臺北：中研
　　院文哲所，2005。

鄭明娳主編，《當代臺灣政治文學論》，臺北：時報文化出版有限公
　　司，1994。

鄭仰恩，《定根本土的臺灣基督教：臺灣基督教史研究論集》，臺南：
　　人光出版社，2005。

顧蕙倩，《臺灣現代詩的浪漫特質》修訂一版，臺北：秀威資訊科技股份有限公司，2012。

顧肅，《自由主義基本理念》，臺北：左岸文化事業有限公司，2006。

國立彰化師範大學國文系編，《臺灣前行代詩家論》，臺北：萬卷樓圖書股份有限公司，2003。

瞿海源，《臺灣宗教變遷中的社會政治分析》，臺北：桂冠圖書股份有限公司，1997。

──，《宗教、術數與社會變遷》，臺北：桂冠圖書股份有限公司，2006。

輔仁大學外語學院編，《文學與宗教：第一屆國際文學與宗教會議論文集》，臺北：時報文化出版有限公司，1987。

叢日云，《在上帝與凱撒之間：基督教二元政治觀與近代自由主義》，臺北：左岸文化事業有限公司，2004。

Pamela J. Stewart、Andrew Strathern、葉春榮主編，《宗教與儀式變遷：多重的宇宙觀與歷史》，臺北：聯經出版事業公司，2010。

# 三、譯著

黃麗明著，詹閔旭、施俊州譯，《搜尋的日光：楊牧的跨文化詩學》，臺北：洪範書店，2015。

凱倫・阿姆斯壯（Armstrong, Karen）著，蔡昌雄譯，《神的歷史》，臺北：立緒文化公司，1996。

威廉・白瑞德（Barrett, William）著，彭鏡禧譯，《非理性的人：存在主義研究經典》，臺北：立緒文化公司，2013。

班雅明（Benjamin, Walter）著，張旭東、魏文生譯，《發達資本主義

　　　時代的抒情詩人：論波特萊爾》，臺北：臉譜文化出版社，2010。

彼得・布魯克（Brooker, Peter）著，王志宏等譯，《文化理論詞彙》，
　　　臺北：巨流圖書有限公司，2003。

亞倫・布洛克（Bullock, Allen）著，董樂山譯，《西方人文主義傳
　　　統》，臺北：究竟出版社，2000。

芭特拉（Butler, Marilyn）著，黃梅、陸建德譯，《浪漫派・叛逆者・
　　　反動派：論十八、十九世紀英國文學》，香港：牛津大學出版社，
　　　1998。

坎伯（Campbell, Joseph）著，朱侃如譯，《千面英雄》，臺北：立緒
　　　文化公司，1997。

愛德華・賽爾（Cell, Edward）著，衣俊卿譯，《宗教與當代西方文
　　　化》，臺北：桂冠圖書股份有限公司，1995。

杜普瑞（Dupré, Louis K）著，傅佩榮譯，《人的宗教向度》，臺北：
　　　立緒文化公司，2006。

伊利亞德（Eliade, Mircea）著，楊素娥譯，《聖與俗：宗教的本質》，
　　　臺北：桂冠圖書股份有限公司，2001。

愛密麗・馬汀（Emily Martin）等著，林家瑄等譯，《憂鬱的文化政
　　　治》，臺北：蜃樓出版社，2010。

諾思洛普・弗萊（Frye, Northhrop）著，吳持哲譯，《神力的語言——
　　　「聖經與文學」研究續編》，北京：社會科學文獻出版社，2004。

伽達默爾（Gadamer, Hans-Georg）著，洪漢鼎譯，《真理與方法——哲
　　　學詮釋學的基本特徵》修訂譯本，北京：商務印書館，2010。

彼得・蓋伊（Gay, Peter）著，梁永安譯，《現代主義：異端的誘
　　　惑》，臺北：立緒文化公司，2009。

傑拉德・德朗提（Gerard Delanty）著，陳子瑜譯，《歐洲的誕生：神
　　　話理念現實》，新北：廣場文化出版事業有限公司，2012。

──，駱盈伶譯，《現代性與後現代性：知識、權利與自我》，臺北：韋伯文化，2009。

勒內‧吉拉爾（Girard, René）著，馮壽農譯，《替罪羊》，臺北：臉譜文化出版社，2004。

歐士‧葛尼斯（Guinness, Os）著，康來昌譯，《懷疑──心懷二意》，臺北：中國主日學協會，1978。

漢拉第（Hanratty, G.）著，張湛譯，《靈知派與神祕主義》，上海：華東師範大學出版社，2012。

約翰‧希克（Hick, John）著，蔡怡佳譯，《宗教的詮釋：人對超越的回應》，臺北：聯經出版事業公司，2013。

馬克斯‧霍克海默（Horkheimer, Max）、提奧多‧阿多諾（Adorno, Theodor W.）著，林宏濤譯，《啟蒙的辯證》，臺北：商周出版社，2008。

威廉‧詹姆斯（James, Wiiliam）著，蔡怡佳、劉宏信譯，《宗教經驗之種種》，臺北：立緒文化公司，2004。

詹明信（Jameson, Frendirc）著，唐小兵譯，《後現代主義與文化理論》增訂初版，臺北：合志文化事業公司，1990。

康德（Kant, Immanuel）著，李秋零譯，《單純理性限度內的宗教》，香港：漢語基督教文化研究所，1997。

漢斯‧昆（Kung, Hans）、瓦爾特‧延斯（Jens, Walter）著，李永平譯，《詩與宗教》，北京：三聯書店，2005。

馬爾庫塞（Marcuse, H.）著，劉繼譯，《單向度的人：發達工業社會意識形態研究》，上海，上海譯文出版社，2012。

努斯鮑姆（Nussbaum, Martha C.）著，丁曉東譯，《詩性正義：文學想像與公共生活》，北京：北京大學出版社，2010。

宇文所安（Owen, Stephen）著，程章燦譯，《迷樓：詩與慾望的迷

宮》，臺北：聯經出版事業公司，2006。

路易斯・羅賓遜（Robinson, Lewis）著，傅光明、梁剛譯，《兩刃之
　　劍：基督教與二十世紀中國小說》，臺北：業強出版社，1992。

丹尼・羅伊（Roy, Danny）著，何振盛、杜嘉芬譯，《臺灣政治史》，
　　臺北：商務印書館，2004。

葛哈特・舒爾慈（Schulz, Gerhard）著，李中文譯，《浪漫主義：歐洲
　　浪漫主義的源流、概念與發展》，臺中：晨星出版社，2007。

齊美爾（Simmel, Georg）著，曹衛東等譯，《現代性、現代人與宗
　　教》，臺北：商周出版社，2005。

史泰司（Stace, W. T.）著，楊儒賓譯，《冥契主義與哲學》，臺北：正
　　中書局，1998。

保羅・田立克（Tillich, Paul）著，魯燕萍譯，《信仰的動力》，臺
　　北：桂冠圖書股份有限公司，1994。

愛德華・泰勒（Tylor, E. B.）著，連樹聲譯，《原始文化》，上海：上
　　海文藝出版社，1992。

馬克斯・韋伯（Weber, Max）著，洪天富譯，《儒教與道教》，南京：
　　江蘇人民出版社，1997。

——，于曉等譯，《新教倫理與資本主義精神》，臺北：谷風出版社，
　　1988。

文哲（Wenzel, Christian）著，李淳玲譯，《康德美學》，臺北：聯經
　　出版事業公司，2011。

楊慶堃（Yang, C.K.）著，范麗珠等譯，《中國社會中的宗教：宗教的
　　現代社會功能與其歷史因素之研究》，上海：上海人民出版社，
　　2007。

鈴木大拙著，徐進夫譯，《耶教與佛教的神祕教》，臺北：志文出版
　　社，1984。

斯拉維‧紀傑克（Žižek, Slavoj）著，林靜秀、曹君如譯，《論信仰》，新北市：臺灣基督教文藝出版社，2012。

## 四、期刊與會議論文

陳振崑，〈儒家與基督宗教的會通：「超越內在」是否不可能？〉，《哲學與文化》第 40 卷第 1 期，2013.01，頁 143-179。

鄭智仁，〈寧靜致和──論楊牧詩中的樂土意識〉，《臺灣詩學學刊》第 20 期，2012.11，頁 127-160。

劉正忠，〈楊牧的戲劇獨白體〉，《臺大中文學報》第 35 期，2011.12，頁 289-328。

丁旭揮，〈在天地性靈之間：楊牧情詩的巨大張力〉，《彰化師大國文學誌》第 23 期，2011.12，頁 1-28。

陳政彥，〈惡的象徵：孫維民詩研究〉，《臺灣詩學學刊》第 18 期，2011.12，頁 31-52。

──，〈周夢蝶詩中的基督教意象研究〉，《彰化師大國文學誌》第 20 期，2010.06，頁 179-204。

曾珍珍，〈英雄回家──冬日在東華訪談楊牧〉，電子期刊《人社東華》第 1 期，2014.3。

──，〈楊牧專號編輯始末〉，《新地文學》楊牧專號，2009.12，頁 268-271。

──，〈多識草木蟲魚鳥獸──訪楊牧解識自然〉，《新地文學》楊牧專號，2009.12，頁 282-286。

──，〈花蓮是我的秘密武器──楊牧《涉事》以來的戰爭想像〉，《第三屆花蓮文學研討會論文集》，花蓮：花蓮文化局，2006，頁

168-191。

──，〈生態楊牧──析論生態意象在楊牧詩歌中的運用〉，《中外文學》第 31 卷第 8 期，2003.1，頁 161-191。

──，〈從神話構思到歷史銘刻──讀楊牧以現代陳黎以後現代詩筆寫立霧溪〉，《城鄉想像與地誌書寫：第二屆花蓮文學研討會論文》，花蓮：花蓮文化局，2000，頁 31-53。

──，〈楊牧作品中的海洋意象〉，收於江寶釵、施懿琳、曾珍珍編，《臺灣的文學與環境》，高雄：麗文，1996，頁 33-64。

奚密訪談稿，葉佳怡譯，〈楊牧斥堠：戍守藝術的前線，尋找普世的抽象性──二〇〇二年奚密訪談楊牧〉，《新地文學》楊牧專號，2009.12，頁 277-281。

陳義芝，〈遙望或者親近─楊牧記載〉，《新地文學》楊牧專號，2009.12，頁 296-300。

呂正惠，〈青春期的壓抑與「自我」的挫傷──二十世紀六〇年代臺灣現代主義的反思〉，《淡江中文學報》第 19 期，2008.12，頁 161-181。

──，〈現代主義在臺灣──從文藝社會學的角度來考察〉，《臺灣社會研究季刊》第 1 卷第 4 期，1988，頁 181-209。

張誦聖，〈臺灣現代主義文學潮流的崛起〉，《臺灣文學學報》第 11 期，2007.12，頁 133-160。

葉維廉，〈雙重的錯位：臺灣五六十年代的詩思〉，《創世紀詩雜誌》第 140-141 期，創世紀與臺灣現代詩研討會論文特輯，2004.10，頁 56-67。

朱雙一，〈《自由中國》與臺灣自由人文主義文學脈流〉，何寄澎主編，《文化、認同、社會變遷：戰後五十年臺灣文學國際學術研討會論文集》，臺北：行政院文化建設委員會，2000。

# 五、雜誌

《新地文學》「楊牧專號」，第 10 期，2009.12。

《聯合文學》「專訪楊牧：關於『學院詩人』」，第 299 期，2009.9。

《印刻文學生活誌》「【封面人物】在人生行旅的中途——楊牧」，第
　　65 期，2009.1。

《東海岸評論》「楊牧‧詩與樂」，第 214 期，2007.10。

《中外文學》「離和：楊牧專輯」，第 31 卷 8 期，2003.1。

《聯合文學》「隕石和孢子——本屆國家文藝基金會文藝獎得主楊牧特
　　輯」，第 192 期，2000.10。

《幼獅文藝》「懷疑、探索專輯」，總號 489，1994.9。

# 六、學位論文

楊雅儒，《身世認知與宗教修辭：新世紀臺灣小說的終極關懷》，桃
　　園：中央大中國文學系博論，2013。

李倍慈，《現代詩的宗教向度——以周夢蝶、蕭蕭、敻虹、許悔之為中
　　心的探索》，嘉義：南華大學文學系碩論，2012。

郭淑玲，《現代詩死亡書寫研究——以孫維民、陳克華、許悔之三家為
　　例》，高雄師範大學國文學系碩論，2012。

謝旺霖，《論楊牧的「浪漫」與「臺灣性」》，新竹：清華大學臺灣文
　　學研究所碩論，2009。

李秀容，《楊牧詩介入與疏離研究》，臺南：臺南大學國文學系碩論，
　　2009。

蔡富澧，《臺灣現代詩中的禪境探究——以四位詩人的作品為例》，宜
　　蘭：佛光大學宗教學系碩論，2008。

徐培晃，《楊牧詩風的遞變過程》，臺中：逢甲大學中國文學研究所碩
　　論，2005。

黃如瑩，《臺灣現代詩與佛——以周夢蝶、夐虹、蕭蕭為線索之考
　　察》，臺南：臺南大學語文教育學系碩論，2005。

何雅雯，《創作實踐與主體追尋的融攝——楊牧詩文研究》，臺北：臺
　　灣大學中國文學系碩論，2001。

簡文志，《楊牧詩研究》，東吳大學中國文學研究所碩論，2000。

# 七、網路資訊

楊牧官方網站：www.yangmu.com

楊牧部落格：http://yangmu.blogspot.tw/

# 後記：耳語數星星

楊牧辭世後，臺灣文學界湧現許多追憶文章與活動。

例如，葉步榮等作，須文蔚主編的《告訴我，甚麼叫做記憶：想念楊牧》，《印刻文學生活誌》封面專輯「一生詩的完成：楊牧」，《文訊》的楊牧紀念特輯「我屬羣星的輝煌，我將回去」，《鹽分地帶文學》的楊牧紀念特輯「詩是永恆的歸屬」，《中外文學》舉辦「楊牧之於比較文學」紀念論壇，國家圖書館與趨勢教育基金會共同策劃「愛是我們的嚮導」系列活動等。

楊牧文學必是煥發一種俠者風範，才能夠感動這麼多文學心靈。而這種俠者風範不是楊牧獨有的。楊牧文學，正與古今中外許多優秀的文學經典交互輝映。楊牧與徐復觀、陳世驤、周作人、濟慈、葉慈，一樣是夜裡燦亮的星，照見並鼓舞著每一位踽踽前行的旅人。我如是相信文學值得追求，因為楊牧。最後，請以拙作《耳語數星星》，表達我對楊牧的敬意與謝忱：

　　我想我知道你不悲傷，當夜幕
　　試圖隔絕，我胸臆裡的濤聲
　　你轉身替孩子讀了童話，蓋被子
　　願意她平安健康，將來識字，讀詩
　　或懂得俯瞰木瓜溪，仰望奇萊

　　而你所有不願意的，我想我也知道
　　多雨的午後，黑潮鬱鬱的涯岸

海鷗在電廠築巢，鯨豚在漁船間覓食
你在神州講授臺灣的文學，澎湃
如一顆鳳梨，激昂，鳳梨的頭

我都知道，只有島嶼座標我們的魂魄
當爐火熄滅，峰頂，一隻雄鷹
拓荒者啊是誰的心情，當你躺臥
蒼穹如蔭，太平洋的暖風徐徐吹來
戀人再聽不見諸神齟齬

本課題研究受國家語言資源監測與研究教育教材中心項目
（楊牧與五四新文學，2019YB002）的資助

本課題研究受廈門大學嘉庚學院青年教師科研啟動項目
（臺灣詩人楊牧的「五四精神」，JG2018SRF05）的資助

國家圖書館出版品預行編目(CIP) 資料

楊牧的涉事,疑神及其他/張期達著. -- 初版. -- 臺
　北市：元華文創股份有限公司,2023.06
　　面; 公分

　ISBN 978-957-711-272-9 (平裝)

　1.CST: 楊牧　2.CST: 作家　3.CST: 台灣文學
　4.CST: 文學評論

783.3886　　　　　　　　　　　　　111012983

# 楊牧的涉事，疑神及其他

張期達　著

發 行 人：賴洋助
出 版 者：元華文創股份有限公司
聯絡地址：100 臺北市中正區重慶南路二段 51 號 5 樓
公司地址：新竹縣竹北市台元一街 8 號 5 樓之 7
電　　話：(02) 2351-1607　　傳　真：(02) 2351-1549
網　　址：www.eculture.com.tw
E - m a i l：service@eculture.com.tw
主　　編：李欣芳
責任編輯：立欣
行銷業務：林宜葶
出版年月：2023 年 06 月 初版
定　　價：新臺幣 430 元

ISBN：978-957-711-272-9 (平裝)

總經銷：聯合發行股份有限公司
地　址：231 新北市新店區寶橋路 235 巷 6 弄 6 號 4F
電　話：(02)2917-8022　　　　傳　真：(02)2915-6275